HISTOIRE
DU
VIEUX
ET DU
NOUVEAU
TESTAMENT.

Par M^r. BASNAGE.

NOUVELLE EDITION,

Augmentée des Annales de l'Eglise
& du Monde, & d'un Abrégé
de la Géographie Sacrée.

Par le même Auteur.

TOME PREMIER.

A GENEVE,
Chez FABRI & BARRILLOT.

M. DCC. XII.

DISCOURS

Sur l'Exiſtence de Dieu, ſur l'Inſpiration de Moïſe & des autres Prophétes, & ſur le Deſſein de cet
Ouvrage.

§. I.

Réflexions ſur l'Exiſtence de Dieu.

L A Mort eſt preſque l'u-
nique preuve qui con-
vainc les Athées en les
terraſſant. En effet, le
nombre de ceux qui
perſevérent dans l'im-
pieté juſqu'à la fin, eſt très - petit. On ſent & on laiſſe échaper au
dernier moment des frayeurs, qui
trahiſſent le ſecret de la Conſcien-
ce.

a

ce. *Epicure*, dont on fait un Heros, qui a délivré le genre humain du joug de la Religion, sous lequel on gémissoit auparavant, & qu'on place dans le Ciel, pour avoir remporté cette victoire sur les Dieux :

Nos exæquat victoria Cœlo;

aprenoit aux autres à ne pas craindre la mort & trembloit à sa seule idée. Cotta le représente comme l'homme du monde le plus foible sur cet article. On reproche, depuis long-tems, aux Athées mourans des abjurations qui couvrent leur Secte de confusion & de honte. On s'en prend à la mort & à ses fourriers, qui affoiblissent l'esprit aussi bien que le corps, & lui ostent la fermeté nécessaire pour soûtenir l'impieté : mais on ne doit craindre la mort que parce qu'il y a un Dieu. Le néant n'a rien de terrible pour une ame qui ne craint ni n'espère ; l'Enfer seul, & la Justice de Dieu peuvent rendre la fin de la vie redoutable. Pourquoi la craindre, si on est bien sûr qu'il n'y a ni Paradis ni Enfer? Le changement qui se fait alors dans l'esprit des impies, nait plûtôt de l'idée de l'avenir, que de la maladie, &

l'a-

l'ame est plus vivement touchée par
la crainte, que le corps par la douleur. Ceux même qui veulent perseverer, sont obligez de s'étourdir, de
se distraire, ils se dérobent à la veuë
des assistans, de peur qu'il ne leur
échape quelque mouvement invo-
lontaire, qui les découvre.

Mais il n'y a point d'homme plus
ferme que l'Athée, pendant la vie
& la santé : s'il est aisé de le combattre, il est difficile de le convaincre & de le convertir ; du moins,
les éxemples en sont très-rares.
L'Impie uniquement occupé à faire des difficultez, ne se lie à aucun
systéme. Il s'enferme rarement dans
une place, pour y soûtenir le siége, il
court, il fuit à travers champs, & ras-
semble tout ce que les Philosophes ont
imaginé de plus éblouïssant contre la
Religion, sans se mettre en peine si
ces difficultez se soûtiennent, ou plûtôt si l'une ne détruit pas l'autre par
leur opposition. Il tire du sein de la
Religion même, de l'immensité de
Dieu & de la grandeur de ses opérations, des preuves contre elle. Il mé-
prise son ennemi, & commence par

 une

une accusation outrageante de foiblesse d'esprit & d'entêtement ; un tour ridicule donné aux Mystères, ou à la conduite des Théologiens, lui fournit la matiére d'un triomphe, dont il s'aplaudit toujours, & se fait souvent aplaudir par les assistans.

Les Athées vicieux ne sont pas les plus difficiles à ramener. On les hait plus que les autres, parce qu'à l'erreur ils joignent l'impureté. Leur erreur est même souvent volontaire. Ils n'ont étouffé les sentimens de la Divinité que par interêt. Il a fallu y travailler des années entiéres pour y réüssir. Cependant ils reviennent plus souvent de leurs égaremens, parce que le péché qui accompagne l'erreur, leur fait honte. Il y a des momens où la passion se rallentit, & laisse entrevoir les peines qui sont duës au crime. Dès le moment que le plaisir cesse, la Conscience, qu'on n'avoit aveuglée que pour en jouir, se réveille. Mais les Athées de spéculation, qui se piquent de pureté de mœurs, de dépouillement entier de passions, de grandeur d'ame & de force d'esprit qui les élève au dessus du Vulgaire, sont presque invincibles. Ce-

Cependant il ne faut pas négliger les malades , parce qu'ils paroissent incurables.   Il y a des ressources cachées dans les Consciences endurcies, comme il y en a dans les corps afoiblis par de longues maladies.   Il faut jetter la semence, & attendre la rosée du Ciel ; elle ne laisse pas de germer quelquefois, lors même que le champ est sablonneux & mal préparé.   Ce seroit trop entreprendre, que de vouloir détruire des opinions invéterées par une Préface, dont les bornes sont étroites , mais au moins peut-on y attaquer certains préjugez , que les impies se font, à la faveur desquels ils s'aplaudissent , & combattent la Religion Chrêtienne.

Avant que d'expliquer l'Histoire Sainte, il étoit naturel que je fisse voir qu'il y a un Dieu qui l'a dictée , & qui animoit par son Esprit ses Ecrivains. Si les réflexions que j'ai faites sur cette matiére , & dont on donne ici quelque partie , ne persuadent pas les impies , elles serviront à affermir la foi de ceux qui cherchent à s'instruire, ou à s'éclaircir sur plusieurs préjugez facheux contre la Divinité, & contre l'Ecriture Sainte.   a 3   L'Im-

L'Impie ſe fait honneur de ſon deſintereſſement : Il dit qu'il n'a point de paſſion qui l'entraîne, & que ſon irreligion eſt le fruit de ſes méditations & de ſon étude. Il nage contre le torrent, il attaque de front la multitude qui le hait, dès le moment qu'elle le connoît. Il s'éléve au deſſus des aplaudiſſemens du monde, pendant que les Théologiens s'enyvrent de ſon encens, & le cherchent avec paſſion. On ne le voit ni plongé dans la débauche, comme le mauvais Chrêtien, ni entêté, comme les ſuperſtitieux, d'un zèle qui le porte à ne reſpecter, ni les loix du ſang, ni de l'humanité, mais à plonger le poignard dans le ſein de ſes prochains. S'il y a des gens qui ne s'élévent au deſſus de la Religion, que pour croupir plus tranquillement dans le vice; il n'eſt point dans ce rang. Il hait les plaiſirs, il fuit le monde, il vit dans la retraite, il n'étudie pas pour ſe transformer en ceux qu'il lit, & ſuivre aveuglément leurs ſentimens, mais pour les peſer éxactement, & il ne combat la Religion, que parce qu'il la regarde comme une erreur populaire

lair, & dangereuse.   C'est ainsi que
l'Athée fait marcher l'impieté à l'ombre de la vertu la plus austère. Et comme on juge souvent de la pureté des
sentimens par celle des mœurs, ce dé-
sintéressement extérieur frappe beaucoup de gens, qui se font un honneur
d'être estimez par là , & de se mettre
dans la societé des Esprits forts.   On
trouve de nouveaux sujets d'aplaudis-
semens en s'oposant au vulgaire des
Chrêtiens. On le regarde comme une
race moutonniére qui suit ses Chefs
sans éxamen , lors même qu'ils font
de cet éxamen un des caractères essentiels de leur societé. On accuse ces
Chefs de n'être pas moins peuple, que
le peuple qu'ils conduisent, ou de l'entretenir dans ce préjugé par intérest.
Enfin , la crainte de Dieu paroît une
foiblesse d'esprit, qu'on nourrit avec
art; c'est ce premier préjugé que nous
voulons déraciner, s'il est possible.

L'Athée s'aplaudit injustement de sa
morale sevère. Je ne veux pas le rendre odieux en le chargeant de crimes
qu'il ne commet pas.   Le vice enfante plus souvent la superstition & l'i-
dolatrie que l'Athéïsme. Je n'en veux

a 4   point

point d'autre preuve que l'hiſtoire de ces ſiécles affreux , où l'impieté régnoit avec la derniére inſolence. On y remarque, à même tems, une multiplication épouvantable de Saints, de Pelerinages, de Ceremonies & de Rites inutiles , à la faveur deſquels on croioit appaiſer la Divinité , ſans qu'il en coûtât rien aux paſſions. Il·y a des Athées de vice; il y a des Athées de déſir, qui voudroient qu'il n'y eût point de Dieu , afin de ne le craindre jamais, & d'être diſpenſez du ſoin de l'adorer. Il y a auſſi des Athées de ſpéculation, qui ont horreur des grans crimes, mais ils n'en doivent pas tirer vanité, puis qu'ils ont des paſſions plus ſpirituelles , & qui ne ſont pas moins difficiles à vaincre que l'amour des plaiſirs. Je n'éxamine point ſi ces gens-là ne commettent pas les péchez courans , s'ils ſont tellement deshumaniſez qu'ils ne ſentent plus les mouvemens de la chair , dont on ne ſe dépoüille ordinairement qu'avec l'âge, ou avec beaucoup de peine. Si on éxaminoit la vie des Philoſophes, ſi on entroit dans leur cabinet, & dans leur cœur , on trouveroit que l'étude n'a

point

point amorti les paſſions ordinaires
au Peuple , & qu'ils ne laiſſent pas de
les ſatisfaire à l'écart & dans le ſecret;
mais ſans entrér dans un éxamen
odieux , je ſoûtiens que les paſſions
n'ont fait que changer d'objet.

L'Athée de ſpéculation eſt plus jaloux de la liberté de croire ou de ne
croire pas , que le mondain ne l'eſt
de ſes honneurs & de ſes plaiſirs. C'eſt
une grande tentation que celle de vivre dans une entiére indépendance;
de n'être chargé d'aucuns devoirs
pour une Cauſe Supérieure, de n'être
jamais reduit à la néceſſité d'écouter
ſa voix & de conſulter ſa Loi, pour régler ſes actions. C'eſt un grand char-
me pour l'eſprit & pour le cœur, que
celui de ne voir rien au deſſus de ſoi:
n'avoir point d'autres régles que celles qu'on ſe fait à ſoi-même , & qu'on
caſſe ſelon ſon bon-plaiſir ; ſe regarder comme ſa derniére fin ; faire de
ſoi-même une eſpèce de Dieu, auquel
on raporte tout , & n'en reconnoitre
aucun autre ; c'eſt là le Paradis des
Athées & les douceurs qui les enchan-
tent. D'ailleurs , on aime la diſtinction & la nouveauté en matiére de

Philofophie & de Religion.   Si l'A-
théïfme étoit l'opinion courante, il y
a bien des gens qui l'abandonneroient,
pour fuivre la Religion abandonnée.
Il eft vrai que l'Athéïfme eft ancien,
mais on fe fait un honneur d'en faire
un nouveau fyftème.   Car il y a des
changemens & des variations dans
cette Secte, quoi que le Dogme en
foit unique, du moins on a la gloire
d'inventer de nouvelles preuves pour
le défendre, & de nouvelles difficultez pour attaquer le Déïfme.   N'y a-
t-il point une efpèce de vanité à s'élever au deffus du Peuple, & à fe regarder dans cette élevation comme dans
une haute tour, pendant que les autres rampent dans la bouë, expofez
à toutes les injûres de l'air? Si on perd
les applaudiffemens d'une multitude
décriée par fon indifcretion & fon in-
conftance, on repare cette perte par
l'eftime qu'on a dans une petite focieté d'efprits délicats, & dont les loüanges font préferables à celles du Peuple & des Théologiens.   Au défaut
des éloges on s'enfle à fes propres
yeux, & on s'aplaudit foi-même d'ê-
tre parvenu par fes propres lumiéres

à

à ce haut degré de liberté , pendant
que le reſte des hommes eſt dans l'eſclavage. Il n'y a point de gens plus
fiers & plus orgueilleux que ces ſolitaires & ces ſpéculatifs, qui paroiſſent
être au deſſus des loüanges & de la
gloire. Le mépris avec lequel ils parlent de leurs ennemis , quoi que ſça-
vans, & quoi qu'on ne puiſſe nier qu'ils
n'aient été les premiers Génies de leur
ſiécle, fait aſſez connoître ce qu'ils
penſent d'eux mêmes. On ne rougit
point de cette paſſion, parce qu'elle eſt intérieure & ſecréte. Cependant ſi l'Athée rentre en lui-même, &
s'examine, ce qu'il ne fait jamais, parce qu'il n'a aucun interêt à connoître
ſon cœur, ni à en déveloper les replis
pour fixer ſon état, & juger de l'avenir par le preſent, il trouvera chez lui
tous ces mouvemens. Il ſe fait de ſa
liberté une idole, à laquelle il ſacrifie
Dieu même; il ne faut donc pas qu'il
ſe vante de n'avoir point de paſſions
qui cauſent ſon Athéïſme , car il a
toutes celles qui peuvent & qui doivent le produire.

Je ne nie pas que la conduite des
Chrétiens ne faſſe ſouvent regarder la

Religion avec mépris , comme si elle étoit l'éfet de la Politique & de la
Prudence humaine. On a de la peine
à ne rire pas, lors qu'on voit un homme qui croit servir Dieu en baisant
l'os décharné de quelque homme
mort depuis long-tems , ou bien en
encensant une Image insensible &
morte. Le nombre prodigieux de miracles , non seulement inutiles , mais
badins, ridicules , imaginez avec peu
d'esprit , & qu'on ne laisse pas de soûtenir avec chaleur & avec des Ana-
thémes , dégoûte les esprits solides.
Enfin , l'impie triomphe , lors qu'il
voit le Chrétien se servir de la Religion comme d'un masque pour cacher
sa laideur , & l'employer à commettre impunément les plus grands crimes.

Il y a pourtant de l'illusion dans ce
préjugé , car l'abus qu'on fait des objets, n'empêche ni leur qualité, ni leur
éxistence. Le Soleil ne laisse pas d'ê-
tre lumineux & nécessaire, quoi qu'il
y ait bien des gens qui tombent par
négligence , ou qui se servent de sa
lumiére pour éxécuter des desseins
funestes & pernicieux. On abuse de

la

la Religion, on oublie un Dieu, dont
la justice & la sainteté devroient faire
de fortes impressions dans l'ame de
tous ceux qui le connoissent ; mais
s'ensuit-il de là qu'il n'existe pas ? ou
que ce soit la politique qui ait donné
lieu a l'établissement du dogme ? Au
contraire, si on pouvoit dénier l'éxistence d'un Dieu trop sensible & trop
connuë, le Vulgaire y gagneroit tout.
Pense-t-on qu'il n'aime pas la liberté
& l'indépendance, aussi bien que les
Philosophes ? Il n'auroit plus d'autres
digues à ses passions que les loix humaines, & seroit en droit de commettre tous les péchez qu'elles ne pu-
nissent pas, il ne seroit plus chargé de
devoirs qui l'importunent & qui coû-
tent. L'idée d'un Dieu Vengeur & de
l'enfer, ne viendroit plus troubler ses
plaisirs ni arrêter l'éxécution de ses
desseins. Il ne verroit plus ses passions
en guerre avec sa conscience ; prend-
on plaisir à nourrir des bourreaux in-
térieurs ?

On fait naturellement tout ce qu'on
peut pour ôter Dieu du monde, &
lors qu'on n'en peut venir à bout, on
se distrait par des pensées & des desseins

feins qui rempliffent toute la capacité de l'ame ; on tâche d'accommoder Dieu avec fes paffions ; on le fait oifif, indulgent, moû, & c'eft de là que font nées tant d'héréfies & de Religions, qui tendent à flatter la corruption de l'homme, en défigurant Dieu.   Le méchant n'a point d'autre remède à fes remords, ni de refuge plus fûr pendant la vie que l'Athéifme ; ce n'eft donc que par violence ou par néceffité qu'il n'y retombe pas. La crainte, qu'on appelle la Mére des Dieux, eft une raifon pour les faire rejetter ; car ou cette crainte naît de l'idée generale qu'il y a au deffus de nous un Etre qui peut nous perdre, & alors elle nous découvre un Dieu ; ou bien c'eft une terreur panique, & une foibleffe de l'ame.

Mais comment cette foibleffe, peut-elle être fi commune ? Comment le genre humain s'eft-il laiffé engloutir par cette chimère, pendant une fi longue durée de fiécles ? La crainte eft un mal, l'homme n'aime point à en effuyer les atteintes.   Il fait fes éforts pour s'en garantir, ou pour en être délivré promtement. Le fujet qu'on

opri-

oprime se souléve contre son Tiran,
dès le moment qu'il peut le faire avec
impunité, & s'il s'aperçoit qu'on le
tourmente au nom d'un Roi chimérique, qui n'existe plus, il reprend
promtement sa liberté. Il y a assez de
peine à digerer les difficultez de la Religion, pour n'accuser point les hommes de le faire par superstition ou par
foiblesse d'esprit, il ne s'y soumet que
parce qu'il est convaincu de sa verité.

Le Prédicateur le plus éloquent ne
persuaderoit jamais à tout un Audi-
toire qu'il y a un Dieu, si la Divinité
ne se reveloit par des endroits sensibles & touchans. Les Rois ont moins
d'interêt que personne a commander
la *crainte des Dieux*, à moins qu'ils ne la
laissassent en partage à leurs Sujets, &
que s'élevant au dessus de ce *vain épou-
vantail*, ils s'en servissent pour faire
respecter leur autorité. Mais la Religion met un frein aux passions, elle
les fait trembler sur le trône, elle les
intimide à l'heure de la mort. On a
vû peu de Rois Athées, ils sont Peuple à cet égard, & craignent tous la
Divinité & la foudre, lors qu'elle
gronde sur leur tête. Quel est ce premier

mier Roi qui a introduit le Déïſme?
Si les Rois étoient aſſez ſages pour
conſerver l'Athéïſme pour eux, les
Peuples ſeroient-ils aſſez foux pour
recevoir le joug & le fardeau de la Divinité? Eſt-il donc ſi aiſé d'impoſer
une Religion, lors qu'on ſçait qu'il
n'y a point de Dieu, comme on le ſça-
voit alors? A-t-on employé la fraude
avec la violence pour faire changer de
ſentiment à tout l'Univers? Ce n'eſt
ni la Politique des Rois, ni l'art des
Théologiens, qui a provigné cette
idée de la Divinité juſqu'aux bouts du
monde, & qui l'a fait paſſer de ſiécle
en ſiécle. La crainte, bien loin d'être
la mére des Dieux, n'en eſt que la fille. Il y a peu d'Athées, quoi que l'A-
théïſme ſoit commode, & la Religion
gênante. Il faut donc que les preuves
de la Divinité ſoient ſi évidentes,
qu'on ne peut y reſiſter malgré l'interêt qu'on a de les obſcurcir & de les
éracer. L'Athéïſme en rougiſſant de
ſon petit nombre qui a fait mettre en
queſtion, *s'il eſt poſſible qu'il y en ait*, crie,
qu'on manque d'eſprit & de courage. Mais
l'Athée n'a rien à craindre, puiſqu'il
ſuit toûjours ſans ſcrupule la Religion
ré-

régnante; il peut entrer par tout; les Temples font pour lui des lieux d'affemblée divertiſſans, à proportion qu'il y a beaucoup de monde, d'images & de ſpectacles éblouïſſans. Il peut s'abandonner à ſes paſſions, & les aſſouvir ſans remords, Il ne faut pas avoir *tant d'eſprit*, pour voir qu'il n'y a point de Dieu, puis que la corruption du cœur nous tourne de ce côté-là. Mais il faut au contraire, que les preuves de la Divinité ſoient vives & ſenſibles, ſi on ne peut être Athée que par un éfort d'eſprit & de méditation. Cependant c'eſt là un ſecond préjugé très-commun, qui tombe en l'éxaminant.

L'impie ne peut conteſter que l'idée de la Divinité ne ſe trouve generalement chez tous les hommes. J'en appelle à lui-même; car il l'a comme les autres; en ouvrant les yeux, on voit le Ciel & la Terre, qui prêchent la gloire de leur Créateur; & l'on conçoit aiſement, qu'il y a quelque choſe au deſſus de nous, qui doit avoir formé ce grand Univers. Du moins on conçoit que cela *peut être*. Il n'eſt pas impoſſible de faire un recueil

des

des perfections qu'on voit dans les
Créatures.   Un Philofophe qui fe pi-
que de faire des abftractions n'oferoit
le dire. Il n'eft pas impoffible de faire
de cet affemblage de perfections l'idée
d'un Etre qui les poffede toutes. Il eft
encore moins impoffible de retrancher de cette idée, & de ce portrait
toutes les imperfections qui deshonorent ou qui afoibliffent la créature. Je
conçois qu'il feroit avantageux à
l'homme, de n'être pas chargé d'une
matiére pefante, parce que cette matiére arrête les opérations de l'ame, &
que fes parties fe divifant & fe cor-
rompant, caufent nôtre deftruction.
Je conçois fans peine qu'il feroit avantageux de lui ôter fes bornes & fes li-
mites, afin qu'il pût être prefent par
tout, voir tout, agir en tous lieux. On
conçoit donc qu'un Etre parfait eft
très-poffible.   On peut dire que cet
Etre étant infini, nous n'en avons aucune idée, puis que nous ne pouvons
le comprendre.   Mais il n'eft pas néceffaire de comprendre toute l'étenduë d'un objet, pour en concevoir
l'exiftence & la poffibilité. Connoif-
fons-nous toute l'étenduë de la mer,

dont

dont nous ne voyons qu'une partie ?
Et l'Impie conçoit-il bien la nature de
fon ame, qui forme tant de raifonne-
mens contre la Divinité ; Enfin il eft
obligé d'admettre des efpèces infinies,
auffi bien qu'un nombre infini de
jours, d'années & d'hommes : s'il
eft vrai que le monde foit éternel,
comme il le fuppofe.

L'impie ne doit pas fe plaindre qu'on
le meine ou trop vîte ou trop loin.
Car je ne conclus pas de mon idée
qu'il y a un Dieu.   On voit d'habiles
Philofophes qui remarquant que l'e-
xiftence entre néceffairement dans
l'idée d'un Etre parfait, puis que c'eft
une des perfections de l'homme, il
doit néceffairement exifter ; c'eft outrer la chofe & faire un fophifme. Nôtre idée ne communique rien de réel
aux objets, ils ne fubfiftent que dans
nôtre efprit, & n'ont qu'une exiftence idéale, comme on parle, quoi que
j'aie l'idée d'un triangle, il ne s'enfuit
pas qu'il y ait un objet qui ait trois an-
gles.   Quoi que je conçoive un animal, que la vie lui foit effentielle, il
ne s'enfuit pas qu'il y ait un animal fur
la terre qui vive.   La chofe eft feulement

ment poſſible, & conforme à ma
raiſon, puis que j'en ai une idée claire
& évidente. Je ne conclus point auſſi
de ce que tous les hommes ont cette
idée qu'il faut néceſſairement qu'il y
ait un Dieu.   Je pourrois le faire, &
beaucoup d'autres Théologiens l'ont
fait avant moi ; parce que comme la
diverſité des erreurs ſur la nature &
les opérations de la Divinité découvre l'impuiſſance où nous ſommes
de connoître parfaitement l'Infini ;
au contraire, le témoignage con-
ſtant de tous les hommes ſur l'exiſtence d'un Dieu doit nous perſuader qu'elle eſt veritable, parce qu'on
ne ſe partage que ſur les objets obſcurs, & on ne s'accorde ſi generalement, que ſur ce qui eſt très-évident.
Comme lors que tous les ſens de pluſieurs hommes raportent, que c'eſt
un tel corps qu'ils touchent, qu'ils ont
flairé, & qu'ils ont goûté, on conclud qu'on n'eſt pas trompé ſur la
nature de cet objet, nous pouvons
tirer la même concluſion du témoignage univerſel, que toutes les
ames rendent à la Divinité, à moins
qu'on ne veuille avilir cette ame
juſ-

jufqu'à foûtenir qu'elle juge moins fûrement de l'exiſtence d'un objet ſpirituel, qu'elle ne juge de la nature d'un
corps par la ſenſation.   Je ne veux
pas pouſſer ſi loin mes concluſions;
j'en tire ſeulement deux , qui paroiſſent inconteſtables.   I. L'idée de la
Divinité ſe trouvant dans l'ame de
tous les hommes , ſoit qu'ils ſe con-
tentent d'ouvrir les yeux , & de regarder l'Univers , ſoit qu'en méditant
& en voiant les perfections des créatures , ils croient qu'il peut y avoir un
Etre ſouverainement parfait ; il faut
conclure que cette idée eſt conforme
à la raiſon , bien loin de la choquer.
II. Si l'exiſtence d'un Dieu s'accorde
ſi parfaitement avec nôtre raiſon ,
l'Athée n'eſt plus en droit de la
combattre comme ſi elle étoit impoſſible , & de crier qu'il ne peut
la croire , parce qu'elle ne s'accorde
point avec la raiſon.   Il a cette idée
d'un Etre parfait comme les autres, il
eſt impoſſible qu'il ne l'ait pas , lors
qu'il médite & qu'il monte par degrez
à la ſouveraine Perfection. Il ne peut
donc plus rejetter la Divinité comme
un objet dont l'exiſtence lui paroît

im-

impossible. Cet avis est un troisiéme pas qu'on peut lui faire faire vers la verité. *Il y a , peut-être ,* un Dieu, mais qu'importe-t-il à l'Impie ? Car s'agissant d'une verité qui gêne & qui contraint ; qui ôte à l'homme sa liberté, son repos & ses plaisirs ; qui l'oblige souvent à vivre dans l'éxil , à mourir loin de sa Patrie, à lui sacrifier ses biens, & ce qu'on a de plus doux, on a besoin de démonstrations pour sortir de son incertitude, & pour quitter ses doutes; en un mot pour la croire. La probabilité, suffisante pour les véritez naturelles , est ici trop courte & trop legére. Les preuves de la Religion doivent être proportionnées à la grandeur des devoirs qu'elle impose. Dieu ne peut m'obliger à le croire , puis qu'en suite il faut l'adorer, s'il ne me donne des preuves démonstratives de son existence. L'ignorance disculpe ici, comme par tout ailleurs ; elle est invincible, si Dieu, qui a dû prévoir toutes les difficultez que l'esprit humain enfanteroit , n'a pas donné des moyens sûrs & infaillibles pour les anéantir.

Il est difficile de satisfaire l'Impie,
s'il

s'il demande que la Divinité deviénne visible & s'il ne veut pas la croire qu'à ce prix, car il eſt impoſſible de montrer Dieu :

Digito monſtrari & dicier hic eſt.

Un eſprit ne peut être vû ni touché, & un Etre infini ne peut être compris par un homme, dont les facultez ſont finies. A proprement parler , on ne peut jamais contenter l'Impie ; car ſi Dieu, qui eſt ſpirituel & inviſible, agit derriére les Créatures, quelque fin que puiſſe être le crêpe, dont il ſe couvre, on le trouvera trop épais, on niera un Dieu qu'on ne voit point. Si Dieu agit d'une maniére conforme à nos lumiéres, l'Impie dira qu'il n'a pas beſoin de remonter à une Cauſe ſupérieure & infinie, pour expliquer des opérations qui ſont ſimples & naturelles. Si Dieu déploye ſa toute-puiſſance pour ſe faire mieux connoître , on n'en ſera pas plus avancé, parce que la grandeur de ces opérations, ou les actes d'une puiſſance infinie, qui paroiſſent dans la création de l'Univers fourniſſent à l'Athée une de ſes objections contre Dieu.   On la nie , parce qu'on ne la conçoit pas , & on ne la conçoit pas,

par-

parce que c'est une Cause infinie qui a
agi conformément à sa nature , & à
l'étenduë de sa puissance , qui est sans
bornes. C'est ainsi que l'Athée ferme
toutes les portes par où on peut aller
à lui , & demeure également incre-
dule, soit que Dieu agisse d'une maniére simple , ou conformément à sa
nature & a ses perfections qui sont infinies.

Que faut-il faire? Le plus sûr est de
renvoyer l'Impie à lui-même , qu'il
s'étudie & qu'il tâche de se connoître.
Je ne trouve point de moyen plus sûr
de lui faire connoître un Dieu, que de
le lui faire voir dans sa Personne. S'il
ne veut point admettre d'ame , il doit
au moins avoüer qu'il existe , qu'il
pense & qu'il raisonne.   Il doit à même tems nous dire où il a emprunté
ce corps & ces facultez. S'il ne le sçait
pas & ignore jusqu'à son origine , il
ne doit plus faire tant le fier de ses con-
noissances ni s'enorgueillir de ses lumiéres , par lesquelles il s'éleve au
dessus du Vulgaire, c'est-à-dire, dans
son stile, au dessus de tout le genre humain. On l'arrête dès le premier pas
& dès la première question qu'on lui
fait,

fait, quoi que cette question le touche, qu'elle regarde son origine &
sa naissance.

Il est chargé d'un corps dont les
actions & les mouvemens sont sensibles. Soûtenir que la matiére de
ce corps est éternelle, & s'est produite elle-même, c'est se jetter dans
le même embarras, qu'on tâche d'é-
viter. On nie qu'il y ait un Etre
spirituel qui subsiste de toute éternité, à cause des difficultez qu'on trouve à concevoir cette *durée éternelle*, &
à même tems on donne l'éternité à
la matiére, qui est un corps opaque,
composé de parties différentes qui
se détachent l'une de l'autre, & dont
le flux continuel nous fait sentir la
fragilité.

Si la matiére est éternelle, elle s'est
produite elle-même, elle a dès le commencement de sa durée, c'est-à-dire,
de toute éternité, des perfections infinies; mais peut-on avoir de si hautes idées de la matiére? Je la voi susceptible de mouvement & de diverses
figures qui la rendent plus éclatante
& plus subtile en certains lieux qu'en
d'autres. Mais je ne conçois point

b

qu'elle

qu'elle pense, qu'elle raisonne, qu'elle soit susceptible de felicité; sur tout
il est ridicule de s'imaginer que ses
perfections soient infinies, comme
elles le devroient être, si elle subsistoit indépendamment de tout Principe supérieur. La matiére dont le
corps est composé, étoit une masse
grosse & pésante, ou bien elle étoit
déja séparée en petites portions différentes. La premiére idée qu'on
a de la matiére est que c'étoit une
masse dans le repos; & un corps qui
est dans le repos ne peut en sortir que
par l'impulsion d'une Cause étrangére. L'Athée ne peut nier ces deux
principes incontestables chez les Philosophes. On ne gagne pas grand
chose en donnant l'éternité à la matiére; & s'il faut lui ajoûter une cause
étrangére pour lui communiquer le
mouvement qu'elle n'a pas en effet,
quelle est cette Cause mouvante ou
impulsive? Est-ce un esprit? Est-ce un
autre corps? Si c'est un corps, il devoit être en repos, aussi-bien que toute la masse de la matiére, dont l'Univers est composé, & qui lui a donné
le mouvement? & si c'est un esprit,

il

il faut reconnoître deux Principes
également éternels ; la Matiére , &
l'Ame du monde. L'Athée s'aproche bien près de la Divinité , en ad-
mettant cette Ame qui agite l'Univers. Il faut donner à cet Esprit l'é-
ternité , car la matiére n'a pû le produire. Ainsi voilà un esprit éternel,
élevé au dessus de la matiére. Dira-
t-on que le mouvement essentiel à
la matiére n'en a jamais été separé ; c'est vouloir nous tromper ; car
puis que la matiére est souvent en repos , on ne peut dire que le mouvement lui soit essentiel.

Je veux que la masse de la matiére
fut separée en portions différentes,
qu'elle eût un mouvement, dont je
ne cherche point la cause, en un mot,
que le Monde subsiste de toute éternité , tel qu'il est peuplé d'hommes,
qui se font succedez les uns aux autres.
Je n'alleguerai point la nouveauté du
monde, des arts, des sciences , & des
colonies ; quoi que ce soit là une verité sensible. Je fais grace à l'Athée
sur toutes ces difficultez insurmonta-
bles. Mais comment les generations
des hommes se font-elles faites d'une

maniére si constante, si réglée depuis une éternité de siécles & d'années? Je ne conçois dans la masse de l'Univers qu'une matiére pesante; j'y ajoûte un mouvement qui diversifie cette matiére. Mais ce sont là deux causes aveugles, qui se joüent au hazard. Demander de la sagesse à une portion de matiére, que le mouvement a separée de la masse. Demander de la direction au mouvement, qui n'est que l'impulsion d'un corps faite par un autre corps; imposer à ces deux Causes des régles constantes, & qui ne manquent jamais pour la production d'un ouvrage parfait, c'est vouloir attribuër de la connoissance & de la raison à ce qui est incapable d'en avoir. Si l'Athée ne conçoit pas un Dieu, je suis persuadé qu'il conçoit aussi peu que deux Causes aveugles, comme le mouvement & la matiére, ayent pû produire son corps, & les corps de tant de millions d'hommes nez pendant toute l'éternité. Ainsi pour ne recevoir pas un Etre sage & intelligent, il est forcé d'admettre une Cause de lui-même qui est aveugle, destituée de connoissance, qui est

con-

conftante , réglée dans fes produ-
ctions , quoi qu'elle agiffe au hazard
depuis toute l'éternité.

Voilà déja trois Principes éternels,
que l'Athée eft obligé de regarder
comme les Caufes de fon Etre. La Matiére dont fon corps eft compofé , le
Mouvement qui a feparé fa petite portion de la maffe , & le Hazard qui a
fait l'arrangement de fes parties, & il
ne peut m'indiquer d'où viennent toutes ces Caufes de fon Etre.　N'eft-il pas
beaucoup plus raifonnable d'admettre un feul Principe intelligent , infini, à qui feul on en foit redevable?
L'Athée aime mieux le devoir à une
caufe aveugle, afin d'être difpenfé des
devoirs que la reconnoiffance infpire, & de pouvoir vivre dans une pleine liberté ; mais alors ce n'eft plus rai-
fonner, il fe laiffe emporter à fon interêt.　La paffion qui l'entraine eft
vile & baffe.　Peut-on la pouffer plus
loin , que de fe jetter dans des abfur-
ditez afreufes , & recevoir trois Principes aveugles , qui font tout , au lieu
de reconnoître un Etre intelligent, ce
qui s'acorde infiniment mieux avec la
raifon & le bon fens.

b 3　　　　L'A.

L'Athée pense & raisonne, & cette même Raison, à laquelle il donne de si grands droits, va le jetter dans de nouveaux embarras. Car d'où vient cette connoissance qui l'élève au dessus du reste des créatures? D'où naissent ses idées, & comment les communique-t-il à d'autres, en poussant l'air par le mouvement de sa langue? Dira-t-il que comme il sort du musc ou d'une fleur des corpuscules qui frapent l'odorat, & qui découvrent la nature des objets, il sort aussi du corps humain beaucoup plus parfait certaines particules qui se détachent, qui vont frapper les sens de nos voisins, & leur font connoître ce que nous pensons. Mais au moins ne connoit-on nos pensées, & n'entend-on nos raisonnemens, que quand nous le voulons: & d'où vient cette volonté? On rentre en soi-même, on pense, on fait des réfléxions secretes intérieures, font-ce là autant de petites parties de la matiére qui se détachent, qui s'agitent & qui roulent d'une certaine maniére au dedans de nous?

L'Impie a des idées comme le reste des hommes, & d'où lui viennent-elles?

elles? Les objets en frappant nos sens
peuvent-ils se tracer & se peindre
eux-mêmes dans nôtre cerveau? S'il
ne s'en détache que quelques particules minces & subtiles, elles doivent
se briser à la rencontre de nos corps,
elles ne passeront point, sans s'écor-
ner, au travers de tous les corpuscules qu'elles rencontrent nécessairement dans la longue route qu'elles
font obligées de faire avant que d'entrer dans le cerveau.   Est-on bien as-
suré que toutes les particules qui se
détachent, portent une image bien
peinte du corps entier dont elles se sé-
parent? Ne trouvant dans le cerveau
qu'une matiére molle, elles doivent
s'y noyer, s'y embourber en entrant;
s'il n'y a que de la matiére dans le lieu
où ces particules entrent, elles peuvent bien le mouvoir, comme un
corps qui est en mouvement, en pous-
se un autre. Elles peuvent bien rompre
quelques fibres ou les fraper avec violence, mais tout cela ne fait ni une
idée, ni une pensée, d'où vient-elle
donc? L'Impie qui raisonne, sçait
que son entendement résiste quelquefois à l'impression des objets, & cor-

rige l'erreur des sens.   Le Soleil qui
frape l'œil paroît petit , & les Etoiles
qu'on découvre au Firmament ne se
voient que comme des étincelles ou
des lumignons fumans.   Les The-
lescopes, à la faveur desquels les Astronomes prétendent donner bien-tôt
des Cartes éxactes de la Lune, & des
autrés Tourbillons, ne corrigent point
parfaitement l'erreur des yeux.   Au
lieu de juger de la grandeur des Astres
sur le raport de nos sens , il faut raisonner , & en raisonnant on conclud
que le Soleil est deux cent soixante
fois plus grand que la Terre.   Ce ne
sont pas les corpuscules , ou la matiére qui coule incessamment du Soleil,
qui corrige l'erreur , elle n'aprend
rien de *nouveau* , & ne donne pas
du Soleil une idée plus nette la seconde fois , qu'elle avoit fait la premiére.
C'est la raison seule qui nous le fait
connoître.   Il faut donc qu'il y ait
au dedans de nous un principe plus
noble , que celui des sens , par lequel on corrige leur témoignage &
leur impression. Quel est cet organe
plus juste & plus parfait que les sens?
Est-il materiel ? Mais peut-on imaginer

ner qu'il y ait au dedans de nous, une
matiére intérieure plus habile, qui juge en Souverain, & qui condamne
les décisions de la matiére extérieu-
re? Ces deux matiéres sont de même
nature, qui a donc élevé l'une en autorité sur l'autre; & placé la derniére
sur le Tribunal, aux piés duquel on
relève tous les appels qu'on fait contre la veuë & les autres sens? Est-ce le
hazard qui a fait cette distinction, qui
peut être violée :

Credat Judæus Apella, non Ego.

Il faut penser, il faut raisonner après
avoir vû les objets, & c'est par là
qu'on les connoît éxactement, &
cette source de nos idées est nécessairement spirituelle.

Enfin l'ame n'est pas toûjours octu-
pée au dehors. L'Impie ferme quelquefois les yeux, il rentre en soi-même, fait des réfléxions indépendemment des objets sensibles. Il se souvient d'un événement avec toutes ses
circonstances, il rapelle une idée qui
devoit être éffacée depuis long-tems.
Y a-t-il un reservoir de corpuscules,
où les objets soient peints? Qu'est-ce
que la volonté qui tire ces corpuscules

                    de

de leur place, pour les faire reparoî-
tre ? Eſt-elle auſſi materielle ? Comment ſe fait l'abſtraction des objets ?
D'où vient l'idée de la Divinité ? D'où
naiſſent celles de l'avenir ? Nos crain-
tes, nos remords, nos dépits, nos
eſpérances, tout cela ſort-il de la ma-
tière ? Mais je ne vois point qu'on
puiſſe la replier ſur elle-même, ni
qu'en ſe repliant elle puiſſe produire
des réfléxions.

Coupez la matiére en petits atomes, donnez à ces atomes un mouvement ſi rapide & ſi diverſifié que
vous voudrez ; que l'Athée imagine
tout ce qui lui plaira, pour faire penſer ou parler un mort, il n'y réüſſira
jamais.   La matiére de ce mort ſub-
ſiſte encore toute entiére, il n'y a
qu'un reſſort de rompu. On peut rétablir ce reſſort qui ne dépend que de
l'arrangement des parties. Pourquoi
ne l'a-t-on jamais fait ? Le hazard qui
eſt aveugle, fera-t-il parler & penſer
les hommes de toute éternité ? Et l'A-
thée qui a plus d'art, de connoiſſance & d'habileté, à qui les moyens &
les inſtrumens ne manquent point,
ne pourra jamais faire penſer un cadavre,

davre, dont la matiére est déja pré-
parée, & dont la machine subsiste encore. S'il veut que la raison soit attachée à certaine portion de matiére
qu'il indique; si c'est une matiére singuliére, diférente de celle de nos
corps, il faut qu'il avouë, qu'il y a
dans quelque coin du monde, ou au
dessus de l'air une quantité de cette
matiére subtile, dont le *Hazard* va
prendre une portion pour la lier avec
la matiére plus crasse, & faire par ce
moyen l'homme. Mais n'est-ce pas
là se jetter dans des difficultez insur-
montables, pour en éviter d'autres,
qui sont infiniment moins solides?
Je ne décide point si l'ame est im-
mortelle, parce que je ne l'ai pas prou-
vé, & qu'il ne faut rien produire ici
sans preuves. Mais il suffit de montrer à l'Athée, que quelque perfection
qu'on donne à la matiére, elle ne
peut rien produire que de materiel;
& si nous connoissons quelque chose
de plus subtil, & de plus spirituel en
nous, il faut nécessairement l'attribuer à un Esprit. S'imaginer qu'il y
ait une masse spirituelle qui subsiste
de toute éternité, & d'où il se déta-

che

che tous les jours quelque petite portion pour animer chaque homme qui
reçoit la vie, comme on a imaginé une
maſſe de matiére, dont tous les corps
ont été tirez , c'eſt tomber dans une
contradiction ſenſible.   Dès le moment qu'on parle d'un Eſprit , on
ne peut imaginer ni diviſion , ni partie , ni maſſe , d'où , comme d'une
carriére abondante, on tire toutes les
ames.   Les Payens n'ont eu en vûë
que de relever l'excellence de l'ame,
lors qu'ils l'ont apellée une particule
de la Divinité.

L'homme penſe : il faut donc qu'il
ait un Principe ſpirituel au dedans de
lui.   Car l'éfet ne peut être plus noble que ſa Cauſe , & la penſée, qui eſt
plus excellente que la matiére , ne
peut venir d'elle.   C'eſt une abſurdi-
té à l'homme , que d'avouër , qu'il
penſe & qu'il raiſonne, parce qu'il ne
peut le nier ; & de vouloir à même
tems que le Monde , qui eſt une machine infiniment plus grande & plus
belle, dont l'étenduë , l'origine & la
ſubſiſtance ſont au deſſus de ſes lumiéres , ſoit ſans ame qui la dirige,
qui la conduiſe , & qui l'ait formée.

Il faut nécessairement qu'il y ait au dessus de cet Univers un Principe sage qui le conduise. Il y a donc un Esprit éternel, immense, qui a animé la matiére, qui conduit l'Univers. Et ce Principe spirituel infini, c'est Dieu.

Si l'Impie se considére *tout entier*, il verra qu'il est un assemblage de perfections & de défauts. Il vit dans une dépendance continuelle des objets étrangers, qui le heurtent, qui le frapent, qui le blessent. Si ces objets peuvent lui procurer de grands biens, ils lui procurent aussi de grands maux, qu'il ne peut éviter. Il semble qu'il est le Roi de la Nature, parce qu'il en est l'objet le plus parfait; mais à mème tems il en est l'esclave, soûmis aux influences de l'air, dont sa vigueur, sa santé & sa vie dépendent. D'où vient que cet homme raisonnable, qui se croit le maitre indépendant de tout Etre supérieur, vit dans la dépendance des Créatures inanimées, plus imparfaites que lui?

Si le premier hôme s'est fait lui-mème, il n'est pas concevable, qu'aiant envie de se rendre heureux, il se soit chargé de tant d'imperfections & foiblesses. La raison qui fait son caractère de distinction, lui est souvent plus funeste qu'avantageuse. Si l'homme n'est né que pour goûter les plaisirs sensuels, & satisfaire son apetit, comme les bêtes, qu'avoit-il besoin de Raison? Combien de gens envieroient le sort des Tigres & des Lions, qui n'ont point d'autre régle dans leur amour, que l'amour même? Ils satisfont aveuglément tous leurs désirs. Si la Raison nous fait prévoir les maux qui nous menacent, elle est trop foible pour les suporter, quand ils nous frapent. On en conçoit toute l'étenduë, on en sent toute la pésanteur; la raison nous y rend plus sensibles, à proportion qu'elle est vive, & ne nous fournit presque aucune ressource. Le débauché n'est pas plus heureux que les bêtes dans la jouïssance des plaisirs, & il est plus malheureux qu'elles, par les remords qui les suivent. Si cet Artisan qui fait le gros du monde, n'est né que pour travailler à gagner sa vie, & porter les fardeaux & le joug qu'on lui impose,

poſé, de quoi lui ſert-il d'être né, &
de raiſonner ? Il valoit autant pour lui
qu'il fût né tout à fait bête. L'Athée,
peu inquiet du ſort du Vulgaire qu'il
mépriſe, dira que ſa raiſon lui ſert
pour rejetter la Divinité, & s'afran-
chir de tous les préjugez.

Eſt-ce donc le ſouverain bonheur
que de devenir Athée ? La Raiſon ne
nous a-t-elle été donnée, que pour
rejetter préciſément le point de la Divinité ? Cette Raiſon n'eſt-elle pas
foible, & preſque inutile dans les Impies, comme dans le reſte des hommes ? C'eſt une étincelle qui s'éteint
& ſe perd abſolument, après avoir
brillé quelques années. Elle ne s'allume qu'avec peine ; il faut attendre
long-tems pour jouïr de ſa lumiére ;
elle s'obſcurcit après avoir jetté quelques rayons, une influence de l'air,
le plus petit reſſort qui manque, dé-
monte toute cette machine, & jette
l'homme dans le plus triſte de tous les
états. Lors même qu'elle brille avec
plus d'éclat, elle n'écarte point les
maux ; elle ne nous donne qu'une
très-petite portion de nos déſirs ; elle ne ſert ſouvent qu'à les allumer, &

à

à les rendre plus vifs & plus tourmen-
tans ; elle ne garantit point l'Impie,
qui en fait fa divinité , des frayeurs,
des maladies , des difgraces qu'elle
prévoit ; elle ne l'éclaire point affez
pour connoître parfaitement tous les
objets , ni pour lever toutes les difficultez qu'on lui fait. De quoi fervent
ces idées & ces défirs d'une felicité permanente & folide ? La raifon ne les
enfante-t-elle que pour nous tourmenter , & nous rendre malheureux
par le défir d'un objet chimérique , &
qu'on ne poffedera jamais? Cependant
il n'y a rien de plus fage , que de fou-
haiter un bonheur qui dure.   Il n'eft
pas concevable qu'un homme fe fut
fait lui-même avec tant de défauts &
de foibleffes. S'il ne vouloit pas fe faire autrement , il étoit ennemi de foi-
même. D'ailleurs, comment avoit-il
cette volonté avant que d'être ? S'il
ne le pouvoit pas , comment feroit-il
ndépendant? Comment a-t-il eu la
force de faire une machine couronnée
de tant de perfections? On ne peut
lever toutes ces difficultez , qu'en re-
connoiffant un Principe fupérieur,
qui a créé l'homme innocent, heu-

reux

reux & parfait , & qui lui a donné la raifon pour le connoître , & pour s'attacher à lui , afin de le rendre éternellement heureux.

Dieu, qui a fait tant de miracles, n'en a jamais fait aucun pour convaincre les Athées. Pourquoi cela ? Parce que les miracles , qui font des interruptions du cours de la nature , ne forment pas une preuve plus forte pour l'éxiftence d'un Dieu , que le cours regulier du Soleil , que le mouvement des Cieux , que la fubfiftence de la Terre , ce Globe qui fe foûtient depuis tant de fiécles & d'années, fans apuis, fans colomnes, & qui n'a point d'autre main qui le tienne fufpendu, que celle du Tout-puiffant. Il eft inutile, ce me femble, de violer les loix de la nature pour des gens qui ne voyent point dans l'obfervation éxacte de ces loix une Sageffe & une Puiffance infinie.   S'il y a un Efprit qui anime & qui gouverne l'Univers, on ne peut le voir en lui-même, puis que c'eft une Effence invifible , on ne peut le démontrer à *Priori* , puis qu'il eft le premier Principe & la première Caufe.   Il eft impoffible de

re-

reconnoître cette Cause , que par ses effets. En considerant le monde, on y trouvera d'un côté une inconstance & des changemens , qui prouveront qu'il n'éxiste pas nécessairement. Mais la grandeur de cette machine, l'harmonie sensible des parties de ce grand Tout , les qualitez différentes des plantes , des animaux & des hommes , qui se raportent à la fin generale , non seulement à la beauté , mais à la conservation de l'Univers , montrent qu'il y a une Ame, un Etre intelligent , qui l'a formé, & qu'il ne peut dépendre d'une Cause aussi aveugle & aussi incertaine que le Hazard.

L'Aveugle a beau remuer tant qu'il voudra tous les caractères d'une Imprimerie, il ne les assemblera jamais dans un ordre assez éxact pour faire un discours poli ou un Poëme, & on s'imaginera que les parties de la matiére remuées par je ne sçai quel principe destitué de connoissance , n'auront pas laissé de placer & d'entretenir depuis l'éternité toutes les créatures dans le bel ordre où nous les voions ! J'avouë ma foiblesse, je ne le puis comprendre , & je suis per-
sua-

fuadé que les Athées ne le comprennent pas mieux que moi. En vain allégueroit-on d'autres preuves, fi celle-là ne frape pas. Elle eſt uſée, je ne me vante pas auſſi de dire rien de nouveau. Il ſuffit que l'Impie & le Profane ne puiſſent ſe conſidérer eux-mêmes, ni aſſigner d'autre cauſe de leur Etre que Dieu ; puis que l'éxiſtence de Dieu eſt attachée à l'exiſtence de leur perſonne ; comment la nier ? Soit qu'il n'y ait qu'un corps qui ſe meuve, & des atomes qui raiſonnent, ſoit qu'on ajoûte à ce corps un eſprit qui l'anime, & qui penſe, il eſt toûjours également vrai, qu'il faut aſſigner à la matiére & à ſon arrangement une Cauſe ſupérieure, qui imprime & qui en régle les mouvemens ; on le doit dire à plus forte raiſon, ſi l'homme a une ame raiſonnable. L'Impie prend deux partis, l'un de douter, & l'autre de nourrir ſes doutes par un amas d'objections & de difficultez contre Dieu, à la faveur deſquelles il ébranle la foi, & de cet ébranlement naît un demi-Athéiſme, peut-être le plus dangereux de tous.

Le

Le doute n'eſt point un parti qu'on
puiſſe prendre ici ; il s'agit de combattre une opinion generalement reçuë
dans tous les ſiécles, & veut-on l'arracher, pour jetter tout le genre humain
dans l'ignorance & dans le doute? Ces
eſprits curieux & forts ne travaillent-
ils donc que pour plonger tous les
hommes dans les ténébres ou dans la
plus triſte de toutes les conditions,
qui eſt l'incertitude ? Il y a de l'enté-
tement à demeurer dans ſon ignorance lors qu'on montre une Cauſe ſupérieure & une vérité évidente & ſenſible.   Il ne faut pas toûjours penſer
comme le Vulgaire, mais il ne faut pas
auſſi rejetter comme une erreur tout
ce qu'il penſe.   Il ne ſuffit pas qu'une
opinion ſoit commune , generale à
tous les hommes pour la mépriſer ou
la combattre. Si les routes écartées &
ſolitaires ſont plus agréables, elles ſont
à même tems dangereuſes. On s'éga-
re & on ſe perd ſouvent en s'ouvrant
un chemin nouveau , au travers des
forêts & des précipices.   On cherche
à s'aveugler, & enſuite on ſe plaint de
ce que Dieu ne donne pas aſſez de
lumiére.   Cependant il y a du péril
dans

dans l'irreligion , puis que si par
malheur pour l'Impie, il y avoit un
Dieu, il ne pourroit vanger assez sé-
vérement, l'outrage qu'on lui fait.
Il n'y a point de sagesse à hazarder
une éternité de peines sur une chose
qu'on ne peut prouver.   Peut-on en-
censer assez à sa raison , pour la croire infaillible, après avoir eu tant de
preuves de sa foiblesse & de ses égaremens ; & après avoir veu si souvent les plus grands Philosophes dans
l'incertitude ?   Enfin la Divinité s'é-
tant peinte elle - même si sensiblement dans l'homme, ne doit-il pas
prendre le parti le plus probable, le
plus sûr & conforme à sa raison, de
reconnoître un Dieu , *& le servir en es-*
prit & en verité ?

L'Impie fait de grandes difficultez
contre Dieu.   C'est là le rempart qu'il
se fait, & derriére lequel il combat
avec plus d'avantage.   Il enfante des
monstres, afin de nous ocuper à les
combattre. Mais les Philosophes ont
avoüé, que quand une verité est
évidente, il ne faut plus s'arrêter
aux difficultez qui sont infinies, &
qui ne servent qu'à jetter dans un
Py-

Pyrrhonisme affreux. Est-ce que l'A-
théisme n'a pas ses difficultez insur-
montables? Les Philosophes avouënt
qu'on ne peut prouver une proposition purement négative. L'Athéis-
me est une de ces propositions, on ne
peut donc la prouver. Il faut donc
que l'Impie quitte son impieté, à cause des objections accablantes que lui
fait un Chrétien. S'il est sage, & s'il
raisonne juste, il doit marcher d'un
pas égal, pour la créature & pour
Dieu. Il reçoit quantité de veritez
dans la Nature qu'il ne connoît qu'obs-
curement, & contre lesquelles il trouve qu'il y a d'affreuses difficultez, &
il ne voudra pas recevoir l'existence
d'un Dieu beaucoup plus sensible,
parce qu'il a l'art de rassembler ou
d'inventer quelques objections contre la Divinité, sur lesquelles on ne
le satisfait pas. Il y a là de l'injustice.
Les veritez Physiques sont moins importantes, aussi obscures, aussi chargées de difficultez que celle de l'existence d'un Etre infini & éternel,
pourquoi donc croire les unes, & rejetter les autres?

Il n'est pas juste qu'on écoute toûjours

jours l'Impie débitant avec insulte ses
objections contre la Divinité, & qu'on
n'ose lui demander, s'il a quelque chose de meilleur à produire. Il crie contre Dieu, parce qu'il est infini. Mais
n'est-il pas obligé d'admettre ou une
matiére, ou une espace, ou un tems
& un nombre de generations, qui
soient infinies? Pourquoi s'élever
contre un Principe qu'on est obligé
d'aprouver? Et ne vaut-il pas mieux
dire qu'un *objet spirituel* est infini, que
la matiére ou l'espace? On demande
au Chrétien une démonstration aussi
évidente de la Divinité, que cette
régle d'Arithmétique, *deux & deux font*
quatre; mais prouve-t-on aussi évidemment que deux & deux font quatre, que le monde est éternel, que la
matiére s'est donnée l'être, que c'est
par le concours d'atomes que l'Univers s'est formé? Quelle dificulté
n'a t-on point à concevoir cet espace ou ce vuide infini dans lequel se
joüoient les atomes? Que de peine à croire que ce soient des atomes
qui voient dans l'œil, qui entendent
dans les oreilles, & qui raisonnent
dans le cerveau ou dans quelque autre

tre partie du corps ! Sont-ce des atomes qui diſputent pour ſçavoir , ſi
nous ſommes compoſez d'atomes ou
non ? D'où ſçait-on que le monde eſt
éternel? Eſt-ce par l'évidence de la choſe ? Mais au contraire , la machine
du monde paroît aſſez nouvelle. On
remonte juſqu'à ſon enfance ; l'a-t-on
apris par la tradition ? Mais quand a
commencé cette tradition ? Il n'y
avoit point d'hommes avant le monde , puis qu'il eſt éternel. Si les Ayeux
ont donné ce dogme à leurs enfans,
pour le faire paſſer à la Poſterité ; où
l'avoient-ils pris ? L'avoient-ils apris
de ceux qui les précedoient? On re-
montera ainſi juſqu'à l'infini & à l'é-
ternité.   S'il faut donner de l'éternité à quelque ſujet , n'eſt-il pas infiniment plus aiſé de l'attacher à un Etre
ſpirituel , qu'à la matiére , ou à une
machine, compoſée d'un grand nombre de parties différentes ? Il ſuffit
d'indiquer ces difficultez , pour montrer que l'Athéiſme n'en eſt point
éxemt , & qu'il eſt mal à propos de
ſe jetter dans ſon ſein pour les éviter , comme on le ſupoſe ſi ſouvent.

Ce n'eſt pas aſſez que de faire des
diffi-

difficultez , car il n'y a point d'homme qui n'en puiſſe faire contre les veritez les plus ſenſibles. Et ſi Dieu même le devenoit , on commenceroit à
ſoupçonner ſes ſens d'illuſion, ou l'eſprit humain enfanteroit mille dificultez nouvelles contre leur témoignage.
L'Athée eſt obligé de prouver qu'il y a
de la contradiction dans l'exiſtence de
Dieu. S'il y avoit de la contradiction
dans ce dogme , il ſeroit impoſſible
que l'idée d'un Dieu ſe trouvât dans
l'eſprit de toutes les Nations & de tous
les hommes. Il n'y a rien de plus aiſé ,
que de faire ſentir la contradiction
ou l'impoſſibilité de l'exiſtence d'un
objet.   C'eſt là de toutes les preuves
la plus ſenſible.   Le Vulgaire en eſt
frapé auſſi-bien que le Philoſophe.
Comment donc ſeroit-il arrivé , que
tous les hommes de tous les tems &
de tous les lieux , euſſent crû qu'il y a
un Dieu ? Si ſon exiſtence renfermoit
une contradiction évidente, ou qu'on
n'eût pas laiſſé de conſerver cette
idée , ſi ſa fauſſeté étoit ſenſible ? Alleguer ce petit nombre d'Athées qui
s'y ſont opoſez , c'eſt dire peu de
choſe ; car il ne laiſſe pas d'être

vrai que tous les hommes naiſſent
avec une tête, quoi qu'il y ait un
petit nombre de monſtres qui ſoient
venus au monde chargez de deux.
Non ſeulement ceux qu'on peut apeller Orthodoxes, mais tous ces ordres de gens, qui n'attendoient rien
de Dieu, ſoit parce qu'ils ont nié la
Providence ou l'immortalité, & l'e-
xiſtence des ames, ou la reſurrection
des corps, ou la réalité des peines &
des recompenſes dans l'autre vie. Enfin cette idée, ſi elle ſe trouve chez
tous les hommes, il faut avouër,
qu'elle n'implique point de contradiction que l'exiſtence d'un Dieu eſt
très-poſſible, & qu'elle s'acorde parfaitement avec nôtre Raiſon.

Ainſi au lieu de faire un bouclier de
la Raiſon contre Dieu, il faudroit
l'emploier uniquement à le ſervir &
à l'aimer.

§. I I.

*De la Divinité des Ecrits de Moïſe,
& des Prophétes.*

ON ſe fait ordinairement une idée
de la Divinité, conforme à ſon
tem-

tempérament. Un homme puissant & farouche déïfie sa dureté ; il la donne à Dieu, comme une perfection essentielle. Le Vindicatif s'imagine une Divinité uniquement occupée à déploier des châtimens exemplaires. Il ne parle que de sa justice, & de sa haine implacable contre les méchans, afin d'avoir le droit de haïr, & de persécuter ses ennemis. A-t-on de la douceur & de la compassion, on ne voit en Dieu que ces Vertus. On le fait indulgent pour la punition du crime. Dieu n'a pas voulu dépendre du caprice des hommes. Il a publié des loix, qui donnent une juste idée de sa justice & de sa miséricorde, de peur que l'homme n'adorât le bois & la pierre, & qu'on ne crût le servir en assouvissant ses passions criminelles, comme les Payens ont fait si souvent. Il a reglé le culte qui devoit lui être rendu. La Loi de la nature, gravée dans le cœur de tous les hommes, s'étant obscurcie par l'ignorance & la corruption du cœur ; il a envoyé des Prophétes, pour la rétablir, ramener les hommes de leurs égaremens, & fixer

c 2

leur

leur devotion d'une maniére qui lui fût agréable.

A la tête de ces Missionaires Divins & Prophétiques étoit Moïse, qui le premier a fait un corps de Loix qu'il avoit reçûës de sa bouche, pour les laisser au Peuple d'Israël. Ce Legislateur paroît revêtu d'une sincerité à toute épreuve ; s'il avoit dû flatter un Peuple, c'étoit le Peuple Juif, dont il étoit le Chef. Mais il fait connoître, que si Dieu l'a distingué de toutes les Nations du monde, pour le rendre le dépositaire de ses Oracles, ce n'est que par un amour purement gratuit. Cette Nation grossiére, attachée à des interêts charnels, n'avoit merité son amour ni par sa valeur, ni par sa fidèlité, ni par aucune vertu qui l'élevât au dessus des Égyptiens & des Chaldéens. Moïse pouvoit au moins épargner ce Peuple sur ses révoltes fréquentes dans le Désert, où elles n'étoient connuës que de lui & de la Nation, sur tout s'il vouloit se faire revérer après sa mort. S'il vouloit faire recevoir ses Loix, & passer son Histoire jusqu'à la posterité, il devoit passer sous silence ces inter-

dits

dits qui ont un air de ſi grande cruauté, & qui ne pouvoient ſervir qu'à
le rendre odieux aux Etrangers, dont
l'eſtime ne devoit pas lui être indi-
férente. Il devoit en Hiſtorien politique cacher les défauts des Patriarches, qui étoient les *Saints* & les *Péres* de la Nation. Comme ils devoient ſervir d'éxemple & de modè-
le, il falloit les habiller en hommes
parfaits, au lieu de revéler ſi ſouvent
leur honte.

Les Légendaires quitteroient la
plume, ſi on les empêchoit de revê-
tir leurs Héros de toutes les vertus
qui peuvent éblouïr les ſimples. Moïſe auroit dû s'épargner lui-même &
ſa famille. Mais paſſant au deſſus de
toutes ces conſidérations humaines,
que l'interêt enfante, & uniquement
attaché à la verité, il relève ſes défauts, ſes pechez, ceux de ſa famille,
ceux de ſes ancêtres, ceux de toute
la Nation, pour laquelle il écrit. On
ne peut trouver aucun Hiſtorien de
ce caractère.

Il en avoit un autre plus éclatant,
puis que c'étoit un Prophéte armé
du pouvoir de faire des miracles,

                Com-

Comme on est persuadé que c'est Dieu qui a fixé les loix de la nature, on ne peut voir un homme qui les viole & qui les change, sans croire qu'il est revêtu d'un pouvoir divin, & on a raison. Moïse fait des miracles en Egypte & dans le Desert, sur lesquels il ne pouvoit imposer au peuple. Ils étoient sensibles, ce n'étoient pas quelques particuliers qui les voyoient en secret, & qui alloient ensuite les afirmer, pour soûtenir la gloire du Legislateur ou de la Nation. Pharao avoit interêt à ne se pas laisser duper, tout le Peuple passa la Mer Rouge, toute la multitude cueillit de la Manne & des Cailles dans le Desert, & alloit se desalterer au Rocher qu'il avoit vû peu de tems auparavant sec & sans eau. On ne pouvoit ni souffrir d'illusion, ni soupçonner la fraude sur tous ces évenemens qui servent de fondement & d'apui à l'autorité de Moïse.

Quand même il seroit possible qu'il eût imposé aux simples, ce seroit un miracle inouï, qu'il eût tiré d'Egypte le Peuple d'Israël, qui étoit établi là depuis un si grand nombre d'années,

qu'il

qu'il avoit oublié sa liberté, sa Religion & son Dieu, qu'il eût fait secouër un joug bien affermi, sans prendre les armes, sans être ni Capitaine ni homme de guerre, sans gagner des batailles, qui lui attiraſſent le reſpect & l'amour de ſes troupes, sans avoir d'armée qui marchât à sa suite, & qu'il traînât enſuite toute cette multitude nombreuſe d'hommes, de femmes & d'enfans dans le Deſert, sans être abandonné ou lapidé mille fois. Il faloit quelque choſe de ſurnaturel & de bien éclatant, pour entraîner ainſi toute une multitude d'hommes, de femmes & d'enfans dans la misère, dans un éxil affreux, & l'obliger à le ſuivre par la perſuaſion & par un ſimple commandement.

Moïſe ne fut pas moins reſpecté après ſa mort que pendant ſa vie, & ce ſeroit là un prodige sans éxemple, ſi on n'avoit été convaincu qu'il étoit un homme divinement inſpiré. Il ne mit point à la tête du Peuple ſes enfans pour conſerver l'empire, & maintenir ſon autorité. Joſué devint le Chef de la Nation. On pouvoit alors

    faire

faire éclater impunément sa haine
contre un homme qui avoit fait périr une generation entiére dans le
Défert, & qui après une courfe de
quarante ans, fe contentoit de les
laiffer fur les frontiéres d'une Terre
fi long-tems promife, & qu'il falloit conquerir fur les anciens habitans. Cependant jamais Moïfe ne fut
plus véneré, qu'après fa mort, la jaloufie, qu'on avoit euë quelquefois
contre fa perfonne, ceffa; fes Loix,
qu'on devoit rejetter comme infup-
portables, furent reçuës avec un profond refpect; on lut fes Ecrits avec
foin; on les conferva comme des
Monumens facrez, on les prit pour la
régle de fa conduite & de fon culte,
ni le penchant qu'on avoit pour l'Idolatrie, ni la tentation continuelle, où
l'on étoit de prendre la Religion des
peuples voifins, ne l'emportérent
point fur l'autorité de cet homme
mort; & lors même qu'on oublia
Dieu, on ne laiffa pas de faire un mê-
lange des Rites qu'il avoit inftituez,
avec ceux du Paganifme, parce qu'on
ne pouvoit fe réfoudre à les abolir. L'autorité des autres Prophétes,
chan-

chancela souvent. On rejettoit à
Jérusalem ceux qui prêchoient à Samarie. Il y eut, avant ce grand Schif-
me , des divisions éclatantes entre
les Tribus, mais malgré la chaleur
& la diversité de Religions , & de
Rites , qui étoit si grande dans les
partis differens , on s'acorda toûjours
à respecter Moïse & ses Ecrits.   Jeroboam qui avoit tant d'interêt à
les rejetter , ne laissa pas de les recevoir , & les Colonies transportées long-tems après , dans le même lieu, instruites par le Prêtre qu'on
leur avoit envoyé d'Assirie, adopté-
rent les Loix que cet ancien Chef
de la République, qui ne leur étoit
pas connu, avoit données. Il faut
avouér qu'on ne peut jamais être
sûr de l'autorité & de la divinité
d'un Livre , si nous ne le sommes
de ceux de Moïse , par une Tradition si ancienne , si constante & si
generale , & par les autres preuves
que nous venons d'alléguer. Cependant comme on s'élève tantôt contre
quelque partie de ce corps, & tantôt
contre le corps entier de ces Ecrits Sacrez, il est bon d'éxaminer ce qu'on
c 5   allè-

allégue , & pour le faire avec plus
d'ordre , diſtinguons cinq parties ou
cinq ſortes de choſes qui y ſont con-
tenuës.

Premiérement , Moïſe a raporté
des événemens , dont la memoire
étoit éfacée de ſon tems, comme la
Création du monde, & l'ordre que
Dieu a gardé dans la production de
l'Univers.   Deux mille quatre cent
ſoixante ans s'étoient écoulez depuis
la production de ce grand ouvrage.
Le Déluge avoit enſeveli tous les anciens Monumens. Le Juif qui gémiſ-
ſoit depuis long-tems en Egypte,dans
une groſſiére ignorance, n'étoit pas
fort propre à conſerver une memoire ſûre de ce fait. Dieu ſeul qui avoit
agi , pouvoit ſçavoir la methode qu'il
avoit tenuë; la diſtinction qu'il avoit
faite des jours , & le partage de ſon
travail, ou plûtôt de ſes opérations.
Il étoit le ſeul qui pût l'aprendre à
Moïſe, & ce ne peut être que par la
revélation qu'il a ſçû ce qui s'étoit paſſé dans un ſi grand éloignement de
ſiécles & d'années.   Ainſi cette premiére partie des Ecrits de Moïſe eſt
néceſſairement divine.

On

On ne laiſſe pas de dire le contraire , on ſoupçonne qu'il n'a fait que
copier quelques Ecrits , faits à l'antique d'une maniére groſſiére & courte , parce que Moïſe raporte la Création du monde , le peché d'Adam,
ſans ſe mettre en peine de l'ordre , ni
de prévenir les difficultez qui devoient naître fort naturellement. Il
conte des choſes fort ſuprenantes,
auſſi froidement , que s'il ne diſoit
rien d'extraordinaire.

Cette froideur de Moïſe qu'on cen-
ſure aujourdui , l'avoit fait admirer
par les Payens qui ont regardé l'exor-
de de la Geneſe , comme un exemple du *ſublime*. Moïſe ne prévient
point les Lecteurs , il ne léve point
les difficultez qu'il prévoit , mais cette ſimplicité marque un homme convaincu de la verité des faits qu'il raporte , ou plûtôt n'eſt-ce pas la mé-
thode de Dieu qui ne fait écrire ni
pour les Critiques, ni pour les Theologiens qui ſe donnent l'autorité de
peſer toutes ſes actions à la balance;
& de douter de tout ce qui ne s'acorde pas avec leurs lumiéres ? On voit
Dieu agir ſouvent d'une maniére mi-

raculeufe, & par confequent incompréhenfible, mais on ne le voit que très-rarement rendre aux hommes raifon de fes actions, & prévenir les difficultez qui naiffent d'un miracle, ou que la curiofité enfante. Il agit en Maître & en Souverain. Il revéle ce qu'il croit néceffaire pour produire une foi falutaire, & peu inquiet des combats qui s'élèvent fur les actes de fa puiffance trop fenfible pour être niée, il fe contente d'aprendre aux hommes ce qu'il a fait pour eux. Au fonds Moïfe étoit animé de l'Efprit divin, qui lui revéloit la Création & les événemens paffez, ou il ne l'étoit pas ? S'il fe vante mal à propos d'une infpiration divine, fa Religion, & à même tems le Judaïfme entier tombe, fans pouvoir jamais fe relever. Il ne faut pas rejetter feulement une partie de fes Ecrits, il faut les abolir tous. Et s'il eft infpiré, pourquoi ne veut-on pas qu'il ait apris par cette voie la Création de l'Univers, inconnuë à la Generation dans laquelle il a vécu, & qu'aucun homme ne peut avoir apris que de Dieu même, puis qu'il n'y avoit

au-

aucun témoin de la Création faite
avant Adam?

· Il faudroit au moins déterrer par
quelque conjecture ces anciens Monumens, dont on veut que Moïse
ait été le Copiste.   Les trouvoit-il
ces Histoires écrites à l'antique chez
les Egyptiens , dans la sagesse desquels il avoit été élevé , ou dans
les familles des Patriarches? Voyons
si on le peut croire avec quelque fondement.

Les Chaldéens avoient un grand
avantage pour perpétuer la memoire de la Création, parce qu'Abraham
avoit demeuré chez eux. On prétend
même que c'étoit de lui, ou plûtôt
de Nachor, que sortirent les Sabaïtes , qui, selon la conjecture de Sau-
maise , demeuroient dans la Mesopotamie , & firent une Secte fameuse dans l'Orient, dont les Dogmes
ont donné lieu à *diverses Loix de Moïse , & pourroient servir à l'explication
de divers passages de l'Ecriture , qui
sont obscurs.* Mais sans entrer dans
une longue discussion de critique,
on ne connoît les Sabaïtes, dont quelques Modernes relèvent aujourdui
l'an-

l'antiquité & la Religion , que par
des Auteurs Arabes , ou par Maimo-
nides, qui les avoit copiez. Perſonne
n'ignore , que les Arabes, ſouverainement fabuleux , ne peuvent être ga-
rands de la verité d'un fait , ſur lequel ils n'ont écrit que quatre mille ans après qu'il eſt paſſé. Ils ſoû-
tiennent qu'Abraham demeuroit à
Bacefa , & cette Ville n'a été bâtie
que long-tems après ce Patriarche.
Zoroaſtre, qui étoit l'Auteur de leur
Religion , plûtôt que Nachor , n'eſt
pas auſſi ancien que Moïſe. Ils ſoû-
tiennent qu'Adam n'étoit pas le premier homme , mais un Prophéte,
deſcendu de la Lune , pour établir le
culte de cet Aſtre, & ils lui attribuent
quelques Livres d'agriculture. Mais
Seſti ſon fils abandonna la Religion
de ſon Pére, & rejetta les images des
Aſtres , par leſquelles , à la faveur de
leurs influences , on prédiſoit l'avenir. Moïſe ne pouvoit pas avoir tiré ſon Hiſtoire de la Création , de
leurs Ecrits , quand même on ſup-
poſeroit qu'ils ſeroient très anciens.
Il n'alla point dans la Chaldée, on
croit même qu'il étoit ſi ignorant

de

de ce qui s'y paſſoit , qu'on a de la peine à s'imaginer qu'il ait pû ſçavoir que l'*Or y étoit bon.*

Les Egyptiens auroient pû lui être plus utiles. Ils marquoient l'antiquité de leur origine , en diſant qu'ils étoient *ſortis de la Terre* , ils prétendoient avoir conſervé la memoire des événémens anciens , gravez ſur dès Colomnes. Mercure Triſmegiſte, qui avoit élevé ces Colomnes, étoit le premier Miniſtre d'Etat d'Oſiris , & les Chrêtiens conviennent , que Miſraïm , premier Roi d'Egypte , étoit cet Oſiris, dont on avoit fait un Dieu. Il étoit donc plus ancien que Moïſe; il pourroit avoir tiré de lui ſon Hiſtoire , comme fit depuis Manethon, Prêtre d'Heliopolis , ſous l'Empire de Ptolemée Philadelphe. Il y avoit même une *Chronique ancienne* des Egyptiens , & Moïſe avoit étudié ces anciens Monumens , puis que l'Ecriture lui donne l'éloge d'avoir été *élevé dans toute la Science des Egyptiens.*

Il eſt aiſé de renverſer cette conjecture , quoi que plus éblouiſſante que celle qui précede. Car on ne ſçait qui eſt ce Mercure Triſmegiſte, & dès

le

le tems de Ciceron, on en comptoit jufqu'à cinq. Les Livres qui
portent fon nom, font un mèlange
de la Philofophie de Platon, avec
celle des Egyptiens. On y a mème
fait entrer quelques veritez de la Religion Chrétienne, comme fi on avoit
eu deffein de rendre l'impofture plus
fenfible. On ne peut deviner ce que
contenoient ces Colomnes, peut-
être imaginaires, & dont il étoit du
moins très-difficile, pour ne pas dire
impoffible, de démêler les caractères, après une longue fuite de fiécles. On affure que Manethon avoit
tiré fon Hiftoire des *Colomnes élevées*
dans la Terre de Seriad, qui avoient
été dechifrées & traduites en Grec,
après le Deluge, & confervées dans un
Temple, par Agathodemon le fecond de
ces Mercures. Mais on ne fçait où eft
la Terre de *Seriad*, dans laquelle ces
Colomnes ont fubfifté fi long-tems.
L'Hiftoire des Juges parle de la terre
de Seirah, où Ehud fe retira après
avoir tué Eglon, Roi de Moab,
& le nom de cette Place indique
qu'il y avoit là quelque Monument
de pierre, que les Interprétes ont

pris

pris pour des Idoles, mais ce Monument étoit plûtôt celui des douze pierres élevées par Josué, après le passage du Jourdain, & cette Terre ne peut se confondre avec celle de Seriad, qu'il faut trouver en Egypte. Les Colonnes érigées dans cette Terre avant le Déluge, ne purent, sans doute, resister à l'impétuosité des eaux, qui renversérent les Villes les mieux bâties ; ainsi cette supofition est fabuleuse. C'en est une autre que la traduction en Grec des Hiérogliphes de ces Colomnes ; car les Egyptiens jaloux de leurs Péres & de leur Langue, n'avoient garde d'emprunter celle des Grecs, avec lesquels ils ne vouloient pas avoir de commerce, & qui ne devinrent polis que long-tems après le Déluge.

Enfin, Manethon doit avoir copié sur ces Colomnes l'Histoire des Dynasties d'Egypte depuis la premiére, sous laquelle on place Thoit ou Mercure Trismegiste, jusqu'à Alexandre le Grand. Cette seule remarque suffit pour mettre toute cette Histoire au rang des Romans, puis qu'il faudroit que Thoit eût écrit

les

les événemens de plusieurs siécles, qui
ont coulé aprés lui , & dont on fait
un compte si prodigieux , qu'on est
tenté de prendre les années pour des
mois. L'ancienne Chronique des Egyptiens n'étoit pas plus sûre que l'ouvrage de Manethon , & son Auteur
vivoit à peu près dans le même tems,
comme l'avouë un habile Critique,
malgré l'interêt qu'il a à relever l'antiquité de cet ouvrage.   Il est vrai
qu'on representoit le monde sous la
figure d'un œuf , qui sortoit de la
bouche d'un homme , pour insinuer
qu'il avoit été créé par la Parole.
Mais qui sçait si ce Hierogliphe n'a
point été imaginé depuis Moïse , &
depuis le commerce que les Egyptiens eurent si souvent avec les Juifs,
lors que de Maîtres & Tyrans , ils devinrent leurs Alliez. Diogene Laër-
ce dit, qu'on soûtenoit en ce Païs-là,
que le monde , *qui étoit d'une figure
spherique & corruptible , avoit été en-
gendré , & que la matiére est le Principe de toutes choses.*

Il ne reste plus qu'à voir si les Patriarches avoient laissé quelques Livres , ou quelques Monumens , dans
les-

lesquels on pût déterrer la mémoire de la Création.   Les Juifs donnent à Abraham un Livre de la Création, qu'il composa exprès pour déveloper cet événement, à l'ocasion des disputes qui s'élevérent de son tems, sur la pluralité des Principes.   En éfet, les Sabaïtes le reconnoissent tellement pour le Pére de leur Religion, qu'ils l'apellent *Kiß Abraham*, c'est-à-dire, *Religion d'Abraham.*   Mais la lecture de l'ouvrage rempli de pensées & de subtilitez Cabalistiques en découvre la suposition.

Eupolemus dit que ce Patriarche descendit en Egypte, où il eut de longues conférences avec les Prêtres de la Ville du Soleil ou Heliopolis, auxquels il aprit l'Astronomie, mais outre qu'un séjour si long d'Abraham en Egypte, & ses conferences sont fabuleuses, elles ne rouloient que sur l'Astronomie, dont Moïse n'a pas fait un grand usage.   Les Préceptes si connus sous le nom de Noé, qui doit les avoir donnez à ses enfans, étoient courts & ne regardoient que quelques devoirs de la Morale.   Le Livre d'Enoch avoit, dit-on, été

écrit,

écrit, avant le Déluge, Tertullien &
plufieurs autres Péres fe font vantez
d'avoir lû la Prophétie de ce Patriarche.   S. Jude même a cité quelques
paroles empruntées de l'ouvrage qui
portoit fon nom; mais on ne difpu-
te plus cet ouvrage.   On avouë qu'il
étoit fuppofé, & fait long-tems après
Moïfe. Enfin, on remonte jufqu'à
Seth. Jofephe affûre que ce Patriarche ayant appris d'Adam, que le
monde devoit perir par l'eau & par le
feu, éleva deux Colomnes, l'une de
briques, & l'autre de pierres, fur
lefquelles il avoit gravé plufieurs
chofes, pour en conferver la mémoire aux hommes. On difoit même qu'une de ces Colomnes fe
voioit encore de fon tems, dans
la Syrie; mais ce n'étoit qu'un *oüi-
dire*.

Un fçavant Evêque a conjecturé
qu'il n'avoit fait que r'habiller le récit
de Maneton, en mettant le nom de
Seth, au lieu de Thoit, & la Syrie
au lieu de la Terre inconnuë de cet
Hiftorien. Au fonds la Prophétie d'A-
dam, qui infpira à Seth le deffein d'é-
riger ces Colomnes, eft fort fuf-
pecte.

pecte.   Ce deffein étoit ridicule; car
fi le monde s'embrafe jamais, il n'y a
point de Colomne qui puiffe réfifter
à la violence des flammes qui la re-
duiroient en cendres.   Il n'eft guére
moins difficile de concevoir que l'u-
ne ait réfifté aux eaux du Déluge, &
que les caractères qu'on y avoit tra-
cez, fe foient confervez; & quand
tout cela feroit vrai , il faudroit
deviner que Seth avoit gravé là
l'hiftoire de la Création, ce qu'on
ne fçait pas.

De quelque côté qu'on fe tourne,
on ne peut déterrer des Monumens
que Moïfe ait pû copier. Mufée, Or-
phée, fi celèbres chez les Grecs, ne
vivoient tout au plus que du tems de
Gedeon. Sanchoniaton cet Hiftorien
des Phéniciens , ne peut être plus ancien que ces Heros du Paganifme,
puis qu'ils l'aidérent dans fon ouvrage ; mais on le fait defcendre beaucoup plus bas, & fon ouvrage porte tant de marques de fauffeté, qu'on ne peut le donner, comme une Piéce légitime. Les Chaldéens grands Aftronomes, n'ont rien
écrit fur la Création. Les Egyptiens
ne

ne la connoissoient pas mieux que les
autres Peuples ; leurs Colomnes étant
une fois renversées, on ne découvre
aucune piéce dont Moïse ait pû s'aider.
Les Patriarches n'ont écrit aucũ Livre.
Ceux qu'on a publié sous leur nom,
n'étoient que l'ouvrage de quelques
Imposteurs.   Il ne paroît donc point
que Moïse ait copié des Monumens
écrits à l'antique.   Il ne peut avoir
tiré de secours que de la Tradition
orale, qui n'est jamais assez exacte ni
assez sûre pour être le fondement de
la foi. S'agissant d'un événement que
Dieu seul connoît & que lui seul a produit, il faut de là conclure que Moïse ne l'a écrit que sur la revélation que
Dieu lui en a faite.

Secondement, Moïse a publié des
Loix qu'il avoit reçuës de Dieu sur la
montagne de Sinaï, pour régler le
culte du Peuple Juif.   On convient
assez que ces Loix ont été écrites par
Moïse, en exécution des ordres qu'il
avoit reçus de Dieu.   Cet homme à
prodiges, qui commandoit à la mer,
aux rochers, aux vents, prouvoit
suffisamment sa vocation au Peuple
qui le suivoit, & ce Peuple l'auroit
du

du moins haï, détesté après sa mort, & brûlé des Ecrits dans lesquels il avoit gravé leur honte, & des Loix souverainement dures, s'il n'avoit été persuadé, par ce qu'il avoit vû, qu'elles étoient divines.

D'ailleurs, qui auroit pû donner des Loix sous le nom de Moïse ? Et en quel tems l'auroit-on fait ? C'est à ceux qui s'élévent contre une Tradition de deux ou de trois mille ans, à le prouver, comme nous serions obligés de produire des preuves contre les Décades de Tite-Live, ou l'Eneide de Virgile, si nous soûtenions contre les sentiments des Critiques, que ces ouvrages n'ont pas été composez par les Auteurs dont ils portent le nom. Il faloit avoir une grande autorité pour faire recevoir des Loix nouvelles, si dures & directement oposées à l'Idolatrie, pour laquelle le Peuple avoit un penchant singulier, & qui pouvoit avoir cette autorité ? Nous ne voyons que les premiers Heros du Judaïsme à qui on puisse la donner. Mais pourquoi ôter ces Loix à Moïse, pour les donner à Josué ou à Gedeon, si ce n'est pour le plaisir de

com-

combatre un sentiment generalement reçu ? Si l'Auteur de ces Loix
a vêcu dans la Judée, lors que le
Peuple y étoit établi, il est morale-
ment impossible qu'il ait pû les faire
passer. Le Senat Romain eut raison
de faire brûler les Loix qu'on avoit
trouvées dans le tombeau de Numa.
Ni le respect qu'on avoit pour ce
Prince Legislateur, ni l'aparence que
ces Loix étoient son ouvrage, n'em-
pêcherent point le Decret du Senat
qui étoit judicieux, puis qu'elles n'é-
toient propres qu'à causer des trou-
bles dans l'Etat, dont les coûtumes
avoient changé. Qu'on considére la
situation du Peuple Juif dans son
païs, on verra qu'il étoit plus dangereux d'y produire des Loix sous le
nom de Moïse, que d'en faire de
nouvelles. Il falloit régler le partage
des Tribus, & diviser la terre. On
sçait qu'il n'y a rien de plus propre
à remuer les passions, & que ce seul
article auroit suffi pour faire rejetter
ou lapider le Legislateur. Il falloit
donner à des gens établis de nouveaux réglemens qui les rendoient
haïssables à leurs Voisins, souvent
aussi

aussi puissans qu'eux, puis qu'on ordonnoit de les exterminer. Un Legislateur situé dans la Judée, n'auroit fait de semblables Decrets que sous Salomon ou David, & on sçait qu'ils étoient beaucoup plus anciens. Il établissoit un culte tout nouveau, une Religion diférente de toutes celles du monde. Un Ecclésiastique qui auroit voulu changer la Religion du Païs & des environs, se seroit ménagé sur le Civil, & n'auroit pas touché au partage de la Terre. Un Laïque qui auroit voulu faire ce partage, n'auroit pas entrepris de choquer & de renverser la Religion régnante, pour en établir une autre qui étoit accablante pour les Peuples, *car ni nous, ni nos Péres n'avons pû porter ce joug.* On ménage l'un ou l'autre dans ces sortes d'entreprises. Et si on ne le fait pas, il faut du moins être revêtu d'une autorité qu'on ne peut reconnoître dans aucun autre que Moïse, ainsi on est obligé de les lui laisser.

On borne quelquefois les Ecrits de Moïse à ses Loix, & on veut que tout ce que le Pentateuque contient parte d'une main étrangére.

d Mais

Mais du moins il faut en excepter un troisiéme Article, qui renferme les Oracles prononcez pour caractèriser le Messie, & fixer le tems de sa venuë; il faut en croire Jesus Christ, qui renvoie les Juifs incrédules à Moï- se, *parce qu'il a écrit de lui*, & qui enseignant les Disciples allans en Emmaüs, commençoit par *Moïse*, le premier de tous les Prophétes, à leur déveloper les grands Mistères du Christianisme; *Nous avons trouvé ce- lui dont Moïse a écrit dans la Loi*, di- soit Philipe à Nathanaël. C'est vou- loir être bien subtil, & deviner har- diment, que de prétendre que Jésus Christ & les Apôtres ont cité sous le nom de Moïse des Ecrits qui n'étoient pas de lui, parce qu'ils n'étoient pas venus enseigner la Critique. Heu- reux le siécle, où naissent ces Théo- logiens que le Christianisme enfante pour découvrir de nouvelles veritez, & dans la Religion & dans la Criti- que ! Moins habiles & beaucoup moins hardis nous donnerons toû- jours à Moïse ce que Jesus Christ & ses Apôtres lui ont attribué.

C'est principalement contre les
Hi-

Histoires & les événemens renfermez dans les cinq Livres de Moïse, qu'on se soulève. On prétend qu'aiant toutes les qualitez d'un Legiflateur, il ne manqua pas d'établir dans fa Republique des Secretaires d'Etat, femblables à ceux qu'il avoit vûs en Egypte, auxquels il confia les Regiftres Publics, & que ce furent ces gens-là qu'on apella *Prophétes*, parce que ce terme ne fignifie que difcourir, & faire mêtier d'un Orateur, qui ont écrit toutes les actions de Moïse, des Juges & des Rois. Moïse détruit cette penfée qu'on a produit comme nouvelle, car il raporte que Jofué ayant défait les Amalekites, l'Eternel dit à *Moïse*, *Ecri ceci pour memoire au Livre.* Voilà donc Moïse chargé de la part de Dieu d'écrire les événemens, les batailles & les victoires, de peur que la memoire ne s'en effaçât. Et quel étoit *ce Livre* où la Bataille gagnée fur Amalek devoit être écrite? C'étoit celui de l'Exode, où elle fe lit encore aujourdui, & dans lequel Moïse marquoit les événemens à proportion qu'ils s'acompliffoient.

On

On a beau dire, on ne donne ici à Moïse la qualité de *Legislateur habile*, qu'afin d'engloutir par là celle d'homme inspiré. On ne recherche une Etymologie éloignée du nom de Prophéte, que pour trouver occasion d'en faire des *Orateurs* acoûtumez à parler ou à écrire; faire des Sécretaires d'Etat, qui ont vêcu sous des Rois idolatres, & gardé leurs Regiſtres, autant de Prophétes, c'eſt abuſer de ce nom afin de l'avilir. Les Prophétes qui ont vêcu à Samarie & à Jéruſalem n'étoient point les Sécretaires des Rois idolatres qui les perſecutoient, & on trouve dans ces mêmes lieux, des Gardes de Regiſtres Publics qui n'ont jamais été Prophétes. On confond donc mal à propos ces deux Charges, l'une Politique, & l'autre Divine, & on en fait encore plus mal à propos remonter l'origine juſqu'à Moïse, pour lui ôter une partie de ſes Ouvrages, puis qu'il ne paroît en aucun endroit de ſes Ecrits qu'il ait emprunté des Egyptiens leurs Scribes. Au lieu de diviniſer leurs coûtumes il en inſtituoit de contraires, afin d'éloigner la penſée

sée du retour que la conformité des Loix auroit pû faire naître. Enfin, il paroît par son propre témoignage, qui ne peut être suspect, que Dieu lui commandoit d'écrire, & il éxécuta ses ordres.

La seule chose qu'on peut contester avec fondement à Moïse, ce sont certaines petites circonstances qu'il ne peut avoir inserées dans ses Ecrits. On s'imagine, par éxemple, qu'il falloit être allé dans la Chaldée, pour savoir que l'or étoit bon , & nous l'aprendre comme il fait dans sa description du Paradis terreftre. C'est pourquoi on attribuë la reparation du Pentateuque au Prêtre qui fut envoyé de ce Païs-là , pour instruire ceux qu'on avoit transportez à Samarie pour la repeupler. Il y a des Villes dont les noms se trouvent dans les Ecrits de Moïse, & qui n'ont été bâties qu'après sa mort. Enfin, sa mort y est raportée à la fin du Deuteronome. La premiére de ces objections n'est pas considérable, car il n'est pas étonnant que Moïse, qui avoit été si long-tems en Egypte, & nourri dans toutes leurs Sciences, eût

d 3

apris

apris là qu'il y avoit de l'or très-pur dans le Royaume d'Ormus.   On remarque auſſi ſans peine que la plûpart des noms des Villes & des Provinces, ont paſſé de la marge dans le Texte. On ſent même encore très-ſouvent la Parenthéſe, dans laquelle ces noms étoient enfermez au commencement.   Enfin la mort de ce Legiſlateur couchée à la fin de ſon dernier Livre, ne donne aucune atteinte au reſte.   On reconnoît aiſément que c'eſt une addition; qu'elle ſoit divine, qu'elle ſoit de Joſué, ou d'une autre main, la choſe n'eſt pas importante, puis qu'elle ne renferme qu'un fait Hiſtorique en très-peu de mots. Comme il n'y avoit ni Chapitres ni Verſets, il n'eſt pas étonnant que cette narration inſérée à la fin des Livres de Moïſe, pour achever ſon Hiſtoire, ſoit enfin entrée dans le corps de l'Ouvrage, & ſe ſoit confonduë avec le reſte.

§. III.

§. III.

De l'Inspiration & des Ecrits des autres Prophétes.

ON avoit beaucoup moins de peine à connoître les autres Prophétes, parce qu'il y avoit des régles constantes & sûres pour les distinguer. Les Juifs qui tâchent de relever par tout l'autorité de leur Sanhedrin, soûtiennent que c'étoit lui qui jugeoit de la vocation des Prophétes, & qui par ses décisions marquoit au doigt ceux qu'on devoit croire ou rejetter. Jamais l'autorité d'une Eglise infaillible ne fut plus necessaire qu'en cette ocasion. Il y avoit de faux Prophétes qui se laissoient corrompre ou intimider par l'autorité des Princes & qui séduisoient les Peuples. Hanania rompit le joug que Jeremie avoit mis sur son cou. Il vouloit flatter par là le Peuple de la douce espèrance que l'Empire de Nabuchodonosor finiroit avant deux ans, ce qui se trouva faux. Le Sanhedrin avoit un grand interêt à arrê-

ter

ter le cours de semblables désordres qui obscurcissoient la verité.   Il sembloit même que Dieu y fût obligé pour la consolation & le salut de son Peuple.   Mais la Divinité ne se laisse point contraindre par nos idées. Contente de pourvoir au salut des hommes par des voyes raisonnables, elle laisse aller dans l'égarement, ceux qui veulent se perdre, en les rejettant.   Le ministère des Prophétes ne dépendoit point de l'Eglise.   Ils parloient au nom de Dieu, dont l'autorité étoit plus grande que celle du Sanhedrin, & ils avoient des caractères suffisans pour se faire connoître indépendemment des décisions du grand Conseil. Je ne citerai que l'éxemple de Jeremie. Ce Prophéte se plaignoit amérement, de ce qu'au lieu de l'écouter, on demandoit, *où est la Parole de Dieu?* Bien loin de tirer sa vocation du Ministère ordinaire, il crioit de la part de Dieu, *malheur sur les Pasteurs qui détruisoient, & qui dissipoient le troupeau de sa pâture.* Paschur le fils d'un Sacrificateur & Intendant de la Maison de Dieu, jetta dans une prison ce Prophéte, dont les prédictions lui dé-

déplaisoient ; Auroit-il osé le faire contre la décision du Sanhedrin, à qui Jeremie étoit connu depuis long-tems ? Enfin, les *Sacrificateurs* & les *faux Prophétes* qui leur étoient dé-voüez, parlérent à tout le Peuple, criant, *cet homme mérite la mort*, *car il a prophetisé contre cette Ville*, & ce fut le Peuple, qui se soûlevant contre la Décision des Sacrificateurs, décida que Jeremie ne devoit point être con-damné à la mort, parce que c'étoit un Prophéte du Seigneur. Les Prophétes prêchoient donc malgré le Sanhedrin. Ce Conseil s'oposoit quelquefois à leur autorité, & les vouloit condamner au dernier suplice. Le Peuple formoit un jugement contraire, & plus sûr que celui de l'Eglise, & écoutoit ceux que le Sanhedrin avoit anathématisez. Il y avoit trois caractères par lesquels il étoit facile de les connoître.

Premiérement *la Loi de Moïse*. Com-me on étoit convaincu que ce Pro-phéte l'avoit reçûë des mains de Dieu, dès le moment qu'on voyoit un homme qui s'écartoit d'une régle si sainte, on le condamnoit comme Im-posteur. Les faux Prophétes se dé-

couvroient fur tout lors qu'ils tâ-
choient d'introduire l'*Idolatrie* ; comme il n'y avoit point de dogme plus
évidemment enfeigné que celui de
l'unité d'un Dieu, & que le culte des
images & de toute Créature étoit fé-
vérement condamné ; tout homme
qui fous le prétexte d'une révélation
divine confirmoit le culte des idoles,
devoit être puni de mort. C'étoit un
autre crime digne du dernier fuplice,
que celui de vouloir abolir la Religion, & les Rites couchez dans le
Pentateuque. L'erreur & l'idolatrie
faifoient donc un caractère fenfible de
diftinction entre les faux & les vrais
Prophétes. Il faut feulement remarquer, que les Sacrificateurs, entêtez
de l'excellence de leurs Privilèges &
de leur Loi, outroient fouvent les
chofes. Ils vouloient perdre Jeremie, parce qu'il prophétifa contre
la Ville, comme fi Jérufalem & fon
Temple euffent dû fubfifter éternellement, malgré leurs pechez. Ils
condamnérent Jefus Chrift, parce
qu'il vouloit abolir la Loi, n'ayant
pas pris garde que les Prophétes, qui
confirmoient par leur autorité les
an-

anciens Rites de Moïse, insinuoient à même tems qu'ils devoient être abolis par le Messie.

On connoissoit encore les vrais Prophétes par l'acomplissement de leurs Oracles. Dieu avoit établi ce caractère, en ordonnant qu'on rejettât comme autant d'Imposteurs ceux qui prédisoient à faux. C'est la négligence que les hommes ont euë pour ce caractère, qui a fait déifier un si grand nombre d'Imposteurs, & autorisé les Oracles du Paganisme ; Si on avoit fait un recueil des prédictions des Devins & des Prophétes Payens, & si on les avoit confrontées éxactement avec tous les événemens qu'ils avoient prédits ; Si au lieu d'aider à la lettre & de trouver un acomplissement à la faveur d'une explication subtile, on s'étoit uniquement attaché aux termes du Prophéte; Si au lieu de vouloir se tromper soi-même, ou de se laisser éblouïr par quelque événement arrivé au hazard, ou prévû avec habilité, on avoit mis en ligne de compte toutes les prédictions fausses ; Enfin, si on avoit puni de mort les Imposteurs, après une in-

stru-

struction rigoureuse de leur procès,
les hommes se seroient garantis de
mille illusions, & ne seroient point
aujourdui embarassez de cent difficultez qu'on fait contre la Religion &
les Prophétes du Dieu vivant.

Comme ces Prophétes marquoient
souvent des événemens prochains, &
qu'il étoit aisé d'étudier ces événemens, on avoit une marque sûre pour
connoître ceux qui étoient envoiez
de Dieu. Outre ce caractère infaillible de distinction, on peut remarquer
trois choses qui méritent qu'on y fas-
se attention.

Premiérement, l'acord qui étoit
entre ces Prophétes, non seulement
ils n'ont tous qu'un même but, c'est
de ramener les peuples au culte du
vrai Dieu, par la crainte des malheurs qui devoient arriver. Mais on
voit souvent deux Prophétes éloignez
l'un de l'autre, qui ne pouvoient avoir
ni communication ni commerce, prédire dans le même tems le même
événement. Ezechiel prophétise sur
les bords du fleuve Chobar, où il
avoit été transporté. Jeremie bien
éloigné de lui prêche dans les ruës &

dans

dans les prisons de Jerusalem.   L'un
& l'autre font des prédictions dans
cette distance affreuse de lieu, qui s'accordent parfaitement , & qui se trouvent accomplies par la ruïne de Jerusalem.   Il étoit impossible, que ces
gens si éloignez dans des lieux , &
dans un tems où le commerce étoit
rare & difficile , eussent concerté
leurs prédictions.   Et ce ne pouvoit
être qu'un même esprit , qui les animoit également, & qui présidant sur
les événemens , pouvoit les découvrir à l'un & à l'autre.

On pouvoit soupçonner ces Prophétes d'avoir prévû la chûte de Jerusalem, qui n'étoit pas éloignée. Les pechez du Peuple & la puissance redoutable de Nabuchodnosor étoient des
indices presque sûrs. Mais on voit ces
mêmes Prophétes percer jusques dans
les Cours étrangéres & éloignées, où
ils n'avoient ni habitude ni intrigue,
où ils ne pouvoient découvrir le
ver secret qui les rongeoit , ni les
sources de leur décadence prochaine.
Qui auroit crû que pendant que Nabuchodnosor ravageoit la Judée, il
dût naître la même année un Prince

nom-

nommé Cyrus , qui renverſeroit cette Monarchie, & ſeroit le Libérateur
de ces mêmes Juifs qu'on oprimoit?
Qu'on éxamine la naiſſance de Cyrus
chez les Hiſtoriens Payens , on n'y
verra rien qui pût faire préſumer ce
qui arriva dans la ſuite.   Cependant
on trouve juſqu'au nom de ce Prince
dans les prophéties , & il en fut étonné lors qu'il le lût de ſes yeux.   Ces
mêmes Prophétes pénétroient dans
les révolutions dont l'Egypte étoit
menacée , & faiſoient connoître à
ce peuple & à ſes Rois , ce qu'ils devoient craindre.   Tyr ſi fiere & ſi riche par ſon commerce , pouvoit lire
ſa deſtinée dans les Ecrits Sacrez. On
ne prédiſoit donc pas uniquement les
événemens prochains , qui regardoient la Nation Judaïque, les lumiéres prophétiques s'étendoient juſqu'aux étrangers idolatres , avec leſquels on n'avoit aucun commerce.
Et les Oracles qui regardoient ces Infidèles s'acomplirent avec la même
éxactitude , que ceux qui menaçoient
Jéruſalem de ſa ruïne.

Enfin, les Prophétes ne s'arrêtoient
pas à des événemens prochains , ils
éten-

étendoient leurs lumiéres dans les siécles à venir, & ils perçoient à travers des tems les plus éloignez, pour annoncer les principales circonstances de la naissance, de la vie & de la mort du Messie. C'étoit une preuve certaine de leur inspiration pour Daniel, que de voir les LXX. semaines de la captivité s'acomplir, & Cyrus devenir l'instrument de la délivrance, comme il avoit été prédit. Mais c'en est une encore plus évidente & plus sensible pour moi, que de voir tous les anciens Oracles des Prophétes acomplis d'une maniére si sensible par Jesus Christ. Dieu seul le Maître des événemens, pouvoit prévoir & prédire plusieurs siécles auparavant, des choses qu'on apelle contingentes, & qui ne sont certaines que pour lui, parce qu'elles dépendent de sa puissance & de sa volonté.

Outre la Loi de Moïse & les Prédiétions, les Miracles faisoient un troisiéme caractère auquel on reconnoissoit les vrais Prophétes. Ils n'en faisoient pas tous, parce qu'en éfet les miracles n'étoient pas nécessaires pour confirmer leur vocation, mais

au moins devoit-on reconnoître ce
caractère de la Divinité dans la Perfonne de ceux qui changeoient les
loix de la nature, faifoient retrogra-
der l'ombre du Soleil, fermoient le
Ciel & l'ouvroient, reffufcitoient les
morts, guériffoient les lépreux,
fendoient l'Autel de Samarie, &
fe fignaloient par de femblables miracles.

Les Juifs ont fait dépendre la Prophétie de certaines circonftances, de
la naiffance dans la Judée, de la bonté du temperament, des richeffes &
de la retraite.   Ils ne vouloient point
d'un Prophéte pauvre, étranger,
ou d'un naturel foible, mais ils ne
font pas nos Juges, & nous ne
fommes pas obligez de fuivre leurs
idées, lors que nous en trouvons
d'autres dans l'Ecriture Sainte.   Daniel étoit étranger, puis qu'il étoit
né dans la Chaldée, & il vécut à la
Cour des Rois. Amos étoit un Bouvier.   Ainfi, ni la naiffance, ni les richeffes, ni la folitude, n'étoient point
néceffaires pour faire des Prophétes.
Ils n'étoient pas même toûjours éle-
vez à l'Ecole des Prophétes. Car avant
Sa-

Samuel on ne voit aucune de ces
Ecoles dans la Judée, & il en fut
peut-être le premier Fondateur. Il
n'y en avoit point aussi dans l'Assyrie,
où les dix Tribus furent transportées.
Enfin, on n'aprenoit point dans ces
Ecoles à prédire l'avenir. La connoissance des événemens futurs n'est
ni un art ni une science, sur laquelle
on puisse avoir des Maîtres, il faut la
puiser dans le sein de Dieu, & faire
descendre cette sagesse du Ciel. Ces
Ecoles érigées dans quelques Villes
qui apartenoient à la Tribu de Levi,
servoient à élever la Jeunesse dans la
pieté, & dans une éxacte connoissance des ceremonies & des préceptes de
la Loi. Il y avoit quelquefois entre
ces jeunes gens des Poëtes, qui par une
espèce d'enthousiasme, composoient
des Hymnes à la gloire de Dieu, & on
les chantoit sur des instrumens destinez à cet usage. On faisoit beaucoup
de cas de ces Piéces composées par les
Fils des Prophétes, & peut-être qu'on
en a inséré quelques-unes avec les
Psaumes de David. Dieu tiroit quelquefois ces Prophétes de ces Ecoles
où l'on avoit apris à prátiquer la Loi

&

& les régles d'une éxacte pieté. Mais il ne faut pas conclure qu'on aprît là à prophétifer par methode & par art, & qu'il y eût des Maîtres deftinez à inftruire la Jeuneffe à tromper le Peuple par de fauffes aparences d'enthoufiafme & d'infpiration.

On a recours aux miracles, & on s'imagine qu'ils étoient néceffaires pour rendre la préfence de Dieu fenfible aux Prophétes. Les Juifs attribuent toutes les revélations prophétiques aux Anges, parce que chaque Prophéte avoit fon Ange domeftique, qui venoit lui aporter les Oracles de Dieu. Ils difent même que l'échelle de Jacob repréfentoit l'école des Prophétes, qui ne s'inftruifoient que par le miniftère de ces Efprits montans & defcendans. On ne peut nier que Daniel ne parlât à l'Ange Gabriel, mais on a tort de tirer une conféquence generale de quelques aparitions particuliéres, & de foûtenir que Dieu parloit toûjours par les Anges, parce qu'il l'a fait quelquefois. On croit auffi qu'une lumiére éclatante annonçoit aux infpirez la venuë de Dieu, & les préparoit à recevoir fes

im-

impreffions. Mais je ne voi point
que cette lumiére paroiffe dans l'Ecriture, ni que les Prophétes fe foient
vantez de l'avoir reçûë, ou qu'ils fe
foient attendus qu'elle brillât à leurs
yeux, avant que d'entrer dans les
fonctions de leur Miniftère. Dieu
parloit quelquefois, comme il fit à
Samuel dans fa première jeuneffe, &
c'eft de là que les Juifs ont emprunté
leur *fille de la voix*, qui a fuccedé
aux Prophétes & reparé leur perte.
Ils en content cent chofes fabuleufes.
Les vifions des Prophétes fe paffoient
prefque toûjours dans leur imagination. Le mariage d'Ofée feroit fcan-
daleux, s'il étoit réel, & il faudroit
que Dieu eut fait un nouveau miracle, pour donner à Abraham le plaifir de voir des étoiles au Firmament,
pendant que le Soleil, qui ne fe coucha que quelque tems après, brilloit
encore. Il falloit donc que Dieu agît
fur l'imagination des Prophétes, pour
y peindre tous ces objets, & fur l'a-
me, pour leur faire connoître les événemens à venir, ou les menaces qu'ils
devoient publier au Peuple & aux
Rois. Cette opération fur l'ame eft
faci-

facile à la Divinité, qui l'a créée, & qui doit agir avec la même facilité fur les efprits que fur les corps. Ils connoiffoient aifément cette impreffion toute fecrette qu'elle étoit, parce qu'ils y remarquoient quelque chofe d'extraordinaire & de furnaturel. Ils crioient ordinairement que *la main de l'Eternel étoit fur eux*, pour marquer que l'impreffion de la Divinité étoit fenfible, vive & forte. Nous montrerons en parlant de l'Infpiration des Apôtres & des Evangeliftes, qu'il n'y a rien là qu'on ne conçoive fans peine, puis que quand on a reconnu l'éxiftence d'un Dieu, qui a produit l'homme, on doit avouër que le Créateur peut agir fur toutes les facultez de l'ame qu'il a produite, y exciter des mouvemens, & lui communiquer des lumiéres que les objets fenfibles ne peuvent produire. Si les hommes fe communiquent leurs penfées, pourquoi voudroit-on que Dieu ne pût communiquer fes idées à l'homme d'une maniére plus fpirituelle & plus parfaite ? Dieu agiffoit quelquefois fur les fens des Prophétes, auffi-bien que fur leur ame, mais la révélation interieure étoit toûjours neceffaire.

Quel-

Quelque forte que fût l'impreſſion
de la Divinité, elle ne changeoit point
la ſituation de l'ame, & ne la jettoit
point dans des enthouſiaſmes qui
aprochaſſent de la fureur, & qui
étoient le caractère des Prophétes du
Paganiſme. Je ſuis perſuadé que ces
tranſports, ces contorſions du corps,
ces évaporations de la raiſon, étoient
autant de fraudes inventées pour préparer l'eſprit des aſſiſtans, & faire croire que l'aproche de la Déeſſe cauſoit
de violentes émotions. On mâchoit
du laurier, & peut-être même prépa-
roit-on quelque breuvage capable d'é-
chaufer le ſang & l'imagination, afin
de tromper plus ſûrement ceux qui
venoient là pour être dupez. Il ne
faut donc pas dire que le Demon ne
pouvant pas agir que ſur les ſens &
ſur l'imagination, rendoit ſes Prophétes à demi fous, au lieu que Dieu per-
çant immediatement juſqu'à l'ame,
il l'éclairoit doucement, faiſoit parler
ſes Miniſtres d'une maniére tranquil-
le & raiſonnable. On fait faire trop
de choſes au Demon, & il n'eſt pas beſoin d'avoir recours à lui, pour déveloper ces artifices purement humains.

Les

Les Montaniftes qui voulurent faire
les Enthoufiaftes à l'imitation du Paganifme, fe découvrirent par là. On
reconnut la diférence de leurs Prophétes, & de ceux du Dieu vivant,
qui parloient fans ces émotions fcan-
daleufes.   L'éxemple de Saül qui faifant le Prophéte en la préfence de Samuel, demeura nud l'efpace d'un
jour & d'une nuit, ne prouve point
que l'infpiration divine tranfportât
affez ceux qui en étoient ateints pour
les obliger à faire des extravagances;
car Dieu avoit déja rejetté ce Prince, & il permit qu'il laiffât voir fa
honte, afin de diminuër par là le refpect qu'on avoit pour lui. Il fentit
bien quelque mouvement extraordinaire à Najoth, qui fit crier *Saül eft-
il entre les Prophétes?* Mais à même
tems Dieu le laiffa fe deshonorer lui-
même, en fe mettant dans un état in-
décent & honteux. Efaïe reçut un
ordre de Dieu de marcher *nud*, &
on ne peut pas dire que cela fe paffoit
dans l'imagination du Prophéte, puis
que c'étoit un fymbole fenfible, par
lequel il vouloit aprendre que les
Egyptiens feroient bien-tôt dépouil-
lez

lez par leurs ennemis. Mais il ex-
prime lui-même en quoi confiſtoit
cette nudité. Il avoit ſeulement ôté
ſes ſouliers & un ſac qu'il portoit ſur
ſes reins. Il lui reſtoit encore une tu-
nique ou ſes habits ordinaires, puis
qu'il n'étoit pas uniquement couvert
d'un ſac. Enfin, Jeremie & Daniel
paroiſſent quelquefois éfrayez, aba-
tus par les objets que Dieu leur pré-
ſentoit; mais cette frayeur ne leur
ôtoit pas l'uſage de la raiſon, & c'eſt
une nouvelle preuve que nous avons
de l'Inſpiration des Prophétes. Les
hommes s'imaginent que la Divinité ne peut intervenir ni agir ſur
l'homme ſans ébranler ſon corps &
ſon ame, mais au contraire il agit
d'une maniére ſimple, & ſe contente de donner un nouveau degré de
lumiére, qu'on ne pouvoit aquérir
naturellement. On a lieu de ſoupçonner de la fraude dans les enthouſiaſmes, ou tout au moins qu'on ne parle que par une chaleur d'imagination
qui a été troublée, & le hazard fait
le reſte. Mais lors qu'on voit des
hommes ſages, tranquilles, qui de
ſens froid dévelopent les événemens

ca-

cachez dans un long avenir, on a lieu
de croire qu'ils ne se font pas trompez eux-mêmes sur les mouvemens
interieurs qu'ils ont sentis, puis qu'il
leur est resté assez de lumiére & de
tranquillité, pour le distinguer. On
doit juger qu'ils ne se reposent ni sur
la facilité des hommes à croire, ni
sur je ne sçai quel hazard qui peut les
aider, mais qu'ils sont convaincus
de la verité de ce qu'ils disent, &
qu'ils parlent avec certitude, car rien
ne pourroit excuser leur impudence.
On parle bien plus positivement &
d'une maniére moins embarrassée,
lors que l'ame est libre, que quand au
travers de certains mouvemens de fureur il échape quelques paroles entre-
coupées, obscures, & dont les unes
détruisent souvent les autres. Cette
tranquillité, cet usage de la Raison
que la présence de Dieu ne troubloit
pas, étoit donc un nouveau caractère qui distinguoit les vrais Prophétes
de ceux du Paganisme, & qui doit les
faire regarder avec admiration.

Jesus Christ & les Apôtres ont cité
les Prophétes aussi bien que Moïse, ils
ont même indiqué Esaïe, Jeremie &
ces

ces autres Saints que Dieu avoit infpirez fous l'Ancien Teftament, l'E-
vangile & la Loi s'entrerendent un
témoignage qui paroît invincible.
Moïfe & les Prophétes montrent Jefus Chrift, & ce Jefus en acomplif-
fant les Oracles de Moïfe & des Prophétes, prouve qu'ils étoient divinement infpirez, puis qu'ils n'ont pû
prévoir ni prédire fans le fecours de
Dieu des événemens fi éloignez. Jefus-Chrift & les Apôtres font voir encore que les Ecrits des Prophétes fub-
fiftoient de leur tems, & quand on ne
regarderoit ce témoignage, que comme purement humain, il faudroit toûjours reconnoître que l'Eglife Judaïque avoit confervé ces Ecrits, & les
lifoit dans fes affemblées, lors que le
Meffie parut. La divifion arrivée depuis ce tems-là entre la Synagogue &
l'Eglife, ne permet pas de foupçonner
un concert frauduleux, pour la fupo-
fition de ces Ecrits. Le Juif avoit interêt à les fuprimer comme des preuves évidentes & fenfibles de fon im-
impieté. Cependant ils les confervent,
ils n'acufent point les Chrétiens de les
avoir fabriquées, ils en reconnoiffent

e   l'an-

l'antiquité & la divinité , & c'est de
ces *Libraires de Dieu* que nous les
avons reçûs.

§. IV.

*Ufage de ces Livres ; Neceſſité d'a-
voir une Religion.*

ON doit profiter de la grace que
Dieu nous a faite en revélant ſi
clairement ſes Loix & ſa volonté.
La gloire de braver Dieu ou de ſe di-
ſtinguer du Vulgaire , en rejettant
fiérement toutes les veritez de la
Religion , n'eſt qu'une fumée qui ſe
diſſipe après quelques momens. On
s'aplaudit en ſecret , mais après avoir
admiré pendant quelque tems ſon
eſprit , dont toute la force conſiſte
dans l'incrédulité , on eſt obligé d'en
déplorer la foibleſſe , en voiant qu'il
échouë contre des difficultez qu'il ne
peut réſoudre , & des Phenoménes
qu'il ne peut expliquer. L'âge vient,
les rides du front paſſent à l'eſprit,
on commence à douter , on eſt ſouvent la proie de ſes doutes & de ſes
incertitudes ; une mort imprévûë

qui

qui engloutit tout d'un coup devient l'objet des defirs.   On voudroit bien n'avoir point le tems de refléchir ni fur le paffé ni fur l'avenir ; les penfées que l'idée de la mort fait naî-tre incommodent , on les chaffe, mais elles reviennent : importunes jufqu'à l'excès elles caufent un cha-grin qu'on ne peut vaincre.   On fait des éforts inutiles pour s'élever au deffus de ce qui incommode.   On meurt dans cet état, agité de frayeurs, de remords, de doutes.   C'eft là le fort ordinaire des impies , & nous en affoibliffons , peut être , les traits, au lieu de les groffir.   Dieu n'a-t-il pas fait tout ce qui dépendoit de lui pour fe faire connoître ? Il s'eft peint dans la nature, fi on ne le veut pas voir là , on en trouve des idées plus nettes & plus précifes dans fa Paro-le.   Si on la lifoit avec le deffein de s'inftruire, & d'y chercher fincère-ment la verité , il feroit impoffible qu'on ne l'y remarquât.

On admire les Ecrits des Philofo-phes, dans lefquels on découvre avec peine quelques idées de la Divinité. Il faut lire beaucoup , avant que de

les y trouver, il faut les déveloper
avec beaucoup de travail & de peine.
Oposez l'Ecriture à ces Ecrits des Philosophes tant vantez, vous avoüerez
qu'il y a là un tableau infiniment plus
digne de la Divinité que celui qu'ils
ont tracé.   Je ne parle point encore
de la bonté de Dieu pour les hommes, ni des moyens qu'il a employé
pour sauver les pecheurs.   Indépendemment de ces grands & salutaires
éfets de sa miséricorde, on y trouve
un Dieu souverainement parfait,
exempt de toutes les foiblesses que le
Paganisme le plus éclairé lui donnoit.
On trouve en lui un assemblage de
toutes ces perfections que les Philosophes n'ont pû rassembler, & qu'ils ont
souvent deshonorées.   S'il y a du plaisir à connoître son Dieu, son Créateur, son Maître, celui dont on dépend dans le présent & dans l'avenir,
on doit étudier l'Ecriture préférable-
ment à toutes choses.

   On y découvre ce bonheur que
les sages de tous les siécles ont cher-
ché sans le trouver, & qui leur
étoit si peu connu, que le seul partage
d'opinions qui se sont formées sur sa

na-

nature, suffit pour nous convaincre
de l'égarement & de la foiblesse de
l'esprit humain, lors que Dieu ne l'a-
nime pas.   Tous les biens de la terre
n'ont point assez d'étenduë ni une juste proportion avec nôtre ame.   Ils
ne font que toucher la superficie de
nôtre cœur ; l'émotion qu'ils causent
est passagére, & leur acquisition coû-
te plus de peines & de travaux que leur
jouïssance ne donne de plaisirs.   On
est presque recompensé de ses travaux, on entrevoit les biens qu'on
vient d'acquérir, & à même tems
ils se font des *ailes*, ils nous écha-
pent, ou nôtre ame est redemandée
avant la jouïssance, & sur la simple
idée des plaisirs que nous nous pro-
mettons. Dieu seul peut remplir tous
les désirs de l'ame, & nous rendre
éternellement heureux comme lui.
On trouve dans l'Ecriture ce Dieu qui
pardonne au pecheur après sa rebellion & son crime ; qui dissipe les remords & les agitations de la Conscience, qui adoucit les frayeurs de la mort
par une douce espèrance d'un bonheur éternel.   Il n'y a point de vuide
dans l'ame qu'il ne remplisse, il re-

    mé-

médie à tous ses maux, il promet
de contenter tous ses désirs, il en découvre les moyens dans sa Parole,
c'est nôtre faute si on ne va pas puiser
des consolations à une source si abondante, & qui nous est ouverte.

On ne hazarde rien en suivant ses
préceptes & ses Loix.   Dieu demande de nous de la pureté dans nos
mœurs, oseroit-on se recrier contre
cette Loi ? Les Payens ne disoient-ils
pas eux-mêmes que les Dieux n'a-
voient point de domicile plus agréable sur la terre, que celui d'un cœur
pur.   Dieu veut que nous soyons
charitables au prochain, & qu'on ne
le laisse jamais dans la misère sans lui
tendre les bras   Il veut qu'on évite
non seulement les pechez, mais les
ocasions du crime, qu'on pratique
la vertu avec amour pour elle ; s'il
éxige quelque chose de nous pour lui,
n'est-il pas juste de rendre quelque devoir à celui qui nous a donné la vie,
qui a fait toutes les Créatures pour
nous, qui non content d'une felicité passagére ; incapable d'assouvir
nos désirs, nous en montre, & nous
en promet une plus parfaite dans le
Ciel?

Ciel ? Comme ſi cette recompenſe n'étoit pas un tribut juſtement dû à l'Etre ſouverainement parfait, il promet de le payer, & connoiſſant nôtre impatience, il n'atend pas à le recompenſer dans le Ciel, & dès la vie preſente il bénit ceux qui le ſervent. Comme ſi cette recompenſe n'étoit pas ſuffiſante, il en promet une infinie, éternelle. L'homme ne hazarde donc rien, en ſuivant l'Ecriture, qu'à devenir plus raiſonnable, plus juſte, plus doux, plus parfait qu'il n'eſt, & à la ſuite de cette perfection, il attend des biens infinis. L'Impie hazarde une éternité de peines pour ſe diſpenſer de quelques devoirs que la Religion impoſé, & dont il ne peut nier la juſtice.

Les Eſprits forts trouvent dans l'Ecriture des myſtères ſuffiſans pour les ocuper. Les Critiques peuvent ſe ſatisfaire en examinant quelques paſſages obſcurs, dont l'explication dépend de la connoiſſance des langues, des rites & de quelques événemens. Il eſt agréable de ſçavoir l'Hiſtoire d'une Nation dont Dieu étoit le Roi, & qu'il a conſervée par

une longue suite de miracles. On
voit dans son Histoire un nombre
considérable de faits qui méritent l'attention des Curieux. Ceux qui s'attachent à la Morale voient dans l'ingratitude & les fréquentes rebellions
de ce Peuple, une idée juste de l'esprit & du cœur humain. C'étoit le
Tableau de nôtre foiblesse, il est aisé de s'y reconnoître & de s'humilier
en découvrant les égaremens dont
nous sommes capables, car nous ne
sommes ni d'un ordre, ni d'une nature diférente du peuple Juif & des
Patriarches. Enfin ceux qui veulent
dévéloper le progrès de la connoissance du Messie, & s'assurer de la verité de la Religion Chrétienne, en
suivant le cours des révélations qui
le regardent, trouvent dans l'Ancien
Testament dequoi se satisfaire. Il n'y
a pas jusqu'aux simples qui ne puis-
sent puiser à cette source, & y trouver les eaux salutaires & saillantes à
vie éternelle.

TA-

TABLE

Des principales MATIERES con-
tenuës en cette PREFACE.

A

C

D

L

M.

P.

R.

PLAN

PLAN

DE CET

OUVRAGE.

EST dans le deſſein d'aider une partie de ceux qui voudront s'apliquer à cette étu-de, que nous avons compoſé cette nouvelle Hiſtoire de la Bible.

Il y a du crime à ignorer ce que Dieu a fait pour les hommes, & à fer-

fermer les yeux sur la revelation afin de ne connoître pas les mystères importans du salut; si le style des Prophétes acoutumez aux maniéres & aux expressions des Orientaux, dont les nôtres sont très-diférentes, répandent quelquefois de l'obscurité dans les Ecrits sacrez, cette Histoire que l'on a débarrassée de tout ce qui pouvoit faire de la peine & de la difficulté en facilitera l'intelligence aux simples; puis qu'en même tems qu'on éclaircit les endroits obscurs, on léve les difficultez qui peuvent embarasser le Lecteur; on a tâché d'y inserer tout ce qui pouvoit servir à prouver la verité de l'Histoire sainte, la réalité des miracles que Dieu a fait en faveur de son Peuple, & l'inspiration des Prophétes qui ont

mar-

marqué si sûrement les évènemens cachez dans l'obscurité de l'avenir. On n'a pas oublié les leçons de Morale qui pouvoient se tirer de la vie des Patriarches, des vices & des vertus des Saints. On a donné une description éxacte du Paradis Terreftre, & de l'Arche, en suivant les explications de quelques Savans modernes qui ont pénétré plus avant que les anciens. On ne néglige pas les anciens Péres de l'Eglife, on raporte souvent leurs interprétations, auffi bien que celles des Modernes, & on se donne seulement la liberté de choifir celle qui paroît la plus conforme au Texte.

Il ne faut pas diffimuler que ceux qui nous ont ont prévenus dans un semblable deffein l'ont éxécuté fort

heu-

heureusement ; nous ne marchons pas après eux dans la vûë de leur enlever le fruit & la gloire de leurs travaux ; Dieu puniroit justement une pensée si criminelle ; mais nous avons crû que dans cette Mer il y avoit encore des abîmes profonds qu'on peut sonder, & que dans un champ aussi vaste, & aussi étendu que l'Ecriture sainte, on peut prendre des routes differentes.

Le grand art est de ramener toûjours les hommes au même but, c'est la connoissance & l'amour de Dieu. La multiplication de ces sortes d'Ouvrages bien loin de nuire est avantageuse. On confronte par ce moyen les Ecritures ; la nouveauté d'un Livre réveille l'attention ; on trouve par tout quelques épics à moissonner ;

&

& comme nous verrons avec plaisir de nouveaux Interprétes aplanir les difficultez qui peuvent nous être échapées, nous espèrons que ceux qui nous ont précedé nous verront sans chagrin entrer avec eux dans une carriére si longue & si difficile à remplir.

HIS-

HISTOIRE
DU VIEUX
ET
DU NOUVEAU
TESTAMENT.

De la Création.

Genese I.

AU commencement Dieu créa les Cieux & la Terre. Il tira ce grand Univers du néant. Comme il déployoit une Puissance infinie dans cet Ouvrage, il auroit pû l'achever en un moment; mais afin d'en faire mieux connoî- tre la grandeur il y employa six jours. Il for- ma d'abord la Lumiére; les Cieux, la Ter- re, & la Mer furent créez ensuite. La Mer

eut ordre de produire des Poiſſons; & la Terre de porter des Plantes; & enſuite les Animaux.

Il eſt impoſſible que ce ne ſoit pas Dieu qui
ait créé le Monde. L'homme qui penſe, ſent
qu'il eſt plus excellent que la Matiére dont
les Cieux, la Terre, & les corps ſont compoſez. Cependant l'homme ſent qu'il ne
s'eſt pàs produit lui-même. Comment donc
la matiére ſe ſeroit-elle donné l'être, le mouvement, & l'action ? Quand la Matiére ſeroit éternelle, elle ſeroit demeurée dans le
repos juſqu'à ce qu'une cauſe étrangére fût
venuë la mouvoir; Et quelle peut être cette
cauſe ſi ce n'eſt Dieu ? Vouloir que les petites parties de la matiére, comme ſont les atomes, ſe ſoient mûs & acrochez les uns aux autres, & qu'en changeant ſouvent de figure &
de ſituation ils aient formé l'Univers, c'eſt ſe
jetter dans de nouveaux embarras. La plus
petite partie de la matiére a beſoin d'une cauſe étrangére qui lui donne l'être, & qui la
meuve; & peut-on s'imaginer que le Monde,
avec cet amas de créatures qui le compoſent,
ſe ſoient placez dans le bel ordre où nous les
voyons, par un mouvement irregulier? Un
Globe avec ſes Figures celeſtes nous paroît
l'ouvrage d'un homme, & ſi les figures &
les images du Ciel ne peuvent ſe raſſembler,
& ſe peindre que par la main d'un Ouvrier
expert, comment le Ciel & la Terre ont-ils
pû être faits ſans la conduite d'un Etre parfaitement ſage ?

Qu'on conſidère le Ciel, ſon étenduë ſi vaſte,

ste, ses mouvemens si rapides & si reguliers, ces étoiles qui l'ornent, ce changement si constant & si reglé des saisons, on verra sans peine que les Cieux annoncent la gloire de Dieu, & que l'étenduë publie son ouvrage. Qui a apris aux plantes à tirer du sein de la terre le suc nécessaire pour les nourrir, & à rejetter l'humeur superfluë? Qui a mis dans ces plantes une si prodigieuse diversité de fruits? Un peu de bouë nourrit tous les arbres: Ils tirent de la terre un même suc; cependant il se diversifie, il produit une écorce, des feuilles, des fleurs, & des fruits diférens. Qui a apris aux animaux privez de la raison à se conduire, à chercher ce qui est nécessaire à leur conservation, & à fuir tout ce qui les blesse? Est-ce une cause aveugle qui les meut, & qui produit des éfets si surprenans? Les créatures inanimées enseignent que c'est Dieu qui les a formées. Et l'homme est ingrat s'il n'écoute pas cette voix.

Quelques-uns ont crû que le Monde avoit été créé au Printems, parce que c'est le tems où la Nature se renouvelle. Un ancien Synode de la Palestine avoit fait de ce sentiment une espèce d'article de foi, puis qu'il défendoit de croire autrement. Son autorité n'a pas empêché quantité de Docteurs de soutenir que le monde avoit été créé en Automne. Parce qu'avant Moïse, & tous les Orientaux après lui, commençoient en ce tems-là leur année. Ce fut ce Législateur qui ordonna aux Juifs de commencer l'an au mois de Nisan. On ne peut aporter sur cette matiére que des

 con-

conjectures incertaines. Qui a été *le Conseiller de Dieu* ? Il vaut mieux faire attention à la beauté de ses ouvrages qu'à chercher scrupuleusement les tems, puis que cette derniére recherche est inutile, & que la premiére peut exciter des mouvemens de respect & de reconnoissance pour l'Etre souverain.

La Chute, & la Punition des Anges.

L'Ecriture ne parle poit de la création des Anges. Il semble que ce soit une faute contre l'éxactitude de l'Histoire, qu'on ne peut pardonner à Moïse ; c'est pourquoi on s'imagine que Dieu les a créez lors qu'il a dit *que la lumiére soit* ; parce que les Anges sont regardez comme lumineux & resplendissans. Mais il est dangereux de donner un sens mystique aux paroles de Moïse dans le recit de la Création. On trouveroit plus aisément dans la production de la lumiére Jesus-Christ qui illumine tout homme venant au monde, aussi bien que les Anges; mais il est plus aparent que l'Historien sacré n'a voulu parler que de la production des objets sensibles, & que comme Dieu n'a créé l'homme qu'après avoir formé la terre pour le loger, il créa le Ciel avant que de produire les Anges qui devoient l'habiter.

Ces Anges étoient tous revêtus d'une connoissance, & d'une sainteté parfaite. Ils voyoient Dieu, ils contemploient ses merveilles ; il n'y avoit en eux aucune oposition naturelle à leurs desirs, ou à leurs pensées,

lors

lors qu'elles tendoient à la gloire de l'Etre souverain. Ceux qui ont cru que les Démons avoient été tentez par la beauté des femmes, & que c'étoient eux qui leur avoient apris à se farder, & à s'orner, n'ont pas pris garde que les Anges étoient tombez avant l'homme ; puisque ce sont eux qui ont travaillé à sa perte. Saint Paul assure que l'orgueil est le peché du diable, soit qu'il ne pût soufrir la dignité du Fils, qui étoit *Dieu de Dieu*, & qui tient tous les Anges soumis à son empire, soit que le démon osât pousser ses attentats jusques sur le Trône de Dieu qu'il vouloit usurper. C'est pourquoi on lui applique ces paroles d'Isaïe. *Comment ès tu tombée des Cieux, Etoile du matin, fille de l'aube du jour ? Tu ès abatuë jusqu'en terre : Tu disois, je monterai aux Cieux, j'éleverai mon Trône par dessus les étoiles du Dieu fort, je serai semblable au Souverain ; cependant tu ès descenduë au sépulchre, au plus profond de la fosse.* Mais ces paroles regardent plutôt la chute de Babylon, & de son Roi, que celle des Anges. Le premier peché des Anges fut une source abondante de crimes énormes & de malheurs affreux. Le Démon ne put voir l'homme jouïr tranquillement de son bonheur & de son innocence. Il voulut avoir des compagnons de sa misère. Il commença dès la création du monde à tenter l'homme. Sa malice & sa haine ne se refroidissent point par le tems. Celui qui est apellé un Serpent dans la Genese, est representé dans l'Apocalypse comme un Dragon roux qui engloutit tout,

A 3

pour

pour nous aprendre que sa malice augmente,
qu'il est plus puissant & plus dangereux, vers
la fin des siécles, qu'il ne l'étoit au commencement.

La punition des Anges est un des jugemens de Dieu les plus éfrayans. Le suplice
de ces Esprits créez dans la gloire est éternel;
enfermez dans ces sombres cachots que la justice leur a creusez, ils n'ont point d'autre consolation que d'être les bourreaux de ceux qui
les imitent, & de pousser des blasphémes inutiles contre l'Etre qui les a formez. Il n'y
a point de retour pour eux, ni à la repentance, ni à la grace de Dieu. Ils ne peuvent ni
cesser de pecher, ni se convertir. Le Médiateur, qui a sauvé tant d'hommes, a augmenté
leur peine, & resserré leur empire.

Dieu en les punissant, sans avoir aucun retour de miséricorde pour eux, a voulu aprendre au pécheur à ne se point flater par une
fausse idée d'indulgence, & à mesurer l'é-
normité de ses fautes aux degrez de connoissance, & à l'excellence des graces qu'on a reçûës. L'Ange & l'Homme également inno-
cens péchent, Dieu laisse périr l'un sans retour, & donne son Fils unique, pour sauver
l'autre. D'où vient cette diférence? Elle ne
peut naître que de leur nature & de leur condition. Il falloit punir plus sevèrement celui dont le crime étoit plus énorme. L'Ange a peché dans le Ciel aux piés du Trône
de son Créateur, & l'Homme dans l'éloignement. L'Ange étoit un Esprit pur, l'Homme
étoit revêtu d'un corps sensible qui a été
l'in-

l'inſtrument & l'occaſion du peché. Le peché de l'un eſt moins grand que la rebellion
de l'autre. Il étoit juſte que la peine fût proportionnée à l'énormité de leur chute.

De la Création.

GENESE I.

LA Terre étoit d'abord une maſſe peſante
& ſans aucune forme. Elle étoit inviſible, parce que les eaux la couvroient, & que
la lumiére n'avoit pas encore été produite.
Dieu ne voulut peut-être pas donner d'a-
bord à la terre toute ſa perfection de peur
qu'on ne l'adorât. Elle eſt nôtre mére, nôtre
nourrice, nôtre patrie, nôtre tombeau. Il
étoit à craindre qu'on n'en fit une Divinité.
Du moins il étoit important de bien convaincre l'homme que c'étoit Dieu qui l'a-
voit formée, & il n'y a rien qui ſoit plus propre à imprimer cette connoiſſance qu'une
production ſucceſſive qui ſe fait par degrez,
qui commence par un deſſein imparfait ſur
lequel on travaille, & qu'on perfectionne
dans la ſuite. C'eſt pourquoi la terre tirée du
néant étoit ſans forme, & les ténébres étoient
encore répanduës ſur l'abîme, mais peu à
peu Dieu dévelopa ce premier Cahos. Cet
ouvrage eſt particuliérement attribué au
Saint Eſprit. Le vent auroit eu beau ſoufler
ſur les eaux, elles ſeroient demeurées toûjours également ſtériles. L'impétuoſité des
vents excite des tempêtes, briſe les vaiſſeaux,

A 4   fait

fait des naufrages, renverſe les arbres & les édifices , mais il n'engendre ni les poiſſons dans la mer , ni les oiſeaux au milieu de l'air. Imaginer un vent fécond & miracu- leux que Dieu ait formé pour créér, & qu'il ait anéanti quelques momens après , ce ſe- roit multiplier les miracles afin de les com- batre. Le Monde eſt ſorti de ſa confuſion par le moyen du Saint Eſprit qui étoit couché ſur les eaux , comme l'oiſeau ſe repoſe ſur ſes œufs pour les échaufer , & pour les rendre féconds, & le Cahos, animé par une vertu divine, a produit un nombre prodigieux de créatures. On avoit ſur tout beſoin de lumié- re pour voir la terre, & pour illuminer ce ſu- perbe Palais que Dieu alloit bâtir ; c'eſt pourquoi il dit, *que la lumiére ſoit* , & on vit paroître auſſi-tôt une lumiére reſplendiſſan- te. Elle ſe répandit en un inſtant ſur tout l'Hémiſphère ; Dieu ne l'anéantit pas lorſ- que le jour dut finir : comme elle avoit un mouvement ſemblable à celui du Soleil qui n'étoit pas encore créé, elle ceſſa de paroître & d'éclairer le monde. La nuit prit ſa pla- ce. Il n'étoit pas néceſſaire que Dieu créât la nuit ; puiſque ce n'eſt que l'abſence & la privation de la lumiére qui la produit. Il ſuffi- ſoit que la lumiére paſſât d'un Hémiſphère à l'autre, pour laiſſer une ſombre obſcurité ſur la face de la terre, les ténèbres étoient ré- panduës ſur l'abîme, & les ténèbres avoient fait ſans doute une nuit ſemblable à cel- le qui couvrit enſuite l'Hémiſphère. Dieu vit que cette lumiére étoit *bonne* parce
qu'el-

qu'elle remplissoit parfaitement la fin qu'il
s'étoit proposée, & pour laquelle il l'avoit
produite.   En éfet le Dieu tout-puissant auroit-il créé quelque chose qui ne fût pas digne de lui? Les Philosophes, qui ont parlé le
plus distinctement de la création, ont reconnu en même tems que Dieu ne pouvoit rien
faire qui ne fût bon & achevé. Dieu forma
ensuite cette grande étenduë que nous apel-
lons les Cieux.   Les nuës qui couvroient la
terre, s'élevérent plus haut par le moien de
la chaleur & de la lumiére que Dieu avoit
formée le jour précedent, & ce grand espace qui environne la terre, demeura libre.
Au dessus de l'air Dieu forma le Ciel où sont
les étoiles; le lendemain il assembla les eaux
qui étoient restées sur la terre, & fit la mer;
le Ciel fut orné d'un nombre infini d'étoiles,
le Soleil & la Lune parurent, & servirent à
distinguer le jour & la nuit. L'Air se peupla
d'oiseaux, la Mer de poissons. La Terre poussa son jet, & l'on en vit sortir des arbres.
Dieu voulut que tout fut créé avant l'Homme, non seulement afin qu'en naissant il trouvât tout ce qui étoit nécessaire à sa conservation & à sa nourriture; mais il empêcha par
là qu'on n'attribuât aux causes secondes la
production de toutes ces créatures, & que
l'homme, humble dans son innocence, mais
fier à proportion que la corruption & la misère se sont fait sentir, ne s'en donnât toute la
gloire.   Il n'étoit point encore tombé de
pluye pour arroser la terre, & l'homme n'é-
tant point encore né pour la cultiver, il

                    falloit

falloit néceſſairement reconnoître que c'étoit
Dieu qui avoit produit les arbres & les plantes par un éfet de ſa Toute-puiſſance. Dieu
créa auſſi les animaux. Ils n'avoient rien de
farouche. On ne les vit point s'entredéchi-
rer dans le Paradis terreſtre, les Tigres & les
Lions n'auroient pû dévorer l'homme. Il
n'auroit point aprehendé les morſures, & le
venin des ſerpens, l'air ne ſe ſeroit point
chargé de ces brouillards épais qui l'incommodent, ni la terre de ronces d'épines, ou
d'inſectes, s'il avoit perſeveré dans ſon innocence ; *tout ce que Dieu avoit fait étoit bon,*
& l'homme, maître du monde par l'empire
que Dieu lui en avoit donné, n'avoit rien à
craindre des animaux qui lui étoient ſoumis.
Mais étant déchu de tous ces avantages à même tems qu'il a perdu ſon innocence, Dieu a
puni ſon peché par les influences de l'air, par
la férocité des bêtes, & toutes les créatures
ſont devenuës les inſtrumens de la colère &
de la vengeance de l'Etre ſouverain. Enfin
Dieu créa l'homme le plus excellent de ſes
ouvrages, il le tira du ſein de la poudre;
c'eſt pourquoi Moïſe, pour exprimer ſa for-
mation, ſe ſert d'un terme emprunté des Po-
tiers qui tirent leurs vaiſſeaux de la terre,
l'Homme eſt poudre, & doit retourner en pou-
dre. Certe ſtatuë de terre immobile & inſenſible n'auroit été d'aucun uſage ſi Dieu ne l'a-
voit animée ; *Mais il ſoufla reſpiration de vie*
dans ſes narines. L'Ecriture ne dit rien de
ſemblable des bêtes, parce qu'en éfet l'homme ſeul eſt diſtingué de tous les animaux
par

par une ame raisonnable qu'il reçut immé-
diatement de Dieu, cette ame étoit parfaitement sainte, la moindre tache de peché,
& la plus petite semence du vice auroient
deshonoré le Créateur sans rendre la créature criminelle. On ne peut pas dire jusqu'où
s'étendoit la connoissance du *premier Homme*, comme on ne peut s'expliquer nettement sur la lumiére des Anges & des Saints
glorifiez ; mais Adam n'ignoroit rien de ce
qui pouvoit être salutaire, il ne sentoit aucune resistance à la volonté de Dieu, ses
mouvemens, ses desirs, ses pensées étoient
naturellement pures. Heureux s'il avoit sçû
joüir de son bonheur, & le faire passer à sa
postérité. Il n'étoit pas bon que l'homme fût
seul. C'est pourquoi on lui donna une aide
semblable à lui. Dieu pendant le sommeil
d'Adam tira une de ses côtes dont il forma
Eve. La surprise du premier Homme dût
être grande de trouver à ses côtez une autre
personne que lui, sans s'être aperçû de la maniére dont elle avoit été formée ; les merveilles de sa propre création devoient dissi-
per sa surprise. Mais peut-être n'avoit-il pas
eu le tems d'y faire l'attention nécessaire, &
de la bien déveloper. Julien l'Apostat s'est
inscrit en faux contre cet évenement, & d'autres ont voulu l'adoucir par des interprétations allégoriques : L'infidèle est en droit
de nier ce qu'il veut jusqu'à-ce qu'on l'ait
convaincu de la Divinité de l'Ecriture. Mais
lors qu'on est persuadé que le Saint Esprit a
conduit la main de Moïse, on ne peut

A 6

avoir

avoir recours à des explications qui anéan-
tissent la verité de son Histoire. Il n'est pas
plus aisé de concevoir qu'Adam soit sorti du
sein de la bouë que de croire qu'Eve a été tirée d'une côte de l'homme. Et comme il seroit inutile de chercher si Dieu laissa une fosse dans le lieu d'où il avoit tiré l'homme ou
s'il la remplit de la terre voisine ; il ne l'est
pas moins de faire des questions sur la côte
dont Dieu forma Eve, pour sçavoir si Dieu
en donna une autre à Adam, ou si cette
partie de son corps lui manqua le reste de ses
jours ; puis qu'il s'agit d'un évenement miraculeux raporté par un Historien fidéle &
sacré, & que ceux qui affoiblissent cette
narration ne produisent rien qui soit plus digne de Dieu ou plus certain, il faut suivre
exactement Moïse, & croire avec lui que la
femme fut tirée de la côte d'Adam, le même
jour que lui, & dans le même lieu, proche
du Paradis terrestre.

Situation du Paradis Terrestre. Adam donne
des Noms aux Animaux.

G E N E S. L. ❊. 19.

L E Lieu que Dieu avoit choisi pour le domicile de l'homme étoit délicieux. A-
dam chassé fort promptement de ce Paradis,
dont la porte lui fut fermée par un ordre de
Dieu, & par le ministere d'un Ange, ne put
le montrer, ni le faire connoître à la posterité,

té. C'est pourquoi ses enfans n'eurent pas là-dessus beaucoup plus de lumiere que nous. Moïse en a tracé legerement la description dans son Histoire. On doit suivre exactement les caracteres qu'il en donne. Il n'y a point d'autres traces de ce Jardin que les Fleuves qu'il a indiquez : Il faut s'attacher à la connoissance de ces fleuves, & de leur cours si on veut deviner aujourd'hui où étoit le Paradis terrestre. C'est en le suivant qu'on trouve qu'il étoit situé un peu au dessous de l'ancienne Ninive, sur le fleuve des Arabes. C'est là qu'on remarque sensiblement les quatre fleuves que Moïse a nommez. Là on voit l'Euphrate & le Tigre, qui, après s'être joints ensemble, se partagent en deux grands Canaux, lesquels après avoir roulé leurs eaux, pendant quelque tems, vont se jetter dans le Golfe Persique. Ainsi on peut dire qu'il y a dans ce lieu un fleuve & quatre fleuves. L'Euphrate & le Tigre sont assez connus : Mais le premier Canal que Moïse appelle Phison, d'un terme qui signifie regorger, formoit une riviere sujette à de frequens débordemens. Les Rois de Perse furent obligez d'y faire diverses saignées afin de prevenir les désordres que causoit souvent l'affluence de ses eaux. Il passoit dans l'Arabie, cette Region si connuë par ses richesses. Ezechiel compte l'Or, les Perles, & les Pierres precieuses, aussi bien que les Aromates, entre les choses dont les habitans de ces lieux faisoient commerce avec les habitans de Tyr. La Reine de Saba avoit tiré

de

de là ces magnifiques presens qu'elle aporta
à Salomon. L'Or de l'Arabie étoit si pur &
si vif, qu'il avoit la couleur de feu, & ne
devoit pas être purifié. Il est incontestable
qu'on en tiroit des Perles d'une beauté rare.
Ainsi il est trés-apparent que Moïse nous a
marqué le cours de cette riviére lorsqu'il a
dit que le Pisçon *tourne par le pais où croit
l'Or, que l'Or de ce pais là est bon, & qu'on y
trouve aussi le Bdellium, & la Pierre d'Onyx.*
Le quatriéme fleuve appellé Guihon tour-
noie du côté de Cus; & en effet on voit une
branche du Tigre & de l'Euphrate qui passe
dans le païs des Cutheens d'où Salmanasar
tira la Colonie dont il peupla Samarie; c'est
pourquoi les Samaritains conserverent si
long-tems le nom de Cutheens qui étoit celui de leur origine, & on apelle encore aujourd'hui ce pais *Chuzestan.* Moïse a placé le
Paradis terrestre du côté de l'Orient, & puis
qu'il étoit alors ou dans l'Arabie ou dans la
Judée il en montroit au doigt la situation.
On n'a pas laissé de trouver quelque difficulté dans ce sentiment, parce que le fleuve
des Arabes ne prend point sa source dans le
Paradis terrestre comme Moïse l'insinuë.
C'est un canal que le Tigre & l'Euphrate
forment par leur conjonction : il n'est pas
même apparent que l'Euphrate se jette dans
le fleuve des Arabes. On prétend que ce
sont les Rois d'Assirie, tenans leur empire
à Babylone, qui lui ont donné ce cours;
au lieu qu'en plaçant le Paradis Terrestre
dans la Mesopotamie entre Tecrit & Bag-
det,

det, on trouve dans cette Province le fleuve Odeines qui se jette dans le Tigre par une
embouchure assés connuë, & quoi qu'on ne
découvre pas aujourd'hui les canaux par lesquels il entroit dans l'Euphrate, ou qu'ils
ne soient pas marquez dans les Cartes Geo-
graphiques qui ne sont pas assés exactes, il ne
faut pas conclurre qu'il n'y en avoit point.
Ce changement peut être arrivé lors que les
Rois de Babylone ont ouvert divers autres
canaux pour empêcher les débordemens de
l'Euphrate. On voit là deux autres fleuves
l'un nommé Cobar qui est le Guihon de
Moïse, & l'autre qu'on apelle Dela, qui
coule entre le Tigre & l'Euphrate, est le
Phison. Ce sentiment a ses difficultés comme l'autre, car la Mesopotamie est un lieu
fort sterile. La chaleur du Soleil y est si violente qu'elle tuë les animaux. Les sources
d'eau y sont si rares que les Habitans se
les ravissent, & les cachent aux étrangers ; & quoi qu'il y ait là quelques
morceaux de terre plus fertiles que les autres, il n'est pas aparent que Dieu ait pu regarder ce lieu comme délicieux, & qu'il en
ait fait le sejour de l'innocence. D'ailleurs
une seule embouchure suffit à l'Odeines
pour l'engloutir sans lui enc hercher une autre dans l'Euphrate qu'on ne trouve point.
Le cours du Cobar & du Dela ne répond
point assez exactement à la description que
Moïse en fait. Au fonds ce n'est que par une
conjecture incertaine qu'on assure que le
fleuve des Arabes n'a pas toûjours subsisté,

&

& il suffit qu'il paſſât au travers de l'Eden,
& qu'il en coulât, pour remplir l'idée de
Moïſe. Ce lieu étoit d'une grande & vaſte
étenduë, rempli de tout ce qui pouvoit flater agréablement la vûë & le goût. Ce fut là
que Dieu plaça le Chef-d'œuvre de ſa main,
afin qu'il en goûtat tous les plaiſirs ; ce fût
là, comme dans ſa Maiſon, & aux pieds de
ſon Trône, que les animaux allerent lui rendre hommage, & reconnoître le Roi nou-
vellement fait. Il connut leurs qualitez &
leur uſage, & les diſtinguant avec une habilité ſurnaturelle, il donna à chaque créature
vivante ſur la terre un nom conforme à ſes
qualitez. Il n'y a point de comparaiſon à faire entre la ſageſſe de Salomon & celle d'A-
dam, quoi que l'Ecriture aſſure que le premier
étoit le plus ſage de tous les hommes, & qu'il
a connu la nature des plantes depuis l'Hyſ-
ſope juſques au Cedre. Elle n'a voulu le comparer qu'au reſte des hommes formez par une
generation naturelle depuis le peché ; & la
connoiſſance d'Adam devoit être beaucoup
plus parfaite, & plus extraordinaire, puis
qu'il connoiſſoit les proprietez des animaux ſans avoir eu le tems d'étudier leurs
actions. Comme on croit que les noms Hebreux expriment parfaitement la nature &
les proprietez des animaux qui les portent,
on en tire une preuve pour l'antiquité de cette Langue, comme ſi Adam l'avoit parlée
dans le Paradis terreſtre, & qu'il s'en fût ſer-
vi pour donner le nom à toutes les créatures.
Mais la premiere Langue doit avoir été tellement

ment corrompuë qu'il n'en reste que de lege-
res traces.

La Chute de l'Homme.

GENESE III. ℣. 1.

COmme l'Homme jouïssoit d'une entiere
liberté, il pouvoit pécher, & ne pécher
pas ; comme il pouvoit mourir, & ne mourir pas. Il pouvoit tourner sa volonté du côté du bien ou du mal, du côté du bonheur
ou de la misere. Mais cette liberté d'indiffe-
rence qu'on a tant vantée, & dont les hommes sont encore assez jaloux pour faire mille
efforts afin de se la donner, fut la source de
son malheur & du nôtre. Il est infiniment
plus avantageux d'aimer necessairement le
bien, que de pouvoir aimer le mal comme fit
Adam, qui préfera la mort à la vie, & le
crime à l'innocence : Dieu l'avoit mis dans
un lieu, & dans un état où rien ne manquoit
à son bonheur. Les influences de l'air
étoient toûjours douces & favorables, la
terre lui aportoit ses fruits sans travail. Les
animaux les plus farouches obéïssoient à sa
voix ; son empire s'étendoit jusques sur les
poissons de la mer. Il étoit sain, vigoureux,
immortel ; il avoit une ame dont les lumie-
res étoient pures & vives. Il étoit juste que
Dieu exigeât quelque hommage ou quelque
tribut de tant de biens qu'il avoit conferez à
l'homme, & que l'homme ne pouvoit

se

se vanter d'avoir meritez. Si l'homme
avoit été grand & le tribut difficile à payer,
Adam n'auroit pu se plaindre, puis qu'il
avoit les forces & les secours necessaires
pour executer ce que Dieu lui auroit commandé. Il étoit même de la grandeur & de
la justice divine d'imposer à Adam une loi
difficile, & de commander quelque chose
d'important pour éprouver sa vertu. Mais
Dieu modera son droit, il entre en traité
avec l'homme ; il ne voulut pas exiger de
lui une soumission extraordinaire sans lui en
promettre la recompense ; il mit cette recompense sous ses yeux, afin de le rendre
sensible, & que l'objet toûjours present pro-
duisit un effet plus prompt & plus facile :
Car l'Arbre de vie étoit dans le Paradis terrestre aussi bien que l'Arbre de science de
bien & de mal. Dieu défendit à Adam de
manger le fruit de ce dernier arbre ; ce fut
là toute l'obéissance qu'il exigea de lui ; il
étoit aisé de la rendre. On ne pouvoit être
tenté de violer une loi si facile, & si proportionnée aux forces de l'homme, que par
des motifs tres-legers, ou par un artifice grossier. La défense de Dieu irrita-t'elle la con-
voitise de l'homme ; Mais cet homme né si
pur & si saint devoit avoir toûjours devant
les yeux son Créateur, cette puissance infinie
par laquelle il venoit de le tirer du néant,
les graces qu'il en avoit reçuës, la recompense promise à son obéissance, aussi bien que
la peine qui étoit attachée à son crime. On
ne peut comprendre comment l'homme oublia

blia si facilement son devoir, & comment
d'une source si nette purent sortir si promptement des eaux sales & bourbeuses ; c'est-à-
dire, une ignorance si grossiere, une rebellion
si éclatante, & une ingratitude si noire. Voi-
ci comme la chose arriva. La femme ne répondit point à la fin qu'on avoit euë en la
créant, elle devoit être une aide semblable à
l'homme, & elle devint l'instrument de sa
perte. Le Démon, qui connoissoit que ce vais-
seau étoit plus fragile, fut persuadé qu'il le
briseroit aisément. Il l'attaqua seule, il lui
inspira des pensées de vanité ; & pour une
éternité imaginaire il lui fit abandonner l'immortalité qu'elle pouvoit posseder. Les premieres semences du peché sont impercepti-
bles, mais à peine lui a-t'on donné quelque
entrée qu'on en sent les effets. Eve écoute le
tentateur, elle permet qu'on lui suggere des
mouvemens d'orgueil, & péche en ne pensant peut-être pas que ce soit là un péché.
Elle entre hardiment en commerce avec l'ennemi qu'elle devoit fuir. Elle parle, elle dis-
pute, le doute s'empare de son ame. Elle
craint qu'il n'y ait en Dieu de la jalousie contre elle ; peut-on penser si follement, peu de
tems après avoir été créé. Le mal commença par l'esprit, il finit par la chair. La femme
se laisse enfin toucher par un plaisir sensible,
émuë par la beauté du fruit défendu, elle n'est
plus maîtresse de ses desirs, elle s'avance vers
l'arbre qui en est chargé, elle arrache son
fruit avec violence, & pour un plaisir d'un
moment elle s'expose à la mort la plus dure,

&

& la plus crüelle. L'homme devoit avoir
plus de fermeté : Mais au contraire, sa femme
le seduisit en peu de tems, en peu de mots ,
& sans rendre presqu'aucun combat; il mangea, malgré l'ordre exprès de son Créateur, du
fruit qu'on lui presentoit.   Est-il plus honteux d'être vaincu par le démon, sous la figure
d'un serpent, que de ceder si aisément à une
femme? Dieu ne pouvoit laisser ce crime im-
puni : La créature avoit secoüé le joug & l'o-
béissance de son Créateur. L'homme avoit
voulu se faire Dieu, & devenir immortel &
maître à même titre que lui. L'alliance étoit
rompuë, le commandement violé, les promesses annulées. Il ne restoit plus qu'à accomplir les menaces , & à laisser regner la
mort. Dieu le fit, & *par le péché la mort est entrée au monde.* Ce ne fut pas l'unique malheur
qui suivit ce péché; la corruption du premier
homme a passé à sa posterité, & comme le le-
preux communique la lepre à ses enfans ,
nous naissons tous pécheurs & criminels
d'un pére vicieux & rebelle. Adam ne fut
pas long-tems sans connoître son malheur.
Dieu vint lui reprocher son crime. Il ne put
soutenir les yeux & la presence de ce Dieu
qui faisoit auparavant ses délices. Sa conscience fut émuë, la frayeur s'empara de son
ame; ne pouvant fuir, il se cacha derriere les
arbres du jardin; foible retraite, mais où en
trouver contre un Dieu irrité? Il voulut couvrir sa faute; c'est l'artifice le plus ancien &
le plus ordinaire des pécheurs. On devroit en
être revenu puis qu'il réussit si mal dés la pre-

miere

miere fois. Dieu perce au travers des pretex-
tes humains. Il n'écouta point les excuses du
mari, ni de la femme qui se déchargeoit mal
à propos sur la malice & la subtilité du Serpent, il prononça l'arrêt de condamnation,
& les chassa du Paradis, où il les avoit placés,
& un Ange fut placé à la porte de ce jardin
pour leur en défendre à jamais l'entrée.

Le Meurtre d'Abel.

GENESE IV. ℣. 8.

UN autre évenement triste fit sentir à
Adam sa faute, il perdit Abel le plus
saint & le plus parfait de ses enfans. La douleur de ce Pere infortuné fut extrême lorsqu'il vit un de ses enfans meurtrier de l'autre, & qu'en perdant l'un par une mort violente, il perdit l'autre encore plus tristement
par son peché. Caïn & Abel offroient à Dieu
des sacrifices, soit que Dieu les eut instituez,
soit que leur conscience leur dictât qu'il faloit
payer quelque satisfaction pour le peché, &
que Dieu ne pouvoit être appaisé que par le
sang d'une victime. Mais dés le commencement du monde on faisoit les actes de Religion d'une maniére qui n'étoit pas reli-
gieuse. Caïn n'avoit pas dans sa devotion les
mouvemens de la pieté. Abel ne l'imitoit pas,
il profita du malheur de son pere, & sut dés
ce tems là resister au mauvais exemple.
Dieu recompensa sa foi d'une maniére éclatante;

tante ; le feu qui defcendit du Ciel, pour confumer fa victime, mit une fatale differen- ce entre les deux oblations. Caïn irrité de l'affront que Dieu fembloit lui faire courut à la vengeance : ni la puiffance de l'Etre fou- verain, ni l'idée de ce feu du Ciel qu'il avoit veu fur l'autel , & qui pouvoit le confumer un jour, ni le refpect pour un Pere, ni la tendreffe d'une Mere, ni la pieté d'un fre- re aimable ne purent arrêter le cours de fa violence. Il tue le jufte Abel à caufe de fon facrifice , & en fait le premier des Mar- tyrs. La mort, dit St. Chryfoftome , n'eut pas la patience d'attendre que le péché remit l'homme dans fon fein par une voie natu- relle, l'impatience d'accomplir & de con- fommer fa victoire la prit, elle fit comme un furieux qui voyant fon ennemi condanné n'auroit pas la patience d'attendre qu'on le conduifit à l'échafaut , mais iroit l'égorger dans la prifon. Il y eut encore d'autres fui- tes du péché d'Adam. Les hommes fe cor- rompirent , & dés ce premier âge ils firent voir jufqu'où pouvoit aller la dépravation du cœur humain. Les Géans regnerent & pouflerent la debauche,& l'impiete jufqu'au dernier excez.

GENESE VI. verf. 14.

Dieu les menaça d'un châtiment exem- plaire qu'il fit anoncer l'efpace de cent quarante ans pendant lefquels Noé prepa-

roit

roit l'Arche dans laquelle les animaux &
quelques perfonnes trouverent leur refuge.

Defcription de l'Arche & du Deluge.

GENESE VII. verf. 7.

LA corruption étoit fi grande, que dans
tout l'Univers il ne fe trouva qu'une
feule famille qui eut confervé la pieté & la
foi. Dieu fut obligé de perdre le genre humain ; Noé avec fa famille s'enferma dans
une Arche, les bêtes & les oifeaux l'y fuivirent, afin d'éviter la mort. Les profanes
fe font imaginez qu'on ne pouvoit bâtir de
vaiffeau capable de contenir une fi grande
multitude avec l'eau & les alimens neceffaires à leur confervation; mais ce pouvoit être
un vaiffeau plat de 42000 tonneaux, les Anciens en ont eu d'aufli grands. Dans la care-
ne étoit l'eau qu'on tiroit par des efpeces de
puis menagez aux quatre coins, & au milieu
de l'Arche. Au deffus de ce refervoir d'eau
douce étoit le premier étage haut de fept
coudées, contenant les graines & les her-
bes neceffaires à la nourriture ; car les hommes ni les bêtes ne mangeoient point en ce
tems là de viande. Le fecond étage avoit
une hauteur de huit coudées, & on y avoit
menagé trente fix écuries, dixhuit de chaque côté de l'Arche. Au milieu étoit une al-
lée large de quatorze coudées qui fervoit de
cour, & donnoit du jour aux écuries dans
lef-

lesquelles on avoit enfermé les animaux. Le troisiéme étage, haut de six coudées & demi, étoit rempli de trente six loges destinées à conserver les provisions des oiseaux, les graines qui auroient peri sous les eaux du deluge, & les instrumens du labourage. Il y restoit encore une espace assez grand pour faire trente six volieres chacune de six coudées de largeur où étoient les oiseaux. La famille de Noé étoit logée à un des bouts de l'Arche. En effet il y avoit à l'un de ces bouts un espace de vingt coudées ; la moitié de cet espace pouvoit être employé à l'escalier, & à faciliter la communication dans les loges & dans les écuries, ou à tirer de l'eau ; mais il y avoit encore assez de vuide pour faire une cuisine, une sale & quatre grandes chambres de plein-pied qui suffisoient pour un logement extraordinaire & passager. La fenêtre étoit au dessus de l'appartement de Noé, c'étoit de là que la lumiére se répandoit, quoi qu'avec peine, dans les loges, & dans les autres endroits de l'Arche ; ainsi ce bâtiment suffisoit pour sauver une famille avec les animaux & les oiseaux dont les espéces étoient connuës. L'Arche étant bâtie Noé y entra avec sa famille au mois d'Octobre au commencement de l'an 1657. depuis la création du Monde. Dès le moment que Noé fut entré, la pluye tomba par torrens, la terre en fut inondée, les côteaux & les montagnes les plus hautes en furent couvertes. Le mal devint en un moment universel ; on se voit destitué de retraite, de secours & de

con-

confolation ; l'un fuyoit fur le haut de la montagne, mais l'eau qui le fuivoit avec impétuofité l'y affiégeoit auffi-tôt ; l'autre s'élevoit jufqu'au haut des rochers, où il contemploit, pendant quelque tems, cette innödation generale qui engloutiffoit tout, & bien-tôt il étoit englouti lui-même ; l'autre attrapoit la branche de quelque arbre, à la faveur de laquelle il fe tiroit de l'eau, & croyoit fe fecher; efpèrance vaine, qui ne duroit qu'un moment ; l'arrêt étoit donné, il faloit que tous les hommes periffent. Il y a des Théologiens qui condamnent aux fupplices éternels tous ceux qui furent enfevelis fous les eaux du déluge, il y a trop de rigueur dans ce fentiment ; la repentance pût naître dans le cœur d'un nombre confidérable d'hommes qui furent reveillez par le châtiment de Dieu, & par l'idée de leur crime, & le même Dieu qui fit grace à un brigand mourant fur la croix, pût accepter les foûpirs & les larmes de divers mourans, qui le reclamérent dans leur agonie. L'Arche voguoit heureufement fur les eaux ; mais après cent cinquante jours elle s'arrêta fur les montagnes de l'Armenie. La fenêtre fut ouverte, le corbeau fortit qui alla fe repaître des charognes qui commençoient à paroître. La colombe lachée par Noé raporta le rameau d'olive, qui fit connoître fûrement que les eaux s'étoient retirées. Noé qui devoit fentir quelque impatience de fortir de fon cofre, attendit l'ordre de Dieu avant que de le faire, & ne fut pas plutôt defcendu qu'il offrit un facrifice. On ne doit

jamais mêler les mouvemens de son impatience avec les desseins de la Divinité ; il faut
attendre le tems qu'il a marqué pour achever
nôtre délivrance, & n'en recevoir jamais aucune sans lui en rendre des actions de graces. Les Juifs ont dit que l'Arche se voioit
encore sur les montagnes de l'Armenie plus
de deux mille ans après qu'il en fut sorti ;
mais l'Arche inutile depuis le Deluge, eut le
sort des autres bâtimens de bois qui se pour-
rissent par l'humidité, & qui se detruisent
au bout de quelque tems. Dieu fit une nouvelle alliance avec Noé, & lui donna pour signe l'Arc-en-ciel. Ce signe n'étoit pas nouveau. Il seroit ridicule de prétendre qu'il
n'eût jamais pleu avant le déluge, ou que le
Soleil ne se fût jamais trouvé dans cette opposition, à une nuë remplie de goutes de rosée, necessaires pour former un Iris; mais Dieu
qui se sert souvent des causes secondes, pour
en faire les seaux de son Alliance, institua
l'Arc-en-ciel pour être, aux hommes, jusques à la fin des siécles, un signe sensible qu'il
n'y aura plus de Déluge universel. Noé, qui
avoit resisté à tous les mauvais exemples
du premier Monde, ne devoit pas succomber
à une legere tentation : Cependant il plante
la vigne, il s'enyvre, & laisse voir sa turpi-
tude. Quelques Péres ont dit que son yvres-
se n'étoit pas criminelle, parce qu'il ne connoissoit pas la force du vin ; mais il avoit
planté la vigne, il devoit en connoître le fruit,
on en avoit fait usage dans le premier Monde; car ces hommes plongez dans des afreuses

débauches n'auroient-ils beu que de l'eau?
Il aprit à son réveil les suites de son intem-
pérance, l'insulte qu'il avoit reçû de son
plus jeune fils : & la nécessité de maudire sa
posterité ; cette malediction fut acomplie
dans les Cananéens, mais elle ne laissoit pas
d'être une peine à Cham, puisque cet évenement lui étoit connu par un oracle divin.

Tour de Babel.

GENESE IX.

LEs hommes ne profitérent pas long-tems
du chatiment de Dieu ; devenus inso-
lens & rebelles, ils voulurent mettre Dieu
dans l'impuissance de les punir par une inon-
dation generale. Les plus mutins s'assemblé-
rent , & bâtirent la Tour de Babel sur une
des branches de l'Euphrate. Dieu qui regarda cette entreprise comme une nouvelle insulte des hommes, s'en vengea ; quelques-
uns croient qu'il se contenta de faire begayer
les Architectes ; mais pourquoi avoir recours
à un miracle inouï. La confusion des langues
que Dieu fit intervenir étoit infiniment plus
propre à arrêter le succez de ce dessein que
le begayement des ouvriers. Dieu qui vouloit se conserver des éleus au milieu d'une generation rebelle, traita avec Abraham , & lui
donna la Circoncision pour signe de l'alliance qu'il contractoit avec lui, & avec sa posterité.

B 2   Le

Le Feu du Ciel tombe sur Sodome.

GENESE XIX. ꝟ. 23.

DIeu réſolut de perdre Sodome , & les
Villes voiſines. Ces Villes ſituées dans
une plaine feconde du Jourdain, jouïſſoient
d'une heureuſe abondance ; l'abondance
fait naître les plaiſirs , & les plaiſirs enfantent & l'impénitence & la ſecurité. Sodome avoit eu ſes malheurs ; la guerre avoit
deſolé ſon territoire; ſon Roi vaincu, ſes ſu-
jets enlevez & priſonniers, peu de tems auparavant, devoient la faire rentrer en elle même : mais les châtimens de Dieu ne corrigent
pas toûjours les hommes. Le cri de ſes péchez *monta juſqu'au Ciel* ; Dieu ne pouvoit
ignorer le crime des Sodomites & la peine
qu'ils meritoient ; cependant il proceda len-
tement dans l'exécution du châtiment , il
examina la nature du péché, il confia ſon
deſſein à Abraham : Ce Patriarche, qui étoit
un de ces fideles, qui gemiſſent, & qui prient
pour leurs prochains , lors même qu'ils ſe
perdent volontairement, ſoutint les interêts des Sodomites contre Dieu. On a crû
qu'il ſentit de la foibleſſe de la cauſe qu'il
défendoit, parce qu'il dit à Dieu, qu'il n'é-
toit pas raiſonnable que *le juſte périt avec le
méchant* ; ce qui n'eſt vrai que lorſqu'il s'agit
de la damnation éternelle , & les Saints ont
part, avec les méchans, aux malheurs publics ; mais Abraham crût que Dieu ſeroit
émeu

émeu à la veuë de plusieurs justes, qui le servoient dans Sodome.   Il jugea charitable-
ment des habitans de tant de Villes ; incapable de commettre de semblables crimes, il ne
put en soupçonner les autres , il se flata
qu'il y auroit quelques personnes qui auroient conservé leur innocence , ou qui,
dans un âge avancé , auroient quitté le vice, & commencé leur conversion ; dix personnes de ce caractère pouvoient être cachées dans une grande Ville ; Abraham demandoit en leur nom grace pour les autres;
il se trompa, & ce petit nombre de fidèles ne
se trouvant point , il fut reduit à solliciter
uniquement pour Lot ; Dieu lui ayant
acordé sa demande, les Anges prirent la route de Sodome.   Comme le méchant abuse de
ce qu'il y a de plus auguste & de plus sacré,
cette présence des Anges fut une nouvelle
ocasion de libertinage & de revolte ; jamais le crime ni la violence des Sodomites ne parut plus grande.   Lot voulut sacrifier ses deux filles aux droits de l'hospi-
talité ; le bon homme n'étoit pas scrupuleux,
s'il sçavoit que c'étoit là des Anges , ses inquiétudes devoient cesser ; s'il ne les connoissoit pas , il eut tort de se charger d'un
crime pour empêcher les autres d'en commettre un plus grand.   Les droits de l'hos-
pitalité ne devoient pas lui être aussi chers
que la chasteté de ses filles ; malgré cette
foiblesse Dieu ne laissa pas d'avoir pitié de
lui ; Les Anges lui découvrirent le péril dont
Sodome étoit menacée. Qu'il est dangereux
B 3   de

de vivre dans la focieté des méchans! Lors
même qu'on gemit de leurs crimes, on con-
tracte au moins une certaine froideur qui ne
peut être vaincuë que par une grace miraculeufe.   Lot avoit de la peine à fuivre les
Anges, quoi-qu'il en connût la neceffité ; il
avoit regret à quitter Sodome, quoi qu'il y
fût étranger ; il ne pouvoit fe refoudre à
perdre fes biens, & fon établiffement. Ces
mouvemens paroiffent naturels, cependant
ils font vicieux dès le moment que Dieu en
demande le facrifice, & qu'on ne le fait pas.
Les Anges ne fe lafférent point jufqu'à-ce
qu'ils euffent arraché du péril celui qui vouloit s'y endormir. Excellente leçon pour les
Pafteurs & les Peuples ! Les uns doivent
faire une fainte violence au pécheur afin
de l'arracher au crime & à l'Enfer , &
les autres doivent aprendre qu'il n'y a
point de moment à perdre quand la colère
de Dieu eft allumée ; préviens-là pécheur, fi
tu ne veux perir éternellement. Lot étant
forti de Sodome ; la foudre commença l'em-
brafement de ces grandes Villes , l'enfer
plut du Ciel, comme parle un Pére : c'étoit
un feu éternel, dit St. Jude : la terre venant
à trembler, & ouvrant des tréfors de fou-
fre & de bitume, qu'elle renfermoit dans
fon fein, fournit une nouvelle matiére au
feu du Ciel ; la jonction du bitume & du fou-
fre de la terre avec le feu du Ciel rendit l'em-
brafement general ; on ne put l'éteindre ni
s'en garantir : Sodome devint en un moment un grand fepulchre, & un vafte bucher,

dans

dans lequel tous ses habitans furent ensevelis
& réduits en cendres. Les Villes voisines
eurent le même sort. Strabon en compte
jusqu'à treize. Moïse ne parle que de deux,
Sodome & Gomorrhe : Mais on sçait qu'A-
dama & Tseboïm perirent aussi dans cet incendie ; ce sont elles , & peut-être quelques Villes ou Bourgs voisins qu'Ezechiel
apelle les filles de Sodome , parce qu'elles
en étoient tributaires, & rendoienr hommage à ses Rois. Quelle fut la terreur &
la consternation de toutes ces villes, que de
cris, que de larmes, que de confusion ! Là
une mére pleure pour ses enfans qu'elle voit
consumer , la flamme la saisit aux yeux de
son mari qui perit un moment aprés par le
même suplice. Quel fut l'étonnement &
la douleur d'Abraham , lorsqu'en se le-
vant il vit une fumée épaisse qui montant au
Ciel lui laissa deviner le triste sort de toutes ces Villes ! Lot seul avoit marché sous
la conduite des Anges vers la retraite que
Dieu lui avoit preparée : De six personnes
qui devoient suivre les Anges , il en voit
deux qui s'endormirent , ou qui rejettérent
avec mépris les menaces de Dieu jusqu'au
moment où l'éxécution commença ; l'incredulité fit perir les deux gendres de Lot. Sa
femme ne put s'empêcher de jetter des regards de curiosité & de regret vers une Ville
qu'elle aimoit encore , elle avoit peut-être
commis divers péchez plus énormes que celui de jetter un regard sur Sodome, mais ce
dernier crime étoit d'autant plus grand que

 l'ob-

l'observation d'un précepte qui venoit im-
médiatement de Dieu, étoit très-facile. On
dit que l'étonnement de voir une Ville en
feu, la toucha si sensiblement, qu'elle devint
immobile comme une statuë : mais Moïse
dit qu'elle fut changée en une statuë de sel,
& cette statuë subsista long-tems, pour êrre
un monument de la desobéïssance de cette
femme, & du chatiment miraculeux dont
elle avoit été frapée. Josephe assure en termes formels qu'il l'avoit veuë; St. Jerome
dit la même chose long-tems après ; s'ils
ont creu leurs yeux, au lieu de la tradition
populaire, il faut conclurre que le sel dont
cette statuë étoit formée, ne peut pas être
comparé au sel ordinaire qui fond à l'eau,
mais à certaines pierres de sel qu'on tire des
rochers,& qu'on employe même dans les édifices. Ce sel n'étoit pas inconnu aux Anciens,
puisque Pline en a parlé.   Lot, qui avoit le
choix de sa retraite, préfera Tsohar petite
Ville du voisinage de Sodome : il y arriva
heureusement avec ses deux filles. Mais cet
homme qui avoit conservé sa chasteté au milieu d'une Ville trés-corrompuë, la perdit
sur une montagne & dans la solitude.   Ses
deux filles eurent peur de mourir sans posterité ; elles enyvrérent leur pere, & par ce
moyen devinrent incestueuses, afin d'être
méres.

Sacri-

Sacrifice d'Isaac.

GENESE XXII. ℣. 10.

L'Alliance contractée avec Abraham alloit finir, & devenir inutile par le défaut de sa posterité; mais Dieu lui donna un fils, & à ce fils étoient attachées les promesses d'une longue lignée. Cependant à peine cet Enfant étoit-il devenu grand, que Dieu ordonna à son pere de le lui immoler sur une montagne. Que pouvoit penser le Patriarche à la demande d'un sacrifice qui soulevoit la raison & la nature ? Croyoit-il que les promesses de Dieu ne seroient point acomplies, ou qu'Isaac immolé resusciteroit? Ne penetrons point les pensées de son cœur, sa foi paroît par ses œuvres; cela suffit: Dieu pouvoit attendre à lui demander son fils lorsqu'il seroit arrivé sur la montagne, & que l'autel seroit dressé; le combat de la nature auroit été beaucoup plus court; mais il lui ordonna de marcher l'espace de trois jours, afin qu'il eût le tems de penser au sacrifice qu'il alloit offrir, que la nature qui avoit été peut-être étourdie par ce commandement se reveillât, & que la veüe de son fils, avec lequel il étoit seul, pût le toucher. Quelle épreuve ! Cependant Abraham ne balance point entre Dieu, la nature, & la raison, il va sur la montagne, il y mene son fils : ce fils qui voit l'apareil d'un sacrifice sans victime, demande où elle est : Le Pere

B 5

la

a la force de retenir des larmes que la tendresse naturelle, & l'interrogation d'Isaac
devoient lui arracher ; il cache son dessein, il dresse l'autel, il lie Isaac l'unique objet de son amour, le seul apui de
sa maison & de ses espèrances, il oublie
qu'il est Pére, & se souvient seulement que
Dieu l'avoit fait son Sacrificateur, il en fait
les fonctions ; Isaac, qui avoit déja plus de
trente ans, se laisse lier, son Pére leve le bras,
il balance le coup ; il ne restoit plus qu'à le
laisser tomber : il se seroit sacrifié lui même avec son fils, & au lieu de son fils, si
Dieu l'avoit commandé ; mais Dieu content
de ces actes d'un amour sincère, arrêta le
bras d'Abraham, lui fournit un belier pour
victime. On ne vit jamais la foi triompher
si parfaitement de la nature, mais on ne vit
jamais aussi un sacrifice produire un éfet si
excellent. Abraham fut justifié par sa foi, &
Dieu qui connut l'ardeur de son amour l'en
recomponsa. Isaac portant le bois, & qui
devoit être immolé par la main de son Pére,
étoit le Type de Jesus Christ, mourant sur
la Croix par l'ordre de son Pére, & qui sortit
comme Isaac, vainqueur du sein de la mort.
Jacob ne devoit point jouïr des droits de l'alliance, ni de la benediction de son Pére, puisque c'étoit le partage de aînez de famille, &
qu'il en étoit le cadet. Cette benediction
renfermoit quatre avantages ; La superio-
rité sur les autres Enfans de la maison ;
c'est pourquoi Jonathan excusoit l'absence
de David à la table de Saül, parce que son

frére

frere aîné lui avoit ordonné d'assister à un
sacrifice.   La sacrificature faisoit le second
avantage des aînez, ils avoient aussi la double portion, & une posterité presque assurée;
car, *en ta semence*, disoit Dieu, *seront béni-
tes toutes les Nations.*   Non seulement Jacob
n'avoit aucun droit à tous ces avantages,
mais il n'étoit pas aisé d'enlever ce tresor de
la main d'Isaac, qui en paroissoit le Maître
absolu, & qui vouloit en disposer selon le
cours de la nature.   Jacob emporta par tromperie ce que la justice lui ôtoit, pendant
qu'Esau rendoit à son Pére un service agréable dans sa vieillesse, où le dégout est ordinaire, & lui cherchoit de la Venaison, Jacob
se prévalut de son absence, & de l'aveugle-
ment de son Pére ; sa Mére adroite & subtile, qui l'aimoit, revêtit ses mains de peaux,
& lui fit prendre l'habit de son frére aîné :
l'artifice reüssit.   Isaac benit Jacob en croiant
benir Esau; les hommes n'agissent pas toûjours selon leurs intentions.   Dieu a ses vûës
particuliéres, selon lesquelles il dirige les
évenemens, ses conseils secrets l'emportent
sur les nôtres.   Isaac en bénissant Jacob ne fit
pas ce qu'il vouloit, & ne crut pas faire ce
qu'il faisoit.   Cependant l'alliance de Dieu
passa avec cette benediction surprise, dans la
maison de Jacob, & s'étendit à sa posterité.
On a blamé Jacob ; sa conduite même parut si irreguliere à Isaac son Pére, qu'il l'appelloit une tromperie : Non seulement il
se déguisa, mais il dit hardiment qu'il étoit
Esau le fils aîné de la maison, & que ce

B 6

qu'il

qu'il presentoit à son Pere étoit la venaison qu'il avoit souhaitée. Dieu avoit dit que le plus grand serviroit au moindre ; mais c'étoit là plûtôt une Prophetie qu'une promesse ; Et comme Dieu prononce les oracles, c'est à lui de les acomplir, sans que l'homme soit autorisé d'y faire intervenir le mensonge ou la fraude. L'autorité de Rebecca, qui conduisoit son fils, ne paroit pas suffisante pour le justifier, puisque le crime n'est jamais permis. Enfin la vente d'un droit d'ainesse, faite par Esaü, pour un potage de lentilles, n'étoit pas legitime, & si l'un étoit coupable, de sacrilége, en vendant une chose sainte, l'autre ne l'étoit guére moins en l'achetant. On ne peut justifier les mensonges de Jacob qui mêla les artifices humains avec les conseils de Dieu ; mais la ratification du contract, & de la benediction que Dieu fit si solemnellement dans la suite, doit aprendre aux hommes à ne vendre, & à ne mépriser jamais l'alliance de Dieu & son amour.

Vision d'une Echelle.

GENESE XXVIII. ℣. II.

LEs profanes n'acquiescent pas aisément aux ordres de Dieu ; au lieu de remonter au Ciel, & d'adorer le doigt de la Providence, ils murmurent, & s'irritent contre ses loix. Jacob craignit avec raison la colère de son frere qu'il avoit trompé, il fut obligé de fuir, & de quitter la maison de son

ſon Pere ; il étoit ſeul, & n'avoit que Dieu
pour ſa garde, le Ciel pour couverture pendant la nuit, la terre lui ſervoit de lit, & les
pierres de chevet. Dieu qui aime mieux ſes
Enfans dans cet état que dans des lits de mo-
leſſe, où regne ſouvent le luxe & le vice, lui
fit voir une échelle, qui d'un bout touchoit
les Cieux, & de l'autre repoſoit ſur la terre ;
les Anges qui montoient & deſcendoient par
cette échelle formoient un nouveau ſpectacle
ſurprenant & conſolant pour lui ; il vit Dieu
même, le Dieu d'Abraham, le Dieu d'Iſaac,
lequel lui promit de lui donner la terre ſur
laquelle il dormoit : cette viſion étoit
une aſſurance à Jacob que Dieu ſeroit avec
lui pendant le cours de ſon voyage, que ſes
Anges ſeroient autant d'Eſprits adminiſtra-
teurs pour le ſervir, & qu'en ratifiant la
benediction qu'il avoit reçûë de ſon Pere,
il le rendroit heritier de la Terre promiſe.
Mais il y avoit quelque choſe de plus grand
dans cette viſion, Dieu repreſentoit par cette Echelle myſtique J. Chriſt qui eſt en mê-
me-tems Dieu & homme, & nous apprenoit
prophetiquement qu'on verroit un jour les
Cieux ouverts & les Anges montans & deſ-
cendans ſur le fils de l'homme. Quand Dieu
eſt appaiſé envers nous, il appaiſe le cœur
de nos Ennemis, c'eſt l'Ecriture qui le dit,
& Jacob l'éprouva fort heureuſement. Eſau
avoit ſujet de ſe plaindre, il étoit d'un temperament farouche & violent ; on l'avoit irrité, il étoit le frere ainé, les cœurs des freres ſont rarement unis, & leur haine
quand

quand elle est allumée ne s'éteint presque jamais ; Jacob avoit tout à craindre de cet
homme puissant qui avoit formé le dessein
de se venger, & de le perdre, & qui venoit
au devant de lui pour exécuter son dessein ;
mais Dieu qui change le cœur de l'homme
selon son bon plaisir, & qui arrête la violence des méchans dans son plus haut degré,
amolit le cœur d'Esau, la tendresse se fit sentir, les deux freres s'embrasserent, & se re-
concilierent d'une maniere impreveuë ; &
Jacob fut par là délivré d'un peril qui lui paroissoit inevitable. Il ne fut guére plus heureux en enfans qu'en frere. Les douze Patriarches, qui descendirent de lui, eurent presque tous de grands défauts ; ils eurent tous
part au carnage des habitans de Sichem, d'autant plus criminel qu'il se fit à l'ombre d'une
alliance jurée avec les habitans du païs. Sichem ayant violé leur sœur Dina vouloit reparer l'outrage en l'épousant, & faire en même tems un traité avec les enfans d'Israël. Ce
traité fut aisément conclu ; mais les Sichemites l'ayant executé de bonne foi, & s'étant
faits circoncire, on les surprit lorsqu'ils
étoient sans défense & sans force ; les enfans
de Jacob les égorgerent impitoyablement,
& pillerent la Ville ; & cette violence exposa Jacob & sa famille à la colère & à la haine
de tous les habitans du Païs.

Joseph injustement accusé.

GENESE XXXIX. N°. II.

IL n'y a point d'évenemens où l'on con-
noisse mieux la Providence que dans l'histoire de Joseph ; on y voit la facilité avec
laquelle Dieu accomplit ses desseins malgré
l'opposition des hommes ; il se sert de leur
resistance pour l'exécution de ses decrets ; ils
deliberent, ils agissent pour faire echouër ses
desseins, & par là ils les avancent, & les font
réüssir. Les enfans de Jacob , la femme de
Potiphar, & son mari ne pensent qu'à la perte de Joseph , & c'est par les moyens cruëls
& barbares qu'ils employent pour le faire perir que Dieu l'éleve au plus haut comble de
la gloire, & de la prosperité. Il étoit fils de
Rachel, c'étoit un sujet de haine pour les
autres enfans de Jacob, mais de plus il étoit
aimé de son Pére, il aimoit la vertu, & ra-
portoit à Jacob les discours injurieux de ses
enfans, ou plûtôt leur infamie, terme general qu'on ne peut expliquer que par conjecture , mais qu'on peut apliquer à leurs débauches. Dieu avoit predit à Joseph sa prosperité , & l'abaissement de ses freres. C'est un
autre crime qu'on pardonne rarement dans
une famille. Joseph avoit songé que sa ger-
be s'étoit levée au milieu du champ, & que
celles de ses freres étoient venuës se proster-
ner devant elle. Il avoit veu le Soleil, la Lune,

ne, & onze étoiles qui lui faifoient hommage. Ces fonges divins prefageoient une grandeur future , & une elevation qui fit peur à
toute la maifon ; Jacob même en fut émû, il
eut la foiblefle de témoigner fa frayeur. *Quoi!
difoit-il, tes freres, ta mere, & moi irions-nous
pour nous profterner en terre devant toi?* Les Peres font fouvent jaloux de la grandeur de
leurs enfans ; ceux de Jacob refolurent de
faire voir la vanité de ces fonges, ils n'atten-
dirent pas long-tems; l'occafion qu'ils cherchoient fe prefenta, pour ainfi dire, naturellement ; Jofeph fut envoyé vers eux dans
les plaines de Dothain ; ils y étoient là
feuls, & beaucoup plus forts que lui ; le
lieu étoit commode ; les lions , les
ours , les bêtes fauvages , qui devo-
roient fouvent quelque bêtes du troupeau , fournifloient un prétexte pour cacher la mort de Jofeph à Jacob, dont ils craignoient la colère ou la douleur. A peine la
propofition de le tuer fut-elle faite, que huit
freres unis pour la mort du jufte y confenti-
rent. Ruben voulut adoucir un avis fi barbare, & ne fit pourtant que changer l'efpece de
fupplice. On refolut de jetter Jofeph dans un
puis, où il devoit être noyé, ou trouver des
ferpens & des infectes qui lui auroient donné la mort; il feroit au moins peri de faim fi
Dieu, qui veilloit pour fa confervation, ne l'a-
voit tiré de là. Je ne fçai fi l'horreur du crime
toucha ces freres dénaturez , ou fi l'idée du
profit les tenta; mais ils tirerent Jofeph du
fonds du puis pour le vendre à des marchands
Ifmaë-

Ismaëlites qui avoient quitté leur Païs pour aller dans le païs de Galaad acheter des aromates. Les enfans de Jacob delivrez d'un frere, dont la vertu les incommodoit, se feliciterent de leur barbarie ; ils ne penserent plus qu'à tromper leur pere, & ils le firent subtilement en lui envoyant la robe de Joseph teinte du sang d'un bouc, comme si quelque bête farouche l'avoit déchiré; il ignora long-tems le sort de son fils; & pleura amerement sa mort. Ce n'étoit là que le commencement des maux de Joseph, qui devoit être éprouvé jusqu'à ce que la *parole fut vénuë*: Sa vertu lui avoit attiré la haine de ses freres; sa beauté fit naître l'amour impur d'une femme ; tout sembloit favoriser cette impudique. Joseph étoit jeune, dans un âge où l'on aime les plaisirs, & où l'on ne connoit guére la temperance; la femme de Potiphar étoit, dit-on, jeune, belle, amoureuse, & de plus sa maîtresse. On oublie souvent sa naissance, & generosité dâs l'esclavage. Cette femme amoureuse le suit, le cherche avec empressement, & foulant aux pieds toutes les regles de la pudeur, elle demande, l'arrête, lui arrache son manteau; Joseph abandône son habit afin de garder sa chasteté, il tâche inutilement de reprimer la passion dereglée de sa maîtresse: L'amour irrité se change en fureur; la femme coupable acuse l'innocent, & tenant encore entre ses mains ce manteau qui lui reprochoit son impureté, & qui devoit la couvrir de confusion, elle s'en sert pour convaincre Joseph qui n'étoit coupable chez elle que parce qu'il n'avoit point voulu

voulu commettre de crime.   Ce Patriarche
fut un bel exemple de ce que doivent faire les
hommes qui dans les tentations les plus deli-
cates & les plus vives doivent toûjours soutenir les intérêts de Dieu, & suivre les mouvemens de leur conscience préferablement
aux passions d'une femme.   La vertu de Joseph ne fut pas reconnuë; il nous a apris que
les prisons ne renferment pas toûjours des
scelerats, l'innocence est souvent oprimée, &
l'homme de bien se trouve quelquefois chargé de fers comme le criminel , sa constance
n'en fut point ébranlée ; content du témoignage de son cœur il prefera une innocence
malheureuse à une liberté qu'il ne pouvoit
acquerir que par le peché , il purifia la prison
par sa presence ; Dieu qui ne l'oublioit pas lui
fit trouver là des consolations impreveuës ,
cet esclave accusé devint libre & puissant
dans le lieu où les autres perdent leur liberté
& leur puissance , il acquit de l'honneur dans
le séjour ordinaire de l'infamie. On le rendit Maître des prisonniers qui le consul-
toient : deux Officiers du Prince furent de ce
nombre , la cause de leur disgrace n'est
point exprimée, & ceux qui disent qu'ils
avoient eu dessein d'empoisonner Pharao
dans un repas se trompent ; car non seulement ces sortes de crimes ne se pardonnent
point, mais la punition n'en est pas dif-
ferée. L'Echanson de Pharao ayant songé
qu'il voïoit un sep & trois sarmens chargez
de raisins qu'il pressoit dans la coupe de Pharao, aprit par le ministere de Joseph que dans

trois

trois jours il feroit rétabli dans fa charge, au contraire le Panetier qui vit trois corbeilles dans l'une defquelles les oifeaux venoient manger avança fon malheur, & aprit par là que dans trois jours il feroit pendu , & que fon cadavre ferviroit de nourriture aux oifeaux du Ciel. On peut être furpris de ce que la Divinité s'occupe à donner des fonges & des prefages de l'avenir à des Courtifans idolatres & plongez dans le vice. Il feroit mal à propos d'attribuer ces fonges aux démons; car il eft difficile de concevoir qu'ils puiffent peindre pendant le fommeil dans l'imagination des objets , ou faire naître dans l'ame certaines idées fans leur donner un pouvoir divin. Il n'y a que celui qui a créé les ames qui puiffe agir immediatement fur elles ; tous les fonges ne font pas divins ; la plûpart font naturels, & ne prefagent rien ; mais il ne faut pas contefter un fait que l'Ecriture a raporté fi fouvent que les infideles ont eu des fonges qui renfermoient les évenemens futurs , & que les Interpretes infpirez de Dieu ont fouvent developez. C'eft Dieu qui envoie ces fonges fans avoir égard à l'infidelité de ceux qui les ont, parce qu'il s'en fert pour le bien de fon Eglife ou de fes éleus ; c'eft ainfi que les fonges differens des Courtifans de Pharao fervirent à l'élevation de Jofeph, & à l'entrée de la famille de Jacob en Egypte, qui eut des fuites fi confiderables, & fi importantes. Dieu ne travaille donc pas en vain lorfqu'il agit immediatement fur l'ame des infideles. Jofeph étoit le Type de Jefus-Chrift. Les

Juifs

Juifs, qui étoient ses freres selon la chair, ont rejetté la verité & la vie qu'il leur aportoit. Il n'est point necessaire d'alterer, comme ont fait quelques Anciens, l'histoire, & soutenir que Joseph fut vendu pour trente pieces d'argent, afin de rendre l'ombre plus parfaitement semblable à sa vive image ; il suffit que J. Christ ait été vendu par Judas, comme Joseph le fut par ses freres. Ce fils de Dieu, parfaitement saint, fut condamné par des hommes criminels ; on le chargea de pechez qu'il n'avoit point commis, & on lui en a fait porter la peine, qui étoit celle des esclaves.

Joseph se fait connoître à ses Freres.

GENESE XLV.

C'Est une ancienne coutume des Princes de celebrer le jour de leur naissance. Les Orientaux le faisoient avec beaucoup de pompe : on ne doit pas renvoyer cet usage aux infideles Payens, aux Herodes, & aux Pharao ; les Chrétiens & les Saints ont deu le faire aussi bien qu'eux, puisque la vie est un don de Dieu, & la naissance un effet de sa bonté. Pharao, qui vouloit solenniser ce jour, fit la reveuë des Officiers de sa maison, & trouvant que l'Echanson & le Panetier étoient absens, il jugea leur affaire conformement aux predictions de Joseph, l'un fut retabli dans sa charge, & l'autre pendu. L'Echanson

son ne devoit pas oublier Joseph, mais l'ingratitude est un des pechez dominans qui ne
pense, & n'agit presque jamais que pour ses
interêts personnels. Joseph auroit toûjours
demeuré dans sa prison, si l'Officier ingrat n'a-
voit cru faire sa cour au Prince en parlant de
lui. En effet Pharao songea; il crut voir sept
jeunes vaches grasses qui paissoient sur les
bords du Nil, & qui furent devorées par sept
vaches maigres; il crut voir en suite dans
une campagne sept beaux épis qui furent engloutis par sept épis secs & maigres. Etonné
de ses songes, il fit ce que font ordinairement
les Rois, il mit son Palais, la Ville, & le Royaume en mouvement, afin qu'on le tirât
d'inquietude. Les Mages, qui n'avoient au
fonds qu'une sagesse humaine, ne purent pe-
netrer les decrets de la Providence; tous les
secrets d'un art trompeur furent deployez inutilement. Joseph animé par l'Esprit, étoit
seul capable d'apprendre ce que la Divinité
avoit resolu de faire. L'Echanson avoit sans
doute de la peine à faire souvenir son Maître
de ce qui lui avoit déplu autrefois; mais l'es-
perace d'éfacer, par un service, ce qu'il y avoit
de fâcheux dans son recit, l'obligea de faire
connoître Joseph sous le titre d'un Mage expert. On le tira de prison, il expliqua les songes
de Pharao, il predit sept années d'abondance,
& sept autres de famine, & cette predictió fut
d'un grand usage, puis qu'en donnant la con-
noissace d'un malheur inévitable, elle procu-
roit en même tems le remede necessaire pour
s'en garetir. Quelques-uns ont cru que Joseph

se servit des artifices ordinaires aux Magiciens d'Egypte, & qu'il devina par le moien de son gobelet ; & que son Maître d'hôtel insinua que c'étoit là sa maniere de deviner lorsqu'il dit à ses freres, en les arrêtant prisonniers. *N'est-ce pas le gobelet auquel boit mon Maître, duquel pour certain il le devinera ?* Mais c'est outrager la memoire de ce Patriarche que de faire d'un Prophete un Magicien, & de lui ôter l'Esprit de Dieu pour lui donner celui du Demon. L'evenement répondit trop exactement à la prediction pour croire qu'elle se soit faite au hazard, & le Maître d'hôtel n'a parlé que selon son prejugé, ou celui des Egyptiens qui se souvenant d'une prédiction éclatante qui s'accomplissoit sous leurs yeux, croyoient que Joseph devinoit tout, ou plutôt il faisoit comprendre aux enfans de Jacob qu'un homme si habile ne manqueroit pas à s'appercevoir du vol qu'on venoit de lui faire de son gobelet, & qu'ainsi leur hardiesse étoit surprenante. Une explication si précise des songes de Pharao éleva Joseph au souverain comble de la faveur. Cet homme, enfermé il n'y avoit que quelques momens dans une prison, soumis à toute la dureté d'un Geolier, devint en un instant le maître d'un grand Royaume; cet homme, arraché de la maison de son Pere & vendu par ses freres, domine sur des étrangers qui se trouvent obligez d'obeïr à sa voix, & de se soumettre aux commandemens qui sortoient de sa *bouche*. Il n'est pas apparent que Pharao, qui s'élevoit
seul

seul au dessus de lui, ait pu ordonner que tous les Egyptiens baisassent Joseph à la bouche. On adoroit les Dieux par un baiser ; mais on ne voit point que cet usage fût établi pour les hommes auxquels on vouloit marquer du respect & de la veneration. Il est plus vrai-semblable que Pharao ordonna que les Egyptiens exécutassent tous les commandemens qui sortoient de la bouche de Joseph ; il le revêtit de tous les ornemens Royaux, il lui donna son anneau pour seeler toutes ses ordonnances en qualité de premier Ministre d'Etat, ou de Chançelier du Royaume; le Roi le fit monter sur un de ses chariots, ce qui étoit chez les Egyptiens une marque de distinction & de faveur, il fit marcher des Herauts d'armes devant lui. Dans ce changement impreveu il ne pouvoit admirer que la Providence qui le conduisoit à ce haut degré d'élevation par un miracle, & par la revelation d'une chose qui lui étoit naturellement aussi cachée qu'au reste des hommes. Les années de prosperité parurent courtes, excepté à Joseph qui veilloit seul pour la Nation, & qui étendoit ses soins jusques dans l'avenir. La famine étant venuë, les Etrangers & les Egyptiens mêmes qui avoient neglige de profiter de leur abondance, & du songe de Pharao, furent obligez d'acheter à haut prix le bled & les alimens qui se donnoient les années précedentes pour peu de chose. N'admire-t-on point la stupidité des hommes ! Dieu les avoit avertis des maux qui les menaçoient, l'avis étoit public,

blic, puis qu'il étoit impoſſible que le ſonge
& les inquietudes de Pharao, l'ignorance
des Mages, la connoiſſance de Joſeph, & ſon
élevation aux premieres dignitez de l'Etat
fuſſent ignorées. Cependant on s'endort avec
la même ſecurité que ſi la famine n'étoit
point redoutable, ou qu'elle n'eût point été
prédite, on dort juſques ſur les bords de
l'Enfer, ou juſqu'aux portes de la mort, comme ſi elle ne devoit jamais arriver, & qu'on
y vît quelque remede. Les enfans de Jacob
eurent le même ſort que les Egyptiens que
la famine preſſoit, ils ſe contentoient de ſentir leur miſère ſans y trouver de remede,
lorſque Jacob leur apprit qu'il faut travailler,
agir, & chercher ailleurs du ſoulagement a ſes
maux lorſqu'on ne le trouve pas chez ſoi.
En profitant de ſes avis, ils déſcendirent pluſieurs fois en Egypte; Joſeph réconnut ſes
freres dénaturez qui ne l'avoient élevé qu'en
voulant le perdre. Après les avoir éprouvez,
& avoir obtenu qu'on lui amenât Benjamin,
fils de Rachel comme lui, ſa tendreſſe ne put
ſouffrir une plus longue diſſimulation; il
ſe fit connoître bien different de ce qu'il étoit
lorſqu'on le jettoit dans un puis, ou qu'on
le vendoit aux Marchands Arabes. L'entre-
veuë fut ſurprenante, & les embraſſemens
tendres, mais la honte & la crainte ſe firent
ſentir en même tems dans l'ame des enfans
de Jacob. Que de mouvemens differens devoient les agiter! le ſouvenir du paſſé, la
joie du tems preſent, les remors de la conſ-
cience, l'eſperance de ſe voir delivrez de la
faim

faim & de la mort, devoient former chez eux
un violent combat. Il ne dura pas long-tems,
Joseph laissa sa tendresse agir seule avec
ces marques de sincerité qui dûrent calmer
l'inquietude de ses freres, & leur faire oublier
jusqu'à leur crime. Cependant il profita de ses
lumiéres, genereux pour ses freres, juste pour
les Egyptiens, qui s'étoient peut-être mo-
quez de ses avis, & irritez de ce qu'il causoit de la disette au milieu de l'abondance, par
la crainte d'une famine, ou éloignée ou imaginaire ; il rendit ces derniers tributaires
du Roi son Maître, & les obligea de payer
la cinquiéme partie de leurs revenus ; c'est
pourquoi les Partisans le regardent comme
leur Chef, & le Fondateur de leur Ordre.

Moïse tiré de l'eau.

E X O D E   I. ℣. 10.

ILn'y a rien qu'on oublie plus aisément que
les biens faits. Les Princes sont plus sujets
à ce défaut que le reste des hommes ; éblouïs
de leur grandeur, ils croient que tout leur est
deu, & ne regardent les recompenses que
comme des graces qu'ils accordent. Quelque important que fût le service rendu au
Roi d'Egypte, & à toute la Nation par Joseph, on ne se souvint ni de lui ni de sa posterité; heureux encore si l'ingratitude s'étoit
arrêtée là ! Les peuples que les Rois oublient ne sont pas les plus malheureux, &

C

le

le mépris qu'on a pour eux les garantit de diverses vexations. Mais au lieu de traiter les Juifs avec reconnoissance, ou de ne leur imposer que les charges communes de l'Etat; ils furent distinguez, & exposez à toute la tyrannie des Successeurs de Pharao. L'un d'eux traita les descendans de Joseph comme autant d'esclaves, & résolut de faire perir tous leurs enfans mâles. Les Sages-femmes, à qui cet ordre cruel & barbare fut envoyé, ne voulurent point que leurs mains destinées à procurer la vie, donnassent la mort ; elles obeïrent plutôt à Dieu, qui les recompensa. Mais ce Prince, irrité de cette désobéïssance, arma par un Edit tous les Egyptiens contre les Juifs, & fit de ses sujets autant de bourreaux. Josephe diminuë le crime de ce Roi en l'attribuant à une jalousie d'Etat, & à la crainte qu'il avoit que du sein des Juifs ne sortît un Ennemi secret qui lui ravît sa couronne, selon la prédiction des Mages : Mais cet Historien a tellement defiguré l'Histoire Sainte qu'on ne pourroit le suivre toûjours sans s'égarer souvent. La Mere de Moïse tacha de tromper la vigilançe de ses voisins, & des Gardes de Pharao; ses soins auroient été inutiles si la Providence n'avoit veillé pour lui. Moïse au bout de trois mois flotoit sur les eaux du Nil, enfermé dans un coffre de jonc, où il alloit finir malheureusement sa vie dans l'eau, lorsque la Princesse, fille de Pharao, qui pouvoit pretendre à la couronne, puis qu'en Egypte le filles la portoient souvent, découvrit cet enfant,

&

& fut touchée par ſes larmes, par ſa beauté, &
par les refléxions qu'elle put faire ſur la de-
plorable condition des Juifs : Elle lui donna
ſa Mere pour nourriſſe, & l'aiant adopté
pour ſon fils, il fut élevé comme un Enfant
de la Maiſon Royale. Soit que Moïſe eut appris par une revelation faite a ſes parens, comme le dit Joſephe, ou par une viſion particuliere, ou bien enfin, par une tradition répanduë dans le peuple, que le tems de la deli-
vrance approchoit, & qu'il en pouvoit être
l'inſtrument, il crut avoir aſſez d'autorité pour tuer un Egyptien qui maltraitoit un
Juif ; & ce fut par là qu'il commença à ſe
faire connoître. Les Juifs, pour éviter le ſoup-
çon du crime, ont recours au miracle, & à la
force du Nom de Jehova, par lequel ils diſent
que Moïſe tua l'Egyptien ; mais St. Etienne
inſinuë que Moïſe avoit dès lors une vocation divine pour delivrer ſes freres. On
peut ſeulement lui reprocher de s'en être ſer-
vi avant une inſtallation formelle ; & c'eſt ce
qui lui donna de la crainte, & l'obligea de
fuir ; au lieu que dans la ſuite il ſe préſenta
devant Pharao avec beaucoup de courage &
d'intrepidité. Le tems de la vocation de
Moïſe, âgé de 80. ans, & celui de la délivrance du peuple étant arrivé, Dieu lui fit voir ſur
la montagne d'Horeb un buiſſon qui brûloit,
mais les flammes ne le conſumoient point.
Un prodige ſi nouveau meritoit que Moïſe
ſe detournât pour le voir de plus près : Son
étonnement redoubla lorſqu'il entendit une
voix qui ſortoit du milieu du buiſſon, & de

la flamme pour l'avertir que le lieu étoit saint,
& qu'il étoit neceſſaire d'ôter ſes ſouliers. Ce
buiſſon étoit une image de l'Egliſe qui ſe con-
ſerve de ſiécle en ſiécle, & paſſe d'âge en âge,
malgré la violence des perſecutions, qui de-
vroiet la conſumer & la perdre. Dieu eſt dans
le ſein de l'Egliſe perſecutée, comme dans le
buiſſon ardent, c'eſt là qu'il parle & qu'il fait
entendre ſes oracles, & on ne doit s'en aprocher qu'avec des mouvemens de reſpect & de
ſanctification. Dieu parlant dans ce buiſſon,
inſtalla Moïſe dãs ſa Charge, lui confia le deſſein qu'il avoit de délivrer ſon peuple : La
difficulté de l'entrepriſe étonna Moïſe: deux
choſes devoient l'épouvanter , ſon défaut
d'experience, & le pouvoir du Roi d'Egypte.
Le peuple Juif n'avoit que des ſoupirs & des
larmes à oppoſer à ſa tyrannie. L'idée de la
liberté étoit tellement affoiblie dans ces
ames aſſervies depuis long-tems , qu'elles
ne la connoiſſoient preſque plus; les moiens
manquoient pour ſe la procurer, & une troupe de femmes & d'enfans, ou de faiſeurs de
briques deſtituez d'armes & de courage, n'é-
toit gueres en état de prendre des réſolutions
vigoureuſes , ni de les exécuter. Du moins
ſi Dieu avoit promis de changer le cœur de
Pharao ; mais au contraire il devoit l'en-
durcir , & il avertiſſoit Moïſe de ce deſſein. Dieu leva ces difficultez en promettant à ſon Miniſtre de l'armer d'une puiſſance ſurnaturelle , & de prouver la divinité de ſa vocation par des miracles éclatans. En effet Aaron & Moïſe

se soutenus de cette promesse, demanderent à Pharao la liberté d'un peuple qu'il opprimoit injustement , & soutinrent leur demande par divers miracles publics & sensibles ; la verge d'Aaron fut changée en serpent dez le moment qu'elle sortit de sa main. Il est vrai que les Magiciens d'Egypte firent la même chose. Prétendre que ce fut une illusion des sens , ou de l'esprit humain causée par l'artifice des Démons, c'est leur donner, sans y penser, trop de pouvoir , puis qu'ils ne peuvent agir, ni sur le cerveau, ni sur l'entendement. Vouloir qu'on ait habilement substitué des serpens en retirant les verges , l'artifice auroit été trop grossier. D'ailleurs comment auroient-ils pû ôter toutes les eaux d'Egypte, & faire voir en leur place des marais, & des torrens, & des fleuves de sang? Selon toutes les apparences Dieu permit que les Magiciens d'Egypte fissent un véritable miracle ; comme il permettra aux disciples de l'Antechrist d'en faire d'assez éclatans pour seduire les élus , s'il étoit possible. Quelle dut être la surprise de Pharao lorsqu'il vit les eaux devenir du sang? Les lacs, les marais, & les fleuves, tout ce qu'il y avoit d'eaux en Egypte lui représentoient son crime, & le faisoient souvenir du sang innocent de tant d'enfans qu'il avoit fait égorger. Ce Tiran alteré du sang en trouvoit en tous lieux, il étoit obligé de le boire, & dans un lieu fort entrecoupé de canaux, il n'y avoit point assez d'eau pour éteindre sa soif. Les playes se multiplie-

C 3

rent.

rent. Toutes les creatures s'armerent pour punir les Egyptiens ; l'air, la terre, l'eau, le feu, la grêle, les foudres, les insectes furent les instrumens de la vengeance de Dieu. Les grenoüilles après avoir couvert toute la terre, percerent jusques dans le Palais & la chambre de Pharao ; on ne voyoit que grenoüilles, qui par leurs cris horribles, & leur puanteur insuportable reduisirent les Egyptiens au desespoir : Un plus grand malheur les attendoit encore ; leurs fils aînés devoient perir d'une maniére impreveüe. Mais Dieu qui vouloit en garantir les Israëlites, institua le Sacrement de l'Agneau de Pâques, qu'ils devoient manger en habits de Voyageurs, les reins ceints, & le bâton à la main ; ils devoient aussi teindre leurs portes de son sang, afin que l'Ange destructeur, qui devoit faire mourir tous les enfans premiersnez des Egyptiens, reconnoissant à ce signal les maisons des Israëlites, épargnât leurs enfans : Typé excellent du sang de J. Christ, & du baptême, qui garantit de la mort & de la condamnation toutes les ames qui en sont teintes, pendant que les autres perissent éternellement.

Passage de la Mer Rouge.

E X O D E XIV. ℣. 21.

PHarao, tout endurci qu'il étoit, ne pût tenir contre tant de fleaux, La mort im-

impreveuë d'un fils, qui devoit monter sur
le Trône après lui, & les cris de ses sujets
qui avoient chacun un cadavre dans leur
maison, le forcérent à accorder la liberté
qu'on lui demandoit inutilement depuis si
long-tems. Le peuple Juif partit, & enleva
les trésors des Egyptiens : On se chargea même des os de Joseph, qui en mourant, en
avoit exigé une promesse solemnelle de ses
freres. Il vouloit que son tombeau subsistât
en Egypte pendant tout le tems de la captivité ; en même tems il apprenoit à sa posterité qu'il n'étoit pas tellement enyvré des
grandeurs du Monde, qu'il ne voulût
qu'on brisât un jour ce Monument de sa Dignité ; ou plutôt il donna une marque éclatante de sa foi, en témoignant une pleine
assurance que les promesses de Dieu s'ac-
compliroient un jour, & que ses enfans entreroient dans la Terre de Canaan. Moïse
en sortant d'Egypte ne conduisit pas le peuple par le chemin le plus court ; mais par le
plus long, & le mena dans des lieux si difficiles & si affreux, que leur vûë excita ces cris
seditieux ; *N'y avoit-il pas assez de sepulcres en
Egypte ?* Il les mena proche de la Mer
rouge. Sur les bords de cet abîme on manquoit de Vaisseaux pour le traverser ; de
l'autre côté étoit une longue chaîne de
Montagnes impraticables, qui aboutissant à
la Mer, ne laissoient aucune issuë. L'Armée
des Egyptiens les suivoit de près par le seul
endroit par lequel ils pouvoient échaper :
le combat ou la mort, ou plutôt l'un

& l'autre paroiſſoient inévitables. A la veuë
de tant de périls la foi chancela, la mémoire des miracles paſſez s'évanouït. Il n'y avoit
qu'un nouveau miracle qui pût les tirer
de là. Dieu le fit. Moïſe toucha la Mer,
un vent d'Orient ſoufla qui fit retirer les
eaux l'eſpace de dix ou douze heures, pendant leſquelles les Iſraëlites eurent le tems
de paſſer ſur l'autre bord. Quelques-uns ont
cru qu'ils étoient ſeulement entrez dans la
Mer rouge, & qu'après avoir fait un cercle.
ils étoient revenus ſur le même rivage du
côté de l'Egypte au deſert d'*Etban* : Les autres ſe ſont imaginez que Moïſe avoit profité
du flux & du reflux de la Mer pour la paſſer,
& qu'il avoit vanté comme un miracle ce
qui n'étoit que l'effet d'une cauſe naturelle.
Enfin on veut que dans le moment du flux,
Dieu ait envoyé un vent qui ait fait retirer les eaux plus loin qu'à l'ordinaire, &
par la même raiſon le reflux revint plus
tard qu'il ne devoit ;   ce qui donna le tems
aux Iſraëlites de paſſer. Reconnoître un
vent qui ſoufle préciſément, lorſque les
Iſraëlites vouloient paſſer la Mer, & qui
n'a jamais ſoufflé depuis, qui repouſſe les
eaux aſſez loin pour laiſſer une longue étenduë de païs ſéche & aride; c'eſt avouër qu'il
y a quelque choſe de ſurnaturel ; imaginer enſuite un amas d'eaux qui demeurent
dans quelques lieux profonds, & limoneux de la Mer rouge, c'eſt faire violence au
Texte ſacré, qui porte que la Mer ſe fendit,
& que le peuple paſſa au milieu de ſes eaux,

Moïſe

Moïse auroit pû choisir le tems du flux &
du reflux de la Mer pour faire le trajet;
mais il seroit ridicule que les Egyptiens
qui devoient en être bien instruits , eussent
suivi Moïse sans y faire aucune attention. Il
n'est pas moins absurde d'assurer qu'il se contenta de faire un tour en forme de cercle
dans la Mer; puisque toute l'étenduë de la
Mer rouge n'auroit pu contenir de cette maniére onze cents mille personnes, ni l'armée
des Egyptiens qui marchoit ensuite. Si on
campa en *Ethan*, après le passage, c'est parce
que le desert de l'un & de l'autre bord portoit le même nom. La Mer rouge est
beaucoup plus longue que large, & le trajet
peut s'en faire en très-peu de tems. Dio-
dore de Sicile ne lui donne que quinze sta-
des de largeur: Il ne faut donc plus dire que
le Golfe ne pouvoit se traverser dans l'espace
de 24. heures, & qu'ainsi il est impossible
qu'une si grande multitude l'ait fait en quatre ou cinq : car cette difficulté est pleinement levée par ceux qui ont passé sur les
lieux. D'ailleurs, comme le vent étoit
violent, il repoussa les éaux fort loin, &
laissa au peuple une espace assez considerable
pour faire une grande tête dans la marche.
Ainsi Moïse a eu raison de dire que la Mer
recula, que les eaux furent fenduës, que
le peuple passa au travers à sec ; ce que
David confirme en assurant que Dieu avoit
fendu la mer en deux. *Pf.* 136. Pharao
s'imagina que le miracle se faisoit aussi pour
lui, entêté de sa grandeur, il crût que rien ne
C 5   de-

devoit & ne pouvoit lui résister. La route
que tenoient les Israëlites lui fit croire qu'é-
tant enserrez entre les montagnes & la mer,
ils periroient infailliblement par l'épée de
ses soldats, ou rentreroient encore une fois
sous son joug; il entra dans la mer, & courut au combat comme à une Victoire qui lui
étoit sûre: Dieu attendoit là les Egyptiens
pour les y faire périr, & les précipiter, pour
ainsi dire, tous vivans dans les Enfers.
La Morale qu'on tire de ce miracle est belle;
ceux qui quittent l'Egypte ou le Monde
corrompu, sont poursuivis par le Démon.
Leur foi naissante s'ébranle, ils gémissent,
ils crient, *meilleure m'est la mort que la vie*. Le
sang de J. Christ forme une mer dans laquelle
les Egyptiens sont tous engloutis, les pechés
y sont noyez, l'ame transportée dans la glorieuse liberté des Enfans de Dieu, loüe sa
misericorde infinie, qui la garantit de la mort
dont elle étoit menacée; comme les Israëlites loüerent Dieu sur l'autre bord après leur
passage. L'idée de la mort revint bien-tôt
les tourmenter; le pain leur manqua dans ces
solitudes stériles & incultes; attendre que
le pain tombât des Cieux, c'étoit se reposer
sur des miracles inoüis. Qu'y avoit-il de
plus triste que de mourir de faim dans un desert? Un esclavage dans lequel on conserve
sa vie, est préférable à un moment de liberté
que la famine & la mort viennent ravir. Ces
mouvemens naturels causerent les plaintes
& les murmures des Israëlites. Dieu eut pitié
d'eux, & fit pleuvoir de la Manne. Ceux

qui

qui la confondent avec la Manne ordinaire,
& ne font confifter le miracle que dans la
quantité, ou dans le tems qu'elle tomba, ne
prennent pas garde que les Ifraëlites devoient
connoître la Manne qui eft fi ordinaire en
Egypte. Il eft ridicule de foûtenir qu'ils
l'appellérent *Manne*, du nom qu'elle portoit chez les Egyptiens, puifque Moïfe dit
qu'ils ne fçavoient ce que c'étoit. Il eft plus
apparent que les Ifraëlites accoûtumez à la
langue Egyptienne fe fervirent d'une interrogation ordinaire chez eux *Man*, qu'eft ceci ? Ce peuple moiffonnoit au milieu du defert tous les matins, & fans avoir femé il
recueilloit une fuffifante quantité de ce pain
du Ciel, pour fe nourrir. Ce miracle dura
40. ans, jufqu'à ce que les Ifraëlites arrivez
fur les bords de la Judée, & dans les Plaines
de Jerico, y trouvérent une grande abondance de bled : Les Juifs, qui font ceffer ce miracle à la mort de Moïfe, font obligez d'en
fubftituer un autre, dont l'Ecriture ne parle
pas, ils affûrent que la Manne recueillie ce
jour là fe conferva quarante jours de fuite
fans fe corrompre. Il n'y eut que la Manne
renfermée dans l'Arche, pour être un monument de cet évenement miraculeux, qui fe
conferva plufieurs années. L'eau manqua
auffi bien que le pain, il falut éteindre la
foif du peuple, comme on avoit appaifé fa
faim. Moïfe frapa le Rocher de fa verge, &
il en fortit une grande abondance d'eaux.
C'eft ainfi que du fein de Jefus frapé, fur la
croix, coule une abondance infinie de confo-
lations & de graces.   C 6   *De*

Défaite des Amalecites.

EXODE XVII. ℣. 8.

LA défaite des Amalecites fait voir ce que peut la perseverance dans la priére; un seul homme fait plus par son oraison qu'une armée entiere rangée en bataille par la force de ses armes. Les Amalecites descendoient d'Esaü; son fils Eliphaz avoit eu d'une concubine Amalec, chef de cette Nation; on les confond souvent avec les Madianites dont ils étoient voisins, & on les compte ordinairement entre les peuples de l'Arabie, parce qu'ils en occupoient une portion au dessous de Petra, vers les bords de la Mer rouge. Ils n'avoient aucun démêlé avec les Israëlites, qui faisoient route vers la terre de Canaan. Mais la crainte qu'une si grande multitude ne se jettât en passant sur leurs terres, & ne les fourrageât, ou plûtôt l'esperance de vaincre & de piller une nation chargée du butin des Egyptiens, les engagea à s'assembler, & à leur presenter bataille. Moïse eut recours à Dieu, il s'arma de son bâton, instrument ordinaire des miracles, & monta sur la montagne pour prier. L'Ecriture remarque qu'à proportion que ses mains s'affoiblissoient, & se baissoient, Amalec devenoit superieur; c'est pourquoi Aaron & Hur, qu'on a regardé comme son beaufrere & mari de Marie, & qui étoient

mon-

montez avez lui, lui soutinrent ses mains ap-
pesanties, afin qu'étant toûjours élevées , le
combat pût finir, & la Victoire se consommer. Il ne faut pas entendre cela comme si
Moïse avoit élevé ses mains à la maniere des
supplians qui prient Dieu : le défaut de la
prière ne consiste pas dans l'abaissement des
mains, mais dans la disposition du cœur qui
peut être toûjours également ardente, lors
même que les mains s'appesantissent. Mais
Moïse avoit la main chargée de sa Verge,
il devoit la tenir toûjours levée , comme
s'il en frapoit les Amalecites, c'est pourquoi ils vainquoient lorsqu'elle s'abaissoit :
Moïse l'insinuë assez , lorsqu'il dit que *la
Verge de Dieu étoit en sa main.* Cette explication ruïne la pensée de ceux qui veulent que Moïse ait étendu ses mains en forme de croix, & que ce soit par cette figure
qu'il ait vaincu. Il n'étoit pas juste qu'un peuple que Dieu avoit delivré de tant de perils
vêcut sans lui rendre quelque hommage : La
Loi naturelle étoit presque effacée, & la pureté du culte qu'on doit rendre à la Divinité
s'étoit aneantie par le commerce des Egyptiens souverainement idolatres ; il faloit rétablir l'une & l'autre de ces choses ; Dieu
l'entreprit & choisit la montagne de Sinaï
pour y donner sa Loi. C'estoit la même
montagne où les Amalecites avoient été batus ; mais elle se partageoit en deux cimes
dont l'une étoit Oreb, où la bataille s'étoit
donnée, & l'autre s'appelloit le Sinaï, sur la-
qu'elle Dieu plaça son trône. Le peuple fut
obli-

obligé de se sanctifier, afin de soûtenir plus aisément la présence de son Dieu. Chacun lava ses vêtemens, la pureté du cœur étoit indiquée par là, comme une chose nécessaire. Le Juif, qui avoit veu, chez les Egyptiens, que le Prêtre se separoit de sa femme, & qu'on n'y recevoit point, dans les Temples, à la celebration des sacrifices, ceux qui refusoient de se purifier par une semblable abstinence, se soumit à cette coûtume. On inspiroit plus d'horreur pour le commerce illicite, en défendant celui qui étoit légitime & permis. Cette ceremonie ne regardoit que les Sacrificateurs chez les Egyptiens, & Dieu n'en avoit point encore choisi chez les Juifs; mais on présume, que les aînez de famille faisoient cette charge, & la remplirent jusqu'à-ce que la Tribu de Levi eût été distinguée des autres pour le faire. On empêcha le peuple d'aprocher trop près de Dieu, qui est un feu consumant. On dressa des barrieres autour de la montagne, pour mettre un obstacle à la témerité des hommes, qui veulent voir de trop près. A peine le troisiéme jour commençoit à paroître, qu'on entendit, sur le haut de la montagne, un bruit épouvantable de foudres & de tonnerres; une nuée épaisse la couvroit, du sein de cette nuée sortoient des éclairs qui brilloient de toutes parts, & formoient une espèce d'incendie au milieu de l'air. Le bruit des trompettes retentissoit, la terre trembloit sous les pieds des Israëlites, qui éfrayez par un spectacle si redoutable, n'osoient sortir de leurs

ten-

tentes. Moïse monta seul sur la montagne;
mais il en descendit aussi-tôt, pour donner
de nouveaux avis au peuple, de peur qu'en
passant les bornes, qui avoient été posées, il
ne s'exposât à la colere de Dieu. Il ne vouloit point que cette fête fut troublée, ni par
le peché, ni par la punition exemplaire de
son Peuple. Moïse reçut de Dieu cette Loi
sainte, qui doit être jusqu'à la fin des siécles,
la regle du culte & des mœurs des hommes.
Les ceremonies de l'Œconomie legale, devoient s'anéantir par la venuë de Jesus-
Christ, qui les accomplissoit. On a trouvé
beaucoup de rapports entre la publication
de l'Evangile & celle de la Loi. Mais elle
est fort diférente. Comment comparer Sinaï avec la chambre haute où les Apôtres
étoient assemblez, & ce vent doux, qui
soufla sur eux, avec le bruit des tonnerres &
des foudres, ou bien les discours des Apôtres, avec les trompettes qui retentissoient.
L'Œconomie de l'Evangile est beaucoup
plus douce que celle de la Loi ; mais la peine de ceux qui le violent, n'en est que plus
terrible. Cette Loi fut donnée cinquante
jours après la sortie d'Egypte, quatre cent
trente ans après la promesse faite à Abraham, l'an 2448. après la création du Monde.
L'appareil en étoit si terrible, que le Peuple,
ne pouvant plus soûtenir la Majesté d'un
Dieu present, s'écria, *que l'Eternel ne parle
plus à nous*, & demanda que Moïse fût chargé de ses ordres. Dieu pour s'accomoder à la
foiblesse de ce Peuple, les lui confia ; c'est

pour-

pourquoi on lui a donné le titre de Médiateur, & il est devenu par là le Type de Jésus-
Christ, Médiateur de la nouvelle Alliance.
Il seroit à souhaiter pour la plûpart des hommes, que Dieu parlât souvent à eux; le bruit
des tonnerres produiroit, peut-être, ce que la
sainteté des loix ne peut faire. Le cœur seroit
émû par les marques de sa presence, la crainte que causeroit certe émotion seroit salutaire, car la crainte est le commencement de la
sagesse. Au fonds, si la montagne fumante
n'est plus sous nos yeux, si vous n'êtes pas
venus au feu brûlant, au tourbillon, à l'obscurité, à la tempête, ni à ce bruit épouvantable qui obligeoit ceux qui l'entendoient à
dire que la parole ne leur fût plus adressée;
nous sommes venus à la Montagne de Sion,
à la Cité du Dieu vivant, à la Jerusalem
celeste, à l'assemblée des premiers-nez, dont
les Noms sont écrits aux Cieux, à Dieu qui
est le Juge de tous, à Jesus le Médiateur de la
nouvelle Alliance, & au sang de l'aspersion
qui crie meilleures choses que celui d'Abel.
Prenez donc garde que vous ne le méprisiez.

Moïse reçoit les Tables de la Loi.

EXODE XIX. ♯. 17.

Dieu chargea Moïse des deux Tables de
pierre, qui devoient être aux Juifs un
monument perpétuël de sa volonté, & sur
lesquelles il avoit gravé, de son doigt, dix
Com-

Commandemens, qu'on devoit obſerver re-
ligieuſement. St. Auguſtin a crû que ce doigt
de Dieu étoit le St. Eſprir, qui a depuis impri-
mé l'Evangile dans le cœur des Chrétiens ;
on veut auſſi, que la pierre ſur laquelle la Loi
étoit gravée, ſoit une image de l'ame, naturellement inſenſible & dure, qui a beſoin d'une
opération immediate & très-forte de la puiſſance de Dieu pour recevoir ſes loix , mais
ces penſées ſont trop ſubtiles. Pendant que
Dieu travailloit au ſalut des Juifs, ils cou-
roient à leur damnation & à leur perte: Comme ils ne voyoient plus , ni Moïſe, qui étoit
depuis pluſieurs jours ſur la montagne dans
un commerce avec Dieu, ni la nuée, qui avoit
été juſques-là leur guide, & le ſymbole de la
preſence de la Divinité , ils crurent qu'il
étoit permis de ſe faire un Chef nouveau, &
une Religion nouvelle ; ils ſolliciterent Aaron d'entrer dans leurs projets , il crût éluder cette penſée en leur demandant leur or
& leurs ornemens les plus précieux ; il connoiſſoit l'avarice du Peuple, & l'attachement
exceſſif des femmes pour leurs bijoux : Il
croioit qu'un refus le délivreroit de leur im-
portunité : Mais l'amour de l'idolatrie l'emporta ſur l'amour de l'or & du luxe. On
ſacrifia tout au plaiſir d'avoir des Dieux qui
marchaſſent devant eux. C'eſt un caprice
de l'homme , dont on ne peut , ni deviner
la cauſe, ni rendre de raiſon, il refuſe tous
les jours l'aumône au pauvre qui vit, & qui
en a beſoin, & il donne ſes treſors à une ſtatuë morte , & qui ne peut ſentir ce qu'on
fait

fait pour elle.   La Charité est commandée,
& Dieu prend plaisir à de tels sacrifices, au
lieu que le culte qu'on rend aux statuës est
criminel & perdu.   Aaron devoit resister à
l'impétuosité de cette multitude ;   le Chef
de la Religion , & le Ministre du Dieu vivant, devoit se souvenir de ce qu'il étoit, &
choisir plûtôt la mort que le péché ;   mais il
eut de la foiblesse , & n'ayant pû détourner
le torrent, il s'y laissa entraîner. St. Ambroise n'ose ni justifier ni condamner le procedé
d'Aaron. D'autres plus hardis, l'ont cru innocent à la faveur de ses bonnes intentions: St.
Bernard est de ces derniers. Mais dequoi sert
une resistance dans laquelle on ne persevère
pas, puisque c'est la perseverance seule qui
emporte les couronnes. L'Idolatrie qui n'é-
toit que conçuë dans l'esprit & les vœux des
Israëlites, se commit réellement, devint publique, & autorisée par le Chef de la Religion;
ce qui la rendit souverainement criminelle:
Moïse n'épargna point son frére, comme on
a fait depuis , il le chargea d'une partie du
crime , & lui fit des reproches , qui le cou-
vrirent de confusion & de honte.   L'Idole
qu'Aaron donna au Peuple pour l'objet de
son culte, étoit un Veau d'or, il l'avoit fon-
du , & en suite cizelé avec un burin , soit
qu'il voulût seulement le polir, ou bien gra-
ver sur ce Veau d'or , certaines marques, &
certains Caractères qui distinguoient le bœuf
Apis , de tous les animaux de son espèce.
Cette Idolatrie étoit empruntée des Egyptiens , qui adoroient particuliérement le
bœuf,

bœuf, soit comme l'animal le plus utile pour la culture de la terre, soit comme l'image d'Osiris; Aaron crut plaire au Peuple en lui donnant la figure d'un bœuf solemnellement adoré par les Idolatres. A la veuë de cette image de la Divinité, les Chefs de la rebellion s'écriérent, *ce sont ici les Dieux qui t'ont tiré d'Egypte*, il semble que ce soit plûtôt une raillerie ou une insulte qu'une exclamation de joie. C'etoit reprocher au Peuple son ingratitude, qui oublioit son Libérateur, & se moquer que de donner à un Veau, le nom d'un Dieu tout-puissant; mais c'est là le genie des Idolatres; contens de tenir entre leurs mains, ou d'avoir sous leurs yeux le Dieu qu'ils adorent, ils ne se mettent point en peine des absurditez inseparables de leur culte. Le Peuple Juif ne crut pas qu'un bœuf qu'on venoit de fondre, & qui avoit été formé des bijoux de leurs femmes, fût celui qui les avoit délivrez miraculeusement avant que d'être; ils regardérent ce Veau comme un symbole du Dieu souverain, qui marcheroit devant eux, ou qu'ils pourroient adorer Dieu devant son Image, c'est pourquoi ils lui donnent, sans scrupule, le titre du Dieu qui les avoit fait sortir d'Egypte. Moïse ne peut soûtenir une Idolatrie si criante; Dieu l'avoit averti du péché que commettoit le Peuple: Mais comme les objets font ordinairement plus d'impression; lorsqu'il découvrit, en decendant de la montagne, cette image d'un Veau exposée à la veuë du Peuple qui dansoit,

foit, & celebroit une fête folemnelle à fon
honneur, il ne put refifter à l'émotion de
fon zéle.   Ni la douceur de fon temperament, ni la fainteté de la Loi qu'il avoit
entre fes mains, ni l'autorité du Dieu qui
l'avoit donnée, ni la maniére dont cela s'é-
toit fait, ni le péril auquel il s'expofoit de
ne la recouvrer jamais après l'avoir perduë,
ne furent point capables de retenir fa colère; il jetta les Tables de la Loi, & les brifa.   Il y a des émotions faintes ; mais cette jaloufie ne fe doit fentir que pour Dieu,
pour fon fervice & pour fa gloire, & ne
brifer que des créatures inanimées.   Après
avoir brifé les Tables de la Loi, il brifa le
Veau d'or, il le mit en poudre, il le jetta
dans le torrent, afin que le Peuple qui n'a-
voit point d'autre eau, fut contraint d'en
boire les cendres. D'où vient cela? c'eft qu'il
n'y a rien de plus honteux & de plus inouï,
que de manger ce qu'on adore, & d'adorer
ce qu'on mange.   Les Egiptiens qui adoroient les bœufs, ne foufroient pas qu'on les
tuât, ni qu'on les mangeât : *Nous facrifierions
l'abomination des Egyptiens*, difoit Moïfe, c'eft
à-dire, nous ofririons des facrifices qui nous
rendroient abominables à la Nation, fi nous
immolions, & fi nous mangions les animaux qu'ils adorent.   On ne pouvoit donc
mieux faire fentir à ce Peuple, le crime &
la honte de fon Idolatrie, que de lui faire ava-
ler fon Dieu reduit en poudre, & qui paffoit
enfuite au retrait.   Enfin, Moïfe crût qu'il
faloit punir éxemplairement les Chefs de
                                    l'Ido-

l'Idolatrie, & de la rebellion ; Médiateur
du Peuple auprès de Dieu, il crût qu'il devoit être le Ministre de Dieu contre le Peuple, & après avoir soûtenu si souvent les interêts de la Nation, il crut qu'il falloit venger une fois la gloire de Dieu qu'on avoit si
violemment outragée. Il y a une faute dans
la Version Vulgate, qui porte que vint trois
mille hommes périrent par l'épée des Levites, il faut retrancher de ce nombre vint mille, & n'en conter que trois mille, & Aaron
fut un de ceux que Dieu épargna par sa misericorde. Dieu fit voir, par une punition
éxemplaire, sa jalousie contre les Idoles. La
Loi n'avoit point encore été écrite, ni mise
en dépôt entre les mains des Israëlites pour
la consulter. Combien de personnes éloignées
de la montagne, & qui n'avoient pû s'en
aprocher à cause des barrieres qu'on y avoit
posées, n'avoient point entendu les termes
du second Commandement, & pouvoient
encore douter de sa verité? Combien d'autres se flatoient qu'ils pouvoient se distinguer des infidèles par une interprétation fa-
vorable? Car s'il n'étoit pas permis d'adorer
les faux Dieux que les Egyptiens servoient,
du moins on croioit que ce n'étoit pas un crime de consacrer au Dieu vivant un symbole composé de ce qu'il y avoit de plus cher, &
de plus précieux dans le camp. La distinction paroissoit solide entre les idoles qui
ne sont rien, & sous le nom desquelles
les Payens adorent des Héros chimeriques,
ou des hommes vicieux, & les images

consa-

consacrées au Dieu du Ciel & de la Terre. On ne peut douter que les Israëlites, ne voulussent faire marcher, à leur tête, ce symbole au lieu de la Nuë, qui avoit disparu, puisqu'ils crioient, *il sera fête à l'Eternel, & c'est là vôtre Dieu qui vous a délivrez d'Egypte.* Le Peuple pouvoit s'excuser, puisqu'il étoit autorisé par une décision solemnelle du Souverain Sacrificateur. Cependant Dieu n'eut aucun égard à toutes ces distinctions, que l'amour de l'Idolatrie pouvoit suggerer aux Juifs, il les punit severement, afin qu'ils aprissent à connoître sa jalousie, & à adorer Dieu sans Symboles, sans Images, *en esprit & en verité.*

Moïse se couvre d'un voile. Les Artisans travaillent au Tabernacle. Les femmes offrent leur ouvrage, &c.

E X O D E XXXV. ℣. 21.

ON peint ordinairement Moïse avec des cornes; les Juifs qui ont conservé un grand respect pour lui, ne peuvent voir ces portraits sans horreur. Les Médailles qu'on produit avec des caractères Hébreux, & dans lesquelles Moïse paroît cornu, sont si sensiblement l'ouvrage des Chrêtiens, qu'on y remarque une croix, qui est le scandale du Juif: l'erreur est venuë de la Version Vulgate, dans laquelle on a substitué une corne à la lumiére, & on a transformé le visage resplen-

plendissant de Moïse dans un front cornu :
Vouloir que l'Interpréte ait marqué par là,
que la lumiére sortoit du front de Moïse,
comme les cornes sortent de la tête d'un
bœuf, c'est supposer un fait faux, exprimer
un miracle éclatant par une expression obscure & basse, & courir après une interpretation très-forcée, plûtôt que d'abandonner
un Interpréte, qui a pu facilement se tromper,
par l'ambiguité d'un terme Hebreu.
Moïse devint resplendissant, parce que Dieu
voulut lui attirer le respect & la veneration
des Peuples : cette lumiére étoit miraculeuse ; car on ne conçoit pas aisément que du
commerce avec la Divinité, il rejaillisse sur
les corps une lumiére qui se transporte, &
qui se conserve pendant quelque tems. Moïse ne s'apperçut point de l'éclat qui éblouïs-
soit les yeux des autres, parce que Dieu l'a-
voit aparemment revêtu de cette lumiére
sans l'en avertir, elle ne faisoit sur son corps
ni un poids, ni un changement qui lui fût
sensible. Le peuple, qui le vit, ne laissa
pas d'en être éblouï, & ne pouvant soutenir un si grand éclat, il demanda que Moïse, avant que de parler, se couvrit la face
d'un voile : tout est ici mysterieux ; le voile
marquoit l'ignorance future des Juifs, qui
ne pourroient déveloper la fin de sa Loi, laquelle devoit les conduire à Jesus-Christ:
ce voile étoit si épais qu'ils n'ont point connu le Messie, qui leur avoit été promis, ni
des mystères qui sembloient n'être institutez
que pour eux. Moïse qui ignoroit la gloire

dont

dont Dieu l'avoit couvert, étoit l'image de
ces ames humbles qui sentent & connoissent
à peine les dons éclatans qui les font briller
dans le Monde ; ou plûtôt il donnoit une
leçon excellente à ceux que Dieu distingue
par des talens extraordinaires de ne penser
qu'à publier les loix de Dieu, & à ne faire
aucune attention à la gloire qui rejaillit sur
eux. Cette gloire ne subsista pas toûjours.
Ce seroit multiplier un grand miracle sans
aucune autorité, que d'assurer qu'elle continua à le rendre resplendissant pendant le
cours entier de sa vie ; l'Ecriture ne l'insinuë pas, elle se retira & s'évanouït lorsque
Moïse eut donné au peuple la Loi de Dieu.
La gloire des miracles passe, & tout ce qui
descend sur la terre se sent de l'inconstance
& de la fragilité attachée à toutes les créatures depuis le peché. Un des principaux commandemens que Dieu avoit donnez à Moïse étoit de bâtir l'Arche, & le Tabernacle.
Pour cet effet il assembla le peuple, & leur
demanda ce qu'ils avoient de plus precieux.
Dans cette Œconomie charnelle & terrestre
Dieu vouloit qu'on enrichît son Tabernacle
d'ornemens, il éprouvoit par ce moyen la
devotion & la liberté d'un peuple naturellement avare, & se faisoit élever un domicile
plus digne de lui. Les femmes se distingué-
rent par leur liberalité pour le Tabernacle,
comme elles avoient fait pour le Veau d'or.
Tout ce qui est sensible en matiére de Religion fait de fortes impressions, pendant
qu'on neglige un culte pur & spirituel ; on

donne

donne avec plaisir son travail, son argent &
son sang pour des objets qu'on voit, &
qu'on touche. On croit travailler plus directement pour la Divinité en ornant ses Temples qu'en faisant des aumônes ou des priéres. On s'imagine que Dieu aime la magnificence comme les hommes. Dieu n'eut ici
que les restes du Veau d'or, cela paroît
étrange. Mais il n'est que trop ordinaire. Les
idoles de vanité que les hommes se font
emportent presque toûjours les premices du
cœur, & Dieu n'a que les efforts languissans
d'une vieillesse infirme. On avoit besoin d'un
ouvrier habile pour mettre toutes ces choses
en œuvre; ils devoient être rares dans un
peuple accoutumé à l'esclavage, & qui avoit
presque toûjours vécu dans une dure pauvre-
té. Les Arts ne se soutiennent & ne se
perfectionnent ordinairement qu'à la faveur de l'abondance & du luxe. Quelques ouvriers pouvoient savoir un certain art, & ignorer les autres; c'est
pourquoi Dieu eut besoin d'intervenir
dans le choix de celui qui devoit conduire l'ouvrage, & de lui donner les talens necessaires pour l'achever. Les dons
que Dieu communiqua à Betsaléel, c'é-
toit le nom de celui qu'il avoit choisi,
ne doivent pas être confondus avec ceux
que le St. Esprit répand dans l'ame de
ceux qu'il regenere, & qu'il conduit au
salut, il ne s'agissoit que des talens necessaires à la construction du Tabernac-
cle: Les operations du St. Esprit

D   sont

font differentes felon la nature des ouvrages aufquels Dieu deftine les hommes. Il
eft mal à propos de confondre ces dons, &
de s'imaginer que le St. Efprit ne peut éclairer l'efprit fans répandre la fainteté dans le
cœur. S'il donne quelque fois des oracles,
& opere des miracles par la bouche & la
main des méchans, il peut à plus forte raifon infpirer de beaux deffeins d'Architectu-
re, & conduire la main de l'ouvrier fans produire dans l'ame des vertus falutaires : nous
ne condamnons pas Betfaléel, il peut avoir
eu quelque grace particuliere du St. Efprit;
mais il ne s'agit ici que des talens extraordinaires que Dieu lui communiqua pour la
conftruction de fon Tabernacle. Mais s'il
eft neceffaire que Dieu communique fes dons
à ceux qui entreprennent un ouvrage materiel, fa grace eft infiniment plus neceffaire
à ceux qui veulent produire des vertus &
des actions furnaturelles,& les raporter à fa
gloire. La liberalité du peuple devint fi
grande qu'on fut obligé de l'arrêter. Moïfe
fit crier dans le Camp qu'on ceffât d'apporter
des offrandes pour le Tabernacle, puifque
celles qu'on avoit receües fuffifoient. Excellente leçon pour les Miniftres de l'Eglife
qui au lieu d'abufer de la devotion, & de
la charité des peuples pour en faire la matiere de leur vanité, devroient en fermer
les fources, plûtôt que d'en profiter pour eux-
mêmes. Au contraire on eft jaloux jufqu'à
l'excez des richeffes de l'Eglife; on arme la
Terre, on arme le Ciel, & on fait fouvent
def-

defcendre Dieu & les Saints pour défendre
des trefors periffables, ou pour en aquerir de
nouveaux. Les Miniftres profitent de ces
dons faits pour le Tabernacle ; on en fait la
matiere de fon luxe , & le fondement d'une
grandeur temporelle. Moïfe ne referva rien
pour lui de cette abondance de dons que le
peuple offroit; il ne voulut pas qu'on donnât trop à l'Eglife, la pieté peut avoir à cet
égard fes excez. La Religion a enfanté les
richeffes, & ces filles cruelles ont fouvent
devoré leur Mere. L'Eglife s'eft enrichie &
revétuë de magnificence par la converfion
des Princes Chrêtiens; mais foit que Dieu
n'ait pas beni ces liberalitez exceffives , re-
cherchées avec trop de foin, ou que le ver
foit infeparable des richeffes, elles ont fait
entrer la corruption & le vice jufques dans
la Religion & l'Eglife, au lieu de la devotion & de la vertu.

La Defcription du Tabernacle.

Exode XL. ℣. 33.

LE peuple ayant apporté fes dons, & les
ouvriers étant choifis, on commença
à travailler au Tabernacle. On lui donna
trente coudées de longueur fur dix de largeur. Les murailles furent faites de planches couvertes de peaux attachées les unes
aux autres par des anneaux, & par des bou-
cles faites avec beaucoup d'art. Le dedans

D 2
étoit

étoit revétu d'étoffes précieuses relevées d'u-
ne riche brodure. Les peaux servoient à garantir le Tabernacle des injures de l'air, & les
étoffes du dedans le rendoient magnifique.
On avoit attaché aux planches des anneaux
d'or, dans lesquels on passoit des leviers revêtus d'or pour le transporter plus aisément,
selon les mouvemens differens que le Peuple
d'Israël faisoit dans le desert. Ce Tabernacle
ne fut dressé que pour y loger l'Arche, laquelle
étoit une espéce de coffre, long de deux coudées & demi, large d'une coudée & demi, &
qui avoit la même hauteur. Au dessus étoit
une grande table d'or de méme grandeur; c'é-
toit cette table qu'on appelloit le *Propitiatoire*; on voioit sur le Propitiatoire deux Cherubins qui étendoient leurs ailes le long de
l'Arche se regardans l'un l'autre, & c'étoit de
là que Dieu rendoit ses oracles, on la trans-
portoit avec des bâtons de bois de Sittim,
qu'on prend pour du Pin, ou l'Acacia, arbre
épineux qui n'est pas rare dans l'Arabie; ces
bâtons étoient couverts de lames d'or, qu'on
faisoit entrer dans des anneaux attachez aux
quatre coins de l'Arche pour cet usage. On y
enferma les deux Tables de la Loi que Dieu
avoit données à Moïse, on y mit aussi une cru-
che de manne, & cette Verge miraculeuse
dont Moïse & Aaron s'étoient servis pour
faire de si grands prodiges. Les Juifs regardoient cette Arche avec une profonde veneration, c'étoit de là que Dieu répondoit au
Peuple, & qu'il donnoit les marques augu-
stes de sa présence; c'étoit là que le souverain

rain Sacrificateur, après avoir egorgé les victimes, alloit demander à Dieu sa benediction & la remission des pechez pour le Peuple. L'Ecriture l'appelle *la force & la gloire
d'Israël*, & les ennemis du peuple Juif firent
souvent une triste experience de sa vertu. Il
y avoit aussi dans le Tabernacle une table
longue de deux coudées, couverte de pur
or. On y plaçoit en deux piles sur deux
bassins d'or les douze pains de proposition
qu'on changeoit toutes les semaines, & qu'il
n'étoit permis qu'aux Sacrificateurs de
manger, David seul viola cette Loi , & n'a
point été condamné par J. Christ pour l'a-
voir fait, parce qu'il est plus necessaire de
conserver la vie des hommes que d'observer
scrupuleusement les ceremonies & les rites
exterieurs de la Religion. Les Juifs se sont
imaginez qu'il n'étoit pas permis aux Laïques de labourer la terre, de semer le bled,
de moudre la farine, ni de cuire ces pains de
proposition ; mais c'est un effet de leurs pre-
jugez. Les Payens consacroient quelquefois
des pains à leurs Dieux , & les Béotiens
avoient dans un de leurs Temples deux statuës dediées au grand pain, pour marquer que
la Divinité seule fournit les alimens aux
hommes : Moïse avoit la même veuë en in-
stituant l'usage des pains de proposition.
Les Egyptiens d'Alexandrie presentoient à
Saturne un pain cuit sous la cendre, ou sur
les charbons; mais ce rite avoit plus de raport
au pain sans levain que les Israëlites avoient
mangé en sortant d'Egipte, qu'aux pains

D 3

de

de proposition dont nous parlons. Il y avoit
sur cette même table deux vases d'or pleins
d'encens & de parfums qui fumoient conti-
nuellement ; on les mettoit au dessus des
pains de proposition , pour marquer la reconnoissance du peuple envers Dieu , de ce
qu'il lui avoit donné des alimens. On y
voyoit aussi des plats & des phioles ; mais
comme on a de la peine à en développer l'u-
sage , quelques Interprétes versez dans ces
matieres ont cru que c'étoit des coupes . . .
ou plutôt les salieres destinées à contenir le
sel necessaire aux sacrifices. Il est constant
qu'on saloit les victimes ; cependant l'Ecriture ne marqueroit ni les salieres, ni l'endroit
où on les posoit , si elle n'en parloit au vingt
cinquiéme de l'Exode où Dieu commande
de preparer des plats, mais cela n'est pas important. Le Chandelier d'or faisoit un autre
ornement du Tabernacle. Six branches
chargées de petites pommes, & de fleurs de
lis d'or, sortoient d'une même tige; au dessus
de ces branches étoient sept lampes d'or ; le
peuple fournissoit l'huile d'olive la plus pure
pour ces lampes, & le souverain Sacrificateur les allumoit tous les soirs, afin qu'elles
brulassent dans le Tabernacle pendant toute
la nuit, & qu'on y vît une lumiere perpetuelle. Un peu plus bas on voyoit la cuve
où se lavoient les Sacrificateurs, qui étoit si
grande que les Ecrivains sacrez n'ont point
fait difficulté de l'appeller une *Mer d'airain*.
Enfin il y avoit deux autels , l'un des parfums, & l'autre des holocaustes ; on voit

le

le premier auprès du voile que Dieu avoit fait tirer devant l'Arche entre le chandelier & la table où étoient les pains de proposition, l'autre destiné à consumer la graisse des victimes étoit à l'air, dans le parvis composé de bois de Sittim, revêtu de tous côtez de lames de cuivre ; & afin qu'il pût être transporté plus facilement on l'avoit fait creux. Sur le premier de ces Autels s'offroit l'encens & le parfum ; sur le second étoient posées les victimes qu'on offroit à Dieu pour le péché. Tout cet appareil de la Loi étoit mystique : ce Tabernacle portatif, qui marchoit avec l'armée d'Israël, & qui se démontoit quelquefois, représentoit la condition de l'Eglise sur la terre, qui ne peut jamais y être dans un état fixe ; & de plus on insinuoit par là que les ceremonies de la Loi, qui se raportoient à J. Christ, ne dureroient par toûjours. L'Arche avec son Propitiatoire étoit un type excellent de celui qui a fait la propitiation de nos pechez. On assure même que les Juifs crioient, lorsqu'ils transportoient l'Arche d'un lieu dans un autre, *La parole marche,* & on sait assez que St. Jean a appliqué ce terme à J. Christ, *Au commencement étoit la Parole, & cette Parole étoit Dieu.* On ne peut deviner la figure des Cherubins ; les uns les font ressembler aux Veaux, les autres veulent qu'ils ayent eu la face d'un homme, les ailes de l'aigle, le dos d'un lion, les jambes & les pieds du Veau. Cela ne peut être fondé que sur des conjectures également incertaines. Cependant les Péres ont voulu que les

D 4   Che-

Cherubins repréſentaſſent ces Chrétiens zé-
lez, qui font toute leur occupation de medi-
ter ſur les myſteres de l'Evangile, & qui par
une promte obéïſſance, ſont prêts à voler par
tout où les ordres de Dieu les apellent. Les
douze pains de propoſition qui repoſoient
ſur la table, ſelon le nombre des Tribus d'Iſraël, formoient une leçon ſenſible à chacune
de ces tribus, que c'étoit de Dieu qu'elles rece-
voient la nourriture, & qu'elles lui en devoient rendre de continuëls hommages; mais
ils figuroient auſſi J. Chriſt le pain du Ciel,
& le pain de vie duquel quiconque aura mangé ne
mourra point, mais aura la vie éternelle; il
vivifie ſpirituellement toute l'Egliſe comme
il nourriſſoit les douze Tribus.   Le Chandelier apprenoit aux Paſteurs, qui ſont la lumiere du Monde, *de faire luire* perpetuel-
lement *la lumiere de leurs bonnes œuvres, afin*
que les hommes la voyant glorifient nôtre Pere
qui eſt aux Cieux.   Les lavemens frequens
des Sacrificateurs, marquoient la neceſſité de
la ſanctification, la foibleſſe de l'homme lors
même que Dieu en a fait ſon Sacrificateur;
& ſes rechutes perpetuelles dans le peché de-
mandent qu'on renouvelle tous les jours ſa
penitence, ſans laquelle nul ne verra Dieu.
Enfin l'Autel & les ſacrifices n'étoient inſti-
tuez que pour faire ſentir l'imperfection du
ſang des boucs & des taureaux, la neceſſité d'une victime plus parfaite, & conduire
les peuples à Jeſus-Chriſt, qui ſeul a fait ceſſer la condamnation, & purifié l'homme de
tout peché.

On offre des Sacrifices : *Nadab & Abihu sont consumez.*

LEVITIQUE. X.

LOrs que l'Autel fut dreſſé on commença à y offrir des ſacrifices : C'eſt aſſés le caractere de ceux qui manient les myſtères de la Religion de ſe croire plus ſaints que les autres; accoûtumés à faire le ſervice divin, & à ſacrifier pour le Peuple, ils penſent rarement aux crimes qu'ils ont commis, & à l'expiation qui s'en doit faire. Afin de prevenir un prejugé ſi ordinaire, Dieu voulut qu'Aaron le ſouverain Sacrificateur, & le premier Miniſtre de la Religion Judaïque, offrît pour ſes enfans & pour lui-même, avant que de le faire pour le peuple. On ſuivit aiſément ſon exemple, on amena les victimes au pied de l'Autel ; on recueillit avec ſoin le ſang de ces Victimes égorgées, parce que cela étoit neceſſaire pour marquer plus vivement l'expiation du peché. Dieu fit voir, par un châtiment exemplaire, que le ſervice volontaire des hommes lui eſt odieux : un feu continuel devoit brûler ſur l'Autel : c'étoit de ce feu qu'on devoit allumer les encenſoirs. Nadab & Abihu enfans d'Aaron ne pouvoient ignorer, ni la volonté, ni la loi de Dieu; mais s'imaginant qu'il dépendoit d'eux comme Sacrificateurs de regler le ſervice divin,

D 5   ils

ils negligérent ce feu sacré pour en prendre d'étranger; le crime paroiſſoit leger, mais Dieu veut une obeïſſance aveugle dans les plus petites choſes : afin d'empêcher que les Sacrificateurs entêtez de l'excellence de leur charge, ne fiſſent des innovations plus dangereuſes, & ne ſubſtituaſſent les effets de leur imagination aux Loix Divines, il fit ſortir de l'Autel un feu qui leur ôta la vie. Il eſt apparent qu'une flamme qui s'éleva en haut les étoufa promptement, puiſque leurs robes de lin n'en furent point conſumées : Le feu deſtiné à conſumer les holocauſtes, & à marquer la reconciliation de Dieu, devint l'inſtrument de ſa vengeance; c'eſt ainſi que la grace & l'Evangile qui ſont odeur de vie à ceux qui croient, deviennent odeur de mort à ceux qui en abuſent : le crime n'étoit qu'à demi commis lorſque Dieu le punit. Ne vous flatez point, pécheurs, Dieu n'attend pas toûjours que le peché ſoit conſommé, & la volonté ſeule ſuffit pour vous expoſer à ſes châtimens. La douleur d'Aaron dut être extrême en voiant perir ſes deux fils aînés par un coup de la colère de Dieu, qu'ils avoient attirée; cependant il falut la renfermer, & laiſſer au peuple ſeul la liberté de pleurer. Moïſe qui devoit épargner ſes neveux, entra dans les interêts de Dieu, & ſans écouter les mouvemens du ſang, il fit enlever ces corps morts hors du Tabernacle qu'ils avoient ſoüillé, & les jetter avec ignominie hors du camp; il devoit au moins leur ôter leurs ha-bits ſacerdotaux; mais au contraire il voulut

lut qu'on leur laiſſat leurs tuniques de lin, afin que tout le peuple pût les reconnoître, & voir la ſevérité des jugemens de Dieu. Il apprit par là qu'on ne doit pas cacher les défauts des Sacrificateurs, qu'on peut les expoſer aux yeux du peuple en les condamnant ; & bien loin que la Religion reçoive quelque atteinte, elle en devient plus majeſtueuſe, & plus redoutable lorſqu'on punit ſes Miniſtres. Ce n'eſt que la chair & le ſang qui inſpirent une conduite oppoſée. Le nombre & la diverſité des ſacrifices étoit grande ; Dieu les avoit ſpecifiez afin qu'il n'y eût ni erreur ni abus dans ſon culte ; ils étoient ordinairement proportionnez à la nature des pechez qu'on avoit commis : Mais un de ces ſacrifices les plus ſolemnels étoit celui qui ſe faiſoit le jour des propitiations. Dans ce jour le ſouverain Sacrificateur choiſiſſoit deux boucs ſur leſquels il jettoit le ſort, l'un pour l'Eternel, & l'autre pour Hazaël. Quelques Anciens ont cru qu'Hazaël étoit un des Anges tombez. Origene, dit nettement qu'on envoyoit ce bouc au Démon, & les Valentiniens regardoient Hazaël comme un principe puiſſant à faire les operations Magiques. Ce qui a donné lieu à cette difference de ſentimiens, eſt la barbarie du terme que Moïſe a emprunté des Arabes. Les Interprétes, qui ignoroient cette Langue, n'ont pas pris garde que le Diable n'eſt jamais apellé Hazaël par les Ecrivains ſacrés, & qu'il valoit mieux avouër ſon ignorance que d'avancer une conjecture deſtituée de toute preuve. L'autorité des

D 6   Va-

Valentiniens, qui abuſoient de ce paſſage
mal interpreté pour introduire dans le
Chriſtianiſme un Maître de Magie & d'enchantemens, ne ſuffit pas. Il n'eſt point
ſurprenant que Moïſe, qui avoit fait un long
ſéjour en Arabie, ait tiré quelques mots de
cette Langue ; on en voit divers exemples
dans ſes ouvrages : l'interpretation qu'on
peut donner au nom d'Hazaël chez les Arabes, eſt fort naturelle, puiſque Dieu veut que
de deux boucs on lui en immole un , &
que l'autre ſoit Hazaël , c'eſt à dire *envoyé*
ou *precipité*. Les deux boucs étoient offerts à
Dieu, mais l'un devoit être immolé ſur l'Autel, & l'autre envoyé dans le deſert avec diverſes ceremonies. Le ſouverain Sacrificateur mettoit ſa main ſur la tête du bouc Hazaël, afin de marquer par là qu'il le conſacroit
à Dieu, il déchargeoit ſur lui les pechez du
peuple, en demandant que toutes les peines
& les maledictions que la Nation avoit me-
ritées, tombaſſent ſur cet animal. Ce bouc
chargé des pechez & des malheurs de la Nation étoit remis entre les mains d'un homme
qui devoit le conduire au deſert. On dit
que les perſonnes conſiderables ſortoient de
Jeruſalem pour le ſuivre l'eſpace de mille pas
n'oſant pas aller plus loin à cauſe du Sabath:
Là ſe trouvoit une autre Compagnie qui re-
levoit la premiére , & qui marchoit auſſi
mille pas avec le bouc , & ſon conducteur,
juſqu'à ce qu'il fut arrivé ſur une montagne,
ou dans le deſert. L'Ecriture ne dit point
s'il y periſſoit par quelque accident ; les Juifs
ſup-

suppléent à son silence, & prétendent que le conducteur le précipitoit du haut d'un rocher ; quelques uns font intervenir un vent miraculeux qui épargnoit la peine de pousser ce bouc du haut en bas. On ajoûte qu'un filet de laine d'écarlate attaché à la porte du parvis blanchissoit insensiblement, lorsque Dieu acceptoit la consecration de ce bouc, pour marquer qu'il pardonnoit les pechez du peuple, & que c'est à cela qu'Esaïe fait allusion, lorsqu'il fait dire à Dieu, *quand vos pechez seroient rouges comme l'écarlate, je les blanchirai comme la neige.* Les Chrêtiens ont adopté cette tradition, parce qu'ils y trouvent quelque avantage, dans l'aveu que font les Juifs que ce miracle cessa quarante ans avant la ruïne du Temple, c'est à dire, au tems de la mort de J. Chrift, qui avoit aboli les ceremonies : Mais Moïse qui fait un détail si circonstancié de toutes les ceremonies qu'il a instituées, passeroit-il sous silence un miracle si éclatant ? Aucun des Ecrivains sacrés n'en auroit-il jamais parlé ? Esaïe se sert d'une expression generale, qui marque l'étenduë de la misericorde de Dieu, & qui n'a aucun raport particulier au filet rouge attaché à la corne du bouc Hazaël, ou à la porte du parvis. Je ne sai même si le bouc Hazaël doit être regardé comme l'image de J. Chrift. Il est plus apparent que le bouc consacré à Dieu, & immolé sur ses autels, étoit celui qui faisoit la propitiation du peché, & qui representoit J. Chrift mourant pour nôtre justification, & que le bouc Hazaël emportoit

seu-

seulement les maledictions du peché , c'est
ainsi que les Egyptiens, & divers autres peuples demandoient à la Divinité, qu'elle detournât sur la tête des victimes, les châtimens dont ils étoient menacez.

---

*Espions envoyez dans la Canaan. Ils rapor-
tent des fruits.*

NOMBRES XIII. ℣. 18.

MOïse trouva de la resistance dans sa propre maison , & la division entra jusques dans le Sanctuaire. Aaron qui étoit naturellement foible, & Marie sa sœur se sou-
leverent contre leur frere , afin de devenir
les Chefs du peuple , & se crurent autorisez
de Dieu pour cela. *L'Eternel* , disoient-ils,
*n'a-t'il parlé que par Moïse seul, & n'a-t'il pas
aussi parlé par nous?* Ils prirent pour pretexte
de leur revolte le mariage qu'il avoit con-
tracté avec une femme du païs de Chus. On
a crû que c'étoit Séphora , parce que Jethro
l'avoit ramenée à son mari peu de tems auparavant, que l'Historien sacré ne dit point
qu'elle fût morte, qu'il n'est pas apparent
que Moïse âgé de quatre-vingts ans eût
épousé deux femmes : Enfin on ne connoît
que deux enfans de Moïse, Gershom & Elie-
zer qui étoient l'un & l'autre enfans de Séphora : si cela étoit, Marie auroit long-tems
nourri & caché sa jalousie contre cette femme, avant que de la faire éclater ; car Moïse
avoit

avoit époufé Séphora avant que de quitter l'Egypte ; elle pouvoit être morte fans que l'Ecriture , qui paffe fous filence un grand nombre d'évenemens, en ait parlé ; & il femble par le recit de Moïfe que ce foit un fecond mariage qui ait caufé quelque fcandale, ou du moins fervi de pretexte à l'émotion de fa famille. L'Ethiopie étoit trop éloignée du defert pour y aller chercher une femme, il prit donc cette nouvelle femme dans quelque endroit de l'Arabie, & peut être dans le païs de Madian, fitué fur les bords de la Mer rouge. Le païs de Chus, l'un des defcendans de Cham, qu'on confond fouvent avec l'Ethiopie, étoit l'Arabie pierreufe, que les Sarazins ont habitée depuis. L'Ecriture dit que Sennacherib affiégeant Libna, le Roi de Chus vint la fecourir, & ce ne pouvoit être qu'un Roi des Arabes, puifqu'il auroit fallu que celui des Ethiopiens eut traverfé & conquis l'Egypte avant que de pouvoir faire cette marche ; & Zera qui vint livrer bataille au Roi de Judée avec un million d'hommes & trois cent chariots, étoit un autre Roi d'Arabie, qu'on a travefti mal à propos en Ethiopien. Cette feconde femme de Moïfe étoit donc Arabe , étrangére de l'alliance & du peuple d'Ifraël , & ce fut peut-être une jaloufie de Nation , auffi bien que de famille, qui caufa l'émotion. Dieu ne put foufrir un foulevement mêlé d'injuftice & d'ingratitude ; les coupables furent citez devant fon tribunal. Marie qui étoit la plus criminelle devint lepreufe, & cette femme ambitieuse, qui avoit voulu dominer sur tout Israël, fut chassée du camp avec la derniére ignominie. Aaron, qui avoit eu part à son crime, s'allarma à la veuë du châtiment, il fut contraint de s'humilier aux pieds de ce même frére, qu'il avoit voulu dépouiller de son autorité ; je te prie, disoit-il, dans sa douleur, *Ne mets point sur nous ce peché*; c'est à dire, ne nous fais point porter la peine du péché que nous avons commis folement; Moïse naturellement doux, & fléchi par les priéres d'Aron, fut obligé de demander à Dieu grace pour les rebelles, il l'obtint. Marie fut guérie au bout de sept jours; le peuple attendit ce terme pour changer de camp, & l'extravagance d'une fille retarda la marche de toute l'armée pendant une semaine entiére. Cependant on envoia des Espions dans la terre de Canaan, afin d'en connoître la nature, & de reveiller, par les idées de sa fertilité & de son abondance, les désirs du peuple, qui commençoit à se fatiguer d'un si long voyage. Le païs dans lequel ils entrérent, leur parut d'une fertilité surprenante, les fruits y étoient délicieux, ils en raportérent quelques-uns, & entr'autres une branche de sarment avec une grape de raisin. Elle étoit d'une si prodigieuse grosseur que deux hommes furent obligez d'y mettre la main, & de la porter avec un bâton. Les Péres ont dit que cette grape représentoit J. Christ, & que les deux hommes qui la portoient, étoient l'image des fidèles qui ont vêcu sous la Loi & sous l'Evangile. Celui qui marchoit devant,

vant, & qui vivoit sous la Loi, ne voioit J. Christ qu'avec peine, & en se détournant. En éfet, les Péres de l'Ancien Testament n'ont eu qu'une connoissance implicite & obscure du Messie ; mais ceux qui ont le bonheur de vivre sous l'Evangile le voient, & le connoissent beaucoup plus parfaitement, *Nous l'avons ouï, & nous avons contemplé sa gloire, comme de l'Unique issu du Pére.* L'idée d'une felicité que Dieu préparoit au Peuple, ne les toucha point, à cause des dificultez qui étoient attachées à la conquête de la Canaan. Ces Espions, qui vantoient la beauté des fruits de la Terre promise, étalérent malignement aux yeux du Peuple toutes les dificultez qu'ils pouvoient trouver dans cette conquête ; ils lui parlérent des Peuples guerriers qui habitoient la Judée, & des Geans dont la seule veuë jettoit la terreur & l'éfroi dans l'ame de ceux qui les regardoient. Le Peuple fut ému d'un recit si éfraiant, il préfera un esclavage honteux à une liberté aquise par la gloire des armes, & aimant mieux un nouveau Pharao, que Dieu pour Roi, ils resolurent de s'aller remettre sous son obéïssance. Déja les mesures étoient prises pour le retour, le Chef qui devoit les conduire étoit élû. Aaron & Moïse qui avoient apaisé tant d'émotions précedentes, n'avoient plus assez d'autorité pour calmer celle-ci : Mais Dieu, qui ne se laisse jamais sans témoignage, avoit soutenu la foi de Caleb & de Josué. Ces deux hommes pleins de confiance aux promesses de Dieu, entreprirent de faire rentrer les mutins

rins dans l'obéïssance, mais il est inutile de
parler à une multitude irritée : les sages conseils prevalent rarement dans l'ame des seditieux, & les remontrances ne servent la
plûpart du tems qu'à redoubler leur fureur.
Israël animé par ses Chefs incredules, poussa
la rebellion jusqu'au dernier excez, & peu
s'en falut que Caleb & Josué ne perdissent la
vie. Les pierres volérent, & ces deux serviteurs de Dieu étoient sur le point de consommer leur vie par le Martyre, lorsque la gloire de Dieu parut, & sa voix se fit entendre.
Dieu ne craignit que la priere de Moïse, &
afin de lui fermer la bouche pour un peuple
tant de fois ingrat, il lui promit une posterité nombreuse, de laquelle il sortiroit une
Nation florissante, qui substituée à celle d'Israël, la surpasseroit en force & joüiroit de la
Terre promise. Mais Moïse insensible aux
interêts de la chair & du sang, engagea Dieu
par un motif de gloire à pardonner aux rebelles, en lui représentant que les Idolatres l'ac-
cuseroient d'impuissance, s'il laissoit perir le
peuple. En effet Dieu pardonna & punit en
même tems, il laissa perir les Peres dans
le desert, & donna la Canaan à leurs Enfans. Caleb & Josué fideles à Dieu furent
seuls de la generation sortie d'Egypte qui
entrerent dans la Terre promise, & leur fidelité si glorieusement recompensée nous
aprend qu'on doit resister à la multitude, lors
même qu'elle est grande, furieuse, & qu'il
faut se separer d'elle pour demeurer attaché
à son Dieu.

Le

Le Miracle des Cailles.

NOMBRES II. ℣. 31.

LE peuple d'Israël ne se contenta pas de manger le Pain qui pleuvoit des Cieux, il murmura, & demanda de la Viande. Dieu accoûtumé à leurs murmures leur envoya des oiseaux. Les Juifs ont crû que c'étoit des Faisans, & quelques Interprétes modernes ont voulu que ce fussent des Sauterelles. Il y en a une multitude effroiable du côté de la Mer rouge. Lorsqu'elles s'assemblent, & qu'elles tombent sur les paturages elles devorent tout, & causent une si grande famine, que les habitans sont obligez de fuïr, & de se retirer ailleurs. On se dedommage en tuant ces insectes, & en les salant pour les manger : les Ethiopiens sur tout en font un grand usage, & S. Jean Baptiste s'en nourrissoit dans les deserts de la Judée. En supposant cette explication, que l'obscurité du terme original semble authoriser, on rend le miracle beaucoup plus facile, & plus aisé à croire; car Dieu n'avoit qu'à faire soufler un vent extraordinaire qui poussât du côté du desert cette multitude prodigieuse de sauterelles, qui se trouve ordinairement auprès de la mer rouge; & on concevra sans peine qu'elles étoient au tour du camp à la hauteur de deux coudées, l'espace d'un jour de chemin, & que chacun en recueillit dix

omers,

omers, c'est-à-dire, trois ou quatre mille de
ces sauterelles, au lieu que toutes les cailles
du Monde n'auroient pû suffire pour cela. Il
est étonnant que l'homme se donne tant de
peine pour diminuër le travail de Dieu dans
la production de ses miracles. Dès le moment qu'il s'agit d'un évenement qui est au
dessus des loix de la Nature, il importe peu
de trouver des facilitez dans son opération.
Lors qu'on reconnoit une puissance sans bornes, qui dirige & qui produit cet évenement,
le plus ou le moins de dificulté qu'on y remarque, n'est pas considérable. David qui
écrivoit avant la captivité de Babylone,
avant que la signification des termes Hébreux
fût alterée ou perduë, assure que Dieu envoia au Peuple d'Israël, *de la Viande & des
Oiseaux*. On ne peut donner ces noms aux
sauterelles. Josephe & Philon Juif, deux Interprétes qu'on doit préferer aux Rabbins, se
sont expliquez plus nettement, en disant, que
ces oiseaux étoient des cailles. Il est vrai que
leur nombre paroîtroit infini, suivant la
description que Moïse nous a laissée ; mais
il ne faut pas s'imaginer que ce fut chaque
particulier qui recueillit dix omers de cailles. L'Ecrivain sacré n'indique que les Chefs
de famille, qui en assembloient pour leur maison, & qui en faisoient chacun dix mon-
ceaux. Il ne faut pas même s'imaginer que
la terre en fût couverte par tout à la hauteur
de deux coudées : Il y avoit sans doute des
endroits vuides, & des lieux par lesquels
on pouvoit passer pour les aller recueillir.

Enfin

Enfin, le miracle n'a rien d'incroiable, puisque les cailles sont si abondantes en Egipte,
qu'on en est incommodé, aussi bien que des
sauterelles : le Peuple s'en nourrit, il les sale & en mange si souvent qu'il s'en dégoûte.
Le vent qui soufla par l'ordre de Dieu, chassa
cette multitude d'oiseaux de l'Egipte dans le
desert, où campoit le Peuple d'Israël. On
ne peut lire l'Histoire Judaïque, sans être
surpris du nombre de miracles que Dieu faisoit pour son Peuple ; on est en même tems
éfrayé du nombre de leurs péchez, & de leurs
revoltes. Ils avoient ofensé Dieu, rejetté
ses Ministres, formé le dessein de retourner
en Egipte, jetté des pierres contre ceux qui
vouloient les mener vers la terre de Canaan. Ils ne vouloient point s'exposer aux
périls de la guerre, ni conquerir une Terre
délicieuse à la pointe de l'épée : Cependant,
ce même Peuple, ennemi des combats, trouve à peine les Amalekites, & les Cananéens
sur sa route, qu'il va leur presenter la bataille, Moïse eut beau les assurer que leur
défaite étoit certaine, parce que la protection de Dieu leur manquoit : ses avis furent inutiles. Ce malheureux Peuple re-
fusoit de combattre lorsque Dieu le vouloit, & couroit aux armes, lorsque Dieu
le défendoit. Moïse ne se laissa point entraîner à la multitude, il demeura dans le Camp
auprès de l'Arche de Dieu, & laissa les Israëlites porter la peine de leur temerité. En
éfet, ils revinrent au Camp, fuyans à vaude-
route. Un Israëlite, qui avoit vû commettre
impu-

impunément divers crimes, crût qu'il pouvoit violer le commandement du Sabat; au
lieu de consacrer ce jour entier aux exercices
de la dévotion, il en emploia une partie à
chercher du bois dans le désert, & à l'amaf-
fer. Les pécheurs pardonnent rarement à
ceux qui les imitent; sevères censeurs d'autrui, ils n'ont d'indulgence que pour eux
mêmes, & croiant expier leurs propres pechez par la punition des fautes de leurs prochains, ils y aportent toute leur vigilance.
Cet homme qui se croioit seul, n'échapa pas
aux yeux du Peuple : on le dénonça à Moïse, qui trouvant le cas nouveau, en remit
le jugement à Dieu. Ce jugement fut sevère ; car l'Israëlite fut lapidé, suplice fort ordinaire en ce tems là, non seulement chez
les Juifs, mais chez les Egiptiens ; & chez
la plûpart des Orientaux, qui éxécutoient
eux-mêmes les arrêts de mort, sans le ministère du bourreau. Soit que la faute de cet
Israëlite parut énorme aux yeux de Dieu,
parce qu'elle étoit commise avec une pleine
connoissance de la Loi, & que la tentation
de la violer étoit legère, soit qu'il voulut
afermir l'observation du jour du repos par
un chatiment éxemplaire, soit plûtôt qu'il
eût peché à main levée, en méprisant la Loi
divine, & la rejettant comme une institution
purement humaine, on fit mourir cet homme, dont la faute paroissoit d'ailleurs assez
legére. Ce ne fut pas le seul particulier qui pecha, & qui fut puni. Coré cousin germain
de Moïse, fut chagrin de ce qu'on avoit préferé

feré Elizaphan, pour être Chef de la famille de Kehat, quoi qu'il fut forti du cadet, &
que Coré defcendit de l'aîné de la maifon, il
feduifit aifément un Chef des Rubenites, qui
campoient proche de lui, *au midi du Tabernacle*, & qui s'imaginoit qu'on ne pouvoit lui
ôter le commandement de la Nation, fans
deshonorer toute fa famille, puis qu'il def-
cendoit de Ruben, l'aîné des enfans de Jacob. Moïfe étoit le plus doux de tous les
hommes, il avoit une longue expérience
dans le gouvernement, il leur avoit procu-
ré une glorieufe liberté; on plait toujours
au Peuple quand on déclame contre les Chefs,
& qu'on publie leurs défauts; il fe flate qu'il
mérite d'être mieux conduit, il s'anime &
veut avoir plus de part à l'autorité; c'eft
pourquoi il préfera deux cent cinquante Tyrans Rubenites à un feul Chef. Dathan &
Abiram, fiers & entêtez, chargérent Moïfe
de divers crimes; ils l'acuférent d'abufer de
la crédulité du peuple, qu'il traînoit dans
les déferts. Ils lui reprochérent de les avoir
trompez en leur promettant des champs fertiles, & des terres fécondes qu'il ne leur
avoit pas donnez, ils le foupçonnérent de
cruauté en faifant mourir inhumainement
dans le défert un Peuple qui auroit pû vivre
délicieufement en Egypte. Moïfe prit Dieu
à témoin de fon innocence, il montra l'inu-
tilité de l'empire & de l'autorité qu'on l'acu-
foit d'avoir ufurpée, puifqu'il n'exigeoit aucune efpèce de tribut du Peuple, & ne leur
avoit pas demandé jufques *là un feul âne*, &
que

que s'il leur donnoit des loix, elles venoient immediatement de Dieu. Le suplice fut proportionné au crime, la terre s'ouvrit, Coré & ses domestiques furent engloutis, ses enfans n'eurent point de part au châtiment de leur Pére, parce qu'ils n'en avoient point eu à son crime. Dathan & Abiram eurent le même sort que Coré, & descendirent dans les Enfers, ou dans le sein de la terre, qui leur servit de sepulcre. Les deux cent cinquante chefs des Tribus, qui étoient entrez dans la revolte, furent consumez par le feu qui *sortit de devant l'Eternel.* Ces châtimens ne servirent qu'à exciter de nouveaux murmures. On cria contre Moïse, qui faisoit mourir les principales têtes de la Nation, pour venger des outrages faits à sa famille, & à sa personne. Dieu fut obligé de s'armer une seconde fois ; quatorze mille sept cent hommes périrent dans cette seconde revolte. Enfin, Dieu fit encore un miracle, qui ne laissa plus de doute sur la vocation d'Aaron, qu'on avoit tant de fois contestée. De douze Verges que les Chefs des Tribus avoient remis entre les mains de Moïse, celle d'Aaron fut la seule qui fleurit, & qui porta des amandes.

Elevation du Serpent d'airain.

NOMBRES XXI. ℣. 8.

IL falut donner un Successeur à Aaron, il étoit âgé de cent vingt trois ans ; en suivant

vant le cours ordinaire de la nature, il ne
pouvoit vivre long-tems ; d'ailleurs il venoit d'ajoûter à toutes ses foiblesses passées
une espèce d'incredulité ou de défiance aux
promesses de Dieu : Moïse avoit eu part à
son crime, & lorsque le defaut d'eau fit mur-
murer une seconde fois le peuple en Kadez,
la foi de ces deux Chefs de la Religion & de
l'Etat chancela : Dieu ne put le soufrir , &
il leur déclara aussi-tôt qu'ils n'introdui-
roient point le peuple dans la terre promise,
& qu'Aaron mourroit bien-tôt. Eleazar,
son fils aîné fut choisi pour remplir sa place,
& pour éxercer la souveraine Sacrificature.
L'ordination qu'on donna à Eleazar étoit
singuliére ; car Moïse dépouilla Aaron son
frére de ses habits sacerdotaux , & en revêtit son Successeur : je ne sai si c'est de là que
les Chrétiens d'Alexandrie empruntérent
l'ordination de leur Evêque. Mais celui
que les Prêtres de cette grande Ville avoient
élû, passoit la nuit auprès de l'Evêque
mort, touchoit son cadavre de la main, &
le lendemain mettant sur ses épaules le manteau de St. Marc, il montoit sur le Trône
Patriarchal, comme si cet habit eût suffi
pour lui conferer une ordination legitime,
& semblable à celle d'Eleazar. On a pré-
tendu qu'Aaron ne donna point à son fils les
habits Sacerdotaux qu'il ne portoit pas toûjours, mais sa robe ordinaire , & qu'en
suite Eleazar reçut aux pieds de la montagne l'onction sacrée ; mais cette conjecture
dôt on ne produit aucune preuve est incertai-

ne, puisque Dieu apelloit Aaron avec Moïse, pour lui redemander son ame, & pour lui
donner un Successeur : Il est plus vrai-semblable qu'Aaron monta, revêtu de ses habits pontificaux, & qu'il s'en dépouilla, pour
marquer au Peuple que son fils devoit lui
succeder. L'Ecrivain sacré parleroit-il des
vêtemens qu'Aaron quitta, si c'étoit des habits communs, & ne diroit-il rien de l'onction sacrée, s'il étoit vrai qu'Eleazar l'eût
reçuë; l'inauguration d'Eleazar ne consista
que dans la prise d'habit, que son Pere lui donna en mourant. La Ceremonie étant faite,
Aaron mourut sur la montagne de Hor. On
lit dans le Deuteronome, que cet évenement
arriva en Mosera; mais il n'y a aucune contradiction dans l'Ecrivain sacré; car Mosera
étoit une longue chaine de montagnes, dont
Hor, située dans l'Arabie, proche de Petra,
faisoit partie. St. Jerôme ajoûte, qu'on
voioit encore là, de son tems, le rocher que
Moïse avoit frapé, & dont les eaux avoient
coulé. Il suivoit, sans doute, une tradition
populaire, qui est presque toûjours incertaine ou fausse: Car il n'est point vrai qu'Aaron
soit mort sur la même montagne où Moïse
frapa le rocher, qui étoit en Kades. L'Ecriture ne dit point qu'Aaron fut malade avant
que de mourir. Elle passe sous silence une
infinité de choses, qui ne sont propres qu'à
satisfaire la curiosité de l'homme : si Dieu
fit passer son Serviteur de ce siécle dans l'autre, par la voye de l'infirmité, il est aparent qu'elle ne dura pas long-tems, puisque

que Moïſe & Eleazar paroiſſent deſcendre de
la montagne, immediatement après avoir revêtu les habits Sacerdotaux.   L'apareil de
la ſepulture ne fut pas grand , & la pompe
funèbre ne conſiſta que dans les pleurs , &
le deuil du Peuple d'Iſraël , fort afligé d'apprendre qu'il avoit perdu le Chef de ſa Religion.   C'étoit là le défaut de la Loi , ſes
Sacrificateurs, mortels & pécheurs, devoient
remettre la ſacrificature , & ſe ſucceder les
uns aux autres. Sous l'Evangile, nous avons
un Sacrificateur Eternel, à la façon de Mel-
chiſedeck, ſeparé des pécheurs, & qui, ex er-
çant ſa médiation juſqu'à la fin des ſiécles,
ne laiſſe point ſa place à d'autres. Dieu n'é-
pargne, ni les Chefs de la Religion , ni ces
inſtruments puiſlans en ſa main pour faire
des miracles , il punit leurs pechez , comme ceux des autres hommes.   Ce n'eſt, ni
la naiſſance, ni le rang qu'on tient dans l'E-
gliſe, ni le don des miracles, mais la pieté ſeule, qui fait entrer dans la Canaan, & joüir des
promeſſes de Dieu. Iſraël, après avoir pleuré
Aaron trente jours, reprit ſa route : ils furent
obligez de ſe détourner du côté du midi de la
Mer rouge, à cauſe des Iduméens , qui leur
avoient refuſé la paſſage ; ils trouverent en
chemin de nouvelles tentations : l'eau manquoit, & ils étoient dégoûtez de la manne,
dont ils parloient avec un ſouverain mépris. Ces nouveaux murmures attirerent
un nouveau châtiment ; ce fut la morſure
des ſerpens brûlans. Ces ſerpens étoient
des hydres qui ſe cachent l'hiver dans

E 2   les

les marais, ou dans les eaux sales & bourbeuses, lorsque l'eau leur manque ils cou-
rent sur la terre, & y volent même avec
quelque rapidité, parce qu'ils ont des petites aîles qui facilitent leur course; ils
sont redoutables à proportion que la soif
les presse, & leurs morsures sont alors infiniment plus dangereuses, la playe s'en-
flamme, la peau se couvre de pustules,
& la mort est une suite presque toûjours
inévitable de leur morsure. Quoi qu'il y
ait peu d'eau dans le desert, on ne laisse pas
d'y voir de ces marais limoneux, & des
endroits plus profonds, où ces serpens se
nourrissoient, & d'où ils sortirent pour fondre sur les Israëlites, comme ils fondent sur
les troupeaux lorsqu'ils en rencontrent. Un
grand nombre de personnes mourut des
playes qu'ils reçurent, & le mal paroissoit sans
remede, lors que Moïse fit élever sur une
perche la figure d'un serpent qui en servit.
Moïse n'avoit pas apris des Egiptiens à en-
chanter les serpens, ou à se garantir de leur
venin par des lames de cuivre ou d'or. On
a beau vanter l'enchantement des serpens
par une voix melodieuse, par l'atouche-
ment, ou par les Talismans. Il est aisé de
remarquer que presque tous les évenemens
qu'on raporte sont fabuleux. Les Israëlites
étoient alors campez à Phano, & ce lieu
devint fameux dans la suite par ses mines de
cuivre. Les Empereurs Payens, persecuteurs
de l'Eglise, y envoioient les Chrétiens pour
y travailler. Sylvain Evêque des Villages
du

du territoire de Gaza subit ce triste sort sous
Dioclétien ; Melec y fut aussi relegué sous
Constance avec plusieurs Evêques.   Enfin
Saint Athanase parle d'un Eustachius qui fut
condamné, non seulement aux mines, mais
à celles de Phano, ce qui marque qu'elles
étoient plus redoutées , soit que le travail
y fût plus rude , ou l'exacteur plus impi-
toyable. Il ne faut pas s'étonner que Moïse
fit un serpent de cuivre ou d'airain, puisqu'il
trouvoit ce metail sur le lieu où il étoit cam-
pé. Il ordonna aux Israëlites qui avoient été
mordus de jetter les yeux sur la figure de ce
serpent de cuivre : Une prompte guerison
fut l'effet de ce regard. Ce Serpent étoit un
Type de J. Christ qui élevé sur la Croix gue-
rit les morsures de l'ancien serpent, lorsqu'on
s'attache à lui par une veritable foi.   Il y
a des Theologiens qui ne peuvent souffrir
que J. Christ soit representé comme un
serpent, parce que le Demon prit cette figure au commencement du Monde, & que l'E-
criture lui en donne le nom, pour nous inspi-
rer plus d'horreur pour lui : Ils regardent ce
serpent élevé sur une perche comme l'image
du Demon, que J. Christ a vaincu sur la
croix : Mais il ne faut pas écouter les scrupu-
les qui tendent à nous rendre plus sages
que Dieu.   S. Jean a dit que comme Moïse éleva le serpent d'airain au desert, il faloit
que le fils de l'homme fût élevé ; le fils de
l'homme & le serpent sont les deux sujets
de la comparaison; il n'y en a plus dez le
moment que le serpent est transformé en Dé-

E 3   mon,

mon, & qu'il cesse d'être le Type ou l'image
de J. Christ.   D'ailleurs, il ne conviendroit
pas plus à Dieu d'obliger les Israëlites à porter des regards de confiance sur le Diable, ou
sur son image, pour être guéris, qu'à représenter Jesus Christ sous une figure qui paroit
vile & odieuse.   La veüe du Serpent guéris-
soit les morsures des Serpens, & garantis-
soit de la mort, comme la foi guérit les éfets
du peché, & nous met à couvert de la damnation.   Le mal finit : mais l'Eglise acoûtu-
mée à trouver toûjours de nouveaux ennemis, essuia de nouvelles difficultez.   Quelque assurance qu'on pût donner au Roi des
Amorrhéens, de ne faire aucun dégât sur ses
terres, il s'afermit à refuser le passage, & re-
solut, au contraire, d'aller combattre cette
grande multitude, qui paroissoit menacer ses
frontiéres ; il assembla son Peuple, & marcha en ordre de bataille, comme s'il avoit
été sûr de la victoire. Ses espèrances furent
trompées.   Israël batit son armée ; le bruit
de cette Victoire répandu jusques dans sa Capitale, y porta une si grande terreur, que
presque toutes ses Villes se rendirent sans
faire de resistance. Og, Roi de Basçan, essuia le même sort, ses enfans & lui périrent
dans le combat ; & la défaite se trouva si generale, & si entiére, qu'il ne resta personne
ne pour habiter son Pais.

L'Aneſſe de Balaam arrêtée par un Ange.

NOMBRES XXII. ♈. 22.

BAlac, Roi de Moab, aiant apris la défaite de ſes voiſins, commença à craindre
pour lui-même. Il prit la précaution que
prennent ordinairement les Rois : Il fit une
ligue avec les Madianites, il les engagea dans
ſes interêts, en leur repréſentant qu'ils pé-
riroient auſſi bien que lui, s'il étoit vaincu,
& qu'ils devoient regarder ces nouveaux
Conquerans comme un ennemi commun,
contre lequel il falloit s'armer. Moïſe a parlé des Madianites, comme d'un peuple qui
demeuroit ſur les bords de la Mer rouge, à
l'entrée de l'Arabie heureuſe ; mais il ne faut
pas les confondre avec ceux-ci, qui étoient
voiſins des Moabites. La Ligue étant faite, les Alliez reſolurent de perdre leurs ennemis par la Magie, ils ſuivoient le préjugé ordinaire des Payens, qui croioient que
chaque Nation avoit ſes Dieux tutelaires,
qu'on pouvoit lui arracher par des enchantemens. Afin de réüſſir dans ce deſſein, ils en-
voyérent chercher Balaam, qui demeuroit
fort loin, dans la Ville de Pethor, ſur les bords
de l'Euphrate. L'Auteur de la Vulgate, qui ne
connoiſſoit, ni la ſituation, ni le nom de cette
Ville de Pethor, en a fait ridiculement un
devin. Balaam eſt un homme d'un caractère aſſez douteux, il paſſe quelquefois pour

E 4　　　un

un Magicien fameux chez les Idolatres, les autres le regardent comme un Prophete inspiré du St. Esprit, quoique ce fût un méchant homme. En effet Balaam ne consultoit point les Idoles, mais le Dieu d'Israël, & le Nom de Jehova qu'il lui donne ne permet pas d'en douter; il connoissoit la maniere de servir ce Dieu Souverain, puisqu'il érigea sept autels, afin de lui presenter des sacrifices. Enfin Dieu se presenta à lui, & conduisit tellement son esprit & sa langue, qu'il ne put prononcer que des benedictions pour le peuple d'Israël, au lieu des imprecations que Balak avoit exigées, & que le Demon lui auroit infailliblement dictées, s'il avoit suivi ses inspirations. Balaam se trouva fort honoré de l'Ambassade des Moabites, il se seroit fait un plaisir de répondre à leurs desirs, si Dieu ne lui avoit défendu de partir. Balak irrité de ce refus renvoya les Princes de Moab avec ordre d'exciter l'avarice & l'orgueil de Balaam, par l'idée des honneurs & des presens qu'il recevroit à sa Cour. On doit admirer ici l'operation de Dieu, qui lui ôtoit sa liberté : Car il n'osa, & même il ne pût partir, *quand même*, disoit-il, *Balak me donneroit sa main pleine d'or, je ne pourrois violer le commandement de Dieu.* C'est le caractere de l'homme de s'imaginer que Dieu entre dans ses passions. Balaam se flata que Dieu changeroit sa premiere volonté, afin de satisfaire son avarice; c'est pourquoy il consulta Dieu, il comprit mal sa réponse; il crut qu'il parloit

loit avec l'approbation de la Divinité, qu'il
avoit consultée. Cependant Dieu permettoit
seulement le mal sans l'autoriser. *Tu peux al-*
ler, dit-il, à Balaam, *puisque tu le desires si*
ardemment; mais la confusion en reviendra sur
toi, puisque tu ne pourras faire que ce que je di-
rai: C'est ainsi qu'on se trompe en prenant le
langage des Passions pour celui de la Divinité, & en ne consultant Dieu qu'après
avoir écouté les mouvemens trompeurs &
seduisans de nôtre cœur. Balaam partit, mais
une ânesse se trouva plus sage qu'un Prophete. Dieu ouvrit la bouche de cet animal,
parce que naturellement il ne pouvoit parler, & qu'il fut necessaire de produire de nouveaux organes, ou de disposer tellement
ceux de l'âne, qu'ils pussent former une voix
humaine ; le miracle étoit grand, inouï
depuis la création du Monde. Philon Juif
a passé sous silence ce miracle, soit qu'il en
doutât, soit qu'il voulût plaire aux incredules de son tems. Il ne faut pas alleguer
qu'un cheval parla dans un combat, & qu'il
fut entendu des Soldats qui l'environnoient,
ou qu'un agneau parlant à Bochoride Roi
d'Egypte, lui prédit diverses choses. Ces
évenemens que le Paganisme fournit, ne peuvent servir qu'à ceux qui disputent contre
les infideles, afin de leur faire sentir que
leurs Ancêtres ont crû le miracle possible, &
qu'ils ne peuvent rejetter ce recit, puis qu'ils
en ont de semblables. Il vaut mieux remarquer que celui qui a donné l'usage de la
parole à l'homme, en le créant, a pû accor-

E 5
der

der, pour quelques momens le même avantage à un animal; puisque le changement ou
la disposition des organes dépend de lui.   Il
est plus difficile de concevoir comment Dieu
empêchoit Balaam de maudire le Peuple d'Israël, malgré ses désirs, & contre sa volonté
propre, qui le portoit de ce côté-là, que de
comprendre comment la langue d'un animal se remuë, d'une certaine maniére propre
à articuler, & à former une voix intelligi-
ble. Balaam ne parut point surpris de ce que
son ânesse parloit; croioit-il que les ames
passoient du corps des hommes dans celui
des bêtes, & qu'elles pouvoient y éxercer
quelquefois leurs premiéres opérations?
L'opinion de la Metempsycose est plus ancienne que Pythagore, qui l'avoit reçuë des
Indiens: Et comme elle étoit répanduë dans
l'Orient, il ne seroit pas étonnant, que Balaam, qui demeuroit là, en eut quelque teinture; ou plûtôt ce Prophéte, qui avoit senti
si souvent les éfets de la puissance Divine qui
reprimoit sa volonté, ne fut pas si surpris
d'un prodige, qu'il attribua à la même cause. Il ne put se rendre au discours de cet
animal, tout miraculeux qu'il étoit, il rai-
sonna, il disputa contre lui; étrange éfet de
la corruption humaine, qui ne cede point
aux éfets les plus miraculeux d'une puissance Divine, lors même qu'elle est sensible, &
qu'on en est frapé extraordinairement! On
doit écouter Dieu, lors même qu'il choisit
les choses foibles de ce Monde, pour confondre les fortes. Les discours des bêtes, ou
les

les avis les plus groſſ érement donnez, doivent toûjours être préferez à ceux des Sages
& des Prophétes, s'ils ſont plus conformes à
la volonté de Dieu. Balaam ne voioit pas
l'Ange qui cauſoit les mouvemens, & le diſ-
cours de l'âne ; ſoit qu'il portât ailleurs ſes
yeux, ou qu'occupé du deſſein de ſon voyage, & de l'obſtacle qu'il y trouvoit, il ne
penſât qu'à faire marcher ſon âne, ſoit que
Dieu lui derobât pour quelques momens la
veuë de l'Ange ; il fut néceſſaire que la Divinité intervint, pour lui faire découvrir ce
objet, qu'il n'avoit pas encore aperçu, & que
l'âne avoit découvert avant lui. A la veuë
de cet Ange il connut ſon crime, il vit bien
qu'il avoit preferé les mouvemens d'une
avarice ſordide à l'inſpiration d'un Dieu.
Eblouï, éfrayé, il mit pied à terre, ſe pro-
ſterna devant l'Ange, & reçut ſes cenſures.
Il ne laiſſa pas de pourſuivre ſa route, parce que Dieu le lui permettoit alors veritablement. Dès qu'il fut arrivé, il travail-
la à préparer les imprécations que Balak demandoit.

Iſraël ſe corrompt avec les Madianites. Il ado-
re Bahal-peor. Moiſe fait pendre les
Idolatres. Zele de Phinées.

NOMBRES XXV. ℣. 7.

BAlaam ne ſuivit pas toûjours l'inſpiration du Saint Eſprit, il méla ſes con-

E 6

ſeils

feils avec ceux de Dieu ; & comme il étoit
méchant, fes confeils furent pernicieux ; il
favoit que tout l'avantage du peuple d'Ifraël dependoit de l'exacte obfervation des
Loix que Dieu lui avoit données, c'eft pourquoi il tâcha de le perdre par la voie de la débauche ; tant il eft vrai qu'on ne doit jamais
fe confier aux méchans ; s'il y a quelques
momens où Dieu reprime leurs paffions, &
leur infpire de bonnes penfées, ils retournent
tôt ou tard au vomiffement, & travaillent
à la ruïne de la foi & de la pieté. Le Démon
regagne par de fecrets artifices ce qu'il eft
forcé d'abandonner pendant quelques momens. Philon Juif dit que les Moabites
perfuadez par Balaam repréfenterent à leurs
femmes qu'il étoit glorieux à leur fexe de
détruire une Nation ennemie, que le facrifice de la chafteté interrompuë pendant quelques momens feroit agréable aux Dieux, &
qu'un fervice fi important rendu à la Patrie
feroit paffer leur nom à la pofterité. Les
femme fenfibles à ce raifonnement, ne ba-
lancerent point à le fuivre ; les proftituées
donnerent l'exemple, les perfonnes de diftinction le fuivirent. On dreffa des tentes
proche des Ifraëlites, on les invita aux repas,
aux danfes, & aux plaifirs des Madianites ;
l'union fe fit aifément, la débauche devint
fi generale que plus de vingt-quatre mille
Ifraëlites s'y plongerẽt. Les plaifirs qui amol-
lirent le cœur, affoiblirent auffi la foi. L'I-
dole des Moabites étoit Bahal-peor. On a crû
que cette fauffe Divinité étoit Priape dont
les

les mystères se celebroient par des personnes
nuës; c'est pourquoi Dieu qui vouloit établir un culte entierement opposé aux super-
stitions infames des Payens, a fait diverses
ordonnances pour couvrir la nudité de ses
Sacrificateurs. On ne connoit pourtant cette Idole que par des conjectures tirées de
son nom. Peor n'étoit pas le nom de l'Idole,
mais d'une montagne qui étoit consacrée à
cette fausse Divinité, & sur laquelle on celebroit ses fêtes, & dont Moïse a parlé dans les
Chapitres précedens. En suivant exactement
l'Historien sacré, on voit que le crime des
Israëlites commença par l'impureté, & finit
par l'Idolatrie; les femmes Moabites gagne-
rent le cœur du peuple, & après l'avoir corrompu par la débauche, elles le conduisirent
aux pieds de leurs Autels. Le crime étoit
d'autant plus énorme qu'on ne pouvoit ignorer les benedictions que Balaam avoit prononcées en presence d'un Roi infidèle. La
joye de ce Prince dut être très-vive en voiant
le succez de ses desseins, la Nation puante
aux narines de Dieu, destituée de sa protection, & exposée à sa colère. Dieu ordonna que les coupables, qui se trouverent au
nombre de vingt-quatre mille, fussent pendus. Philon dit que la jeunesse zelée, parce
qu'elle avoit conservé sa chasteté, & la fidelité pour Dieu, prit les armes, & fit un massa-
cre de tous ceux qui s'étoient soüillez; mais
il est plus apparent que les principaux Chefs
de la débauche ayant été exécutez, Dieu envoya ensuite quelque châtiment qui fit
peru

perir les autres ; ce que Moïse insinuë en disant, que la playe fut arrêtée à cause du zele
de Phinées. Ce Phinées petit-fils d'Aaron
appaisa Dieu par une action également picu-
se & hardie. Un nommé Zimri considerable par sa naissance, & par le rang qu'il tenoit en Israël, sans respecter la Loi, ni l'af-
fliction du peuple, qui pleuroit son peché,
ajoûta l'insolence au crime. Il se prostitua
avec une femme Madianite à la face de toute
la Nation assemblée. Phinées qui le vit ne
put soufrir un outrage si public aux loix, dé-
plorant la molesse des Juges établis pour la
punition des coupables, & sentant une ardeur, dont il n'étoit pas le maître, il entra
dans la tente de cet impudique, & perça
l'homme & la femme d'un même trait.
Zimri seroit doublement criminel s'il avoit
dit à Moïse qu'il étoit las de vivre sous sa
tyrannie, & de plier sous le joug d'un homme, qui sous pretexte de Religion les trai-
toit avec plus de dureté que Pharao n'avoit
fait en Egypte ; mais il ne paroit point que
la cause fut plaidée, ni que Moïse embar-
rassé des reproches de Zimri se trouvât forcé
de l'abandonner à lui-même, & de se retirer,
comme le dit Josephe. Le mouvement de
Phinées fut prompt ; à peine l'avoit-il senti qu'il courut à l'exécution, laquelle se fit
sans écouter juridiquement les défenses du
criminel, ni faire intervenir l'autorité du
Magistrat. L'action de Phinées étoit grande
& belle, il vengeoit son Dieu cruellement
offensé ; il appaisoit sa colère en immolant

deux

deux victimes, & arrêtoit par ce sacrifice la ruine entiere du peuple. Cependant on n'en doit pas tirer de consequence, ni imiter cet exemple : le particulier n'est point en droit de venger l'outrage fait aux loix, ni de tuer le coupable; on satisfait trop souvent sa haine, sous le pretexte du bien public. Le Magistrat perdroit ses droits & son autorité; les Villes & les Etats deviendroient bien-tôt une societé de brigands, si cette licence avoit lieu. Jesus-Christ lui-même, dont l'autorité étoit souveraine, se contenta de chasser ceux qui profanoient son Temple, & dont le crime étoit assez public pour meriter un châtiment plus sevère. On ignore ce que devint Balaam, & s'il profita long-tems des presens que Balak lui avoit faits. Quelques uns ont cru que son cadavre fut trouvé sur le champ de bataille, après la défaite des Madianites, & qu'il porta la peine de son crime: Mais Moïse ne le dit pas, & cela est aussi incertain que ce qu'on avance sans autorité qu'il ne mourut pas un seul Israëlite dans la bataille qui se donna contre les Madianites. Ces infideles croyoient aller à la Victoire par le crime des Israëlites, & ils furent vaincus & défaits par ce Peuple. Le Peuple affligé de son crime, & découragé par la perte de tant de jeunes Soldats, propres à le servir dans les combats, n'osoit plus penser à donner des batailles, ni à faire de nouvelles conquêtes, lorsque Dieu laissant Moab à côté, ordonna à Moïse de faire charger les Madianites, & de le venger de l'outrage qu'il avoit reçu

d'eux

d'eux par l'impureté, & par l'Idolatrie, dans laquelle ils avoient entraîné son peuple. La bataille se donna, Madian fut défait. Le veritable moyen d'obtenir la délivrance d'un Ennemi, qui nous presse, est de la demander à Dieu par sa repentance. Le crime & l'iniquité, utiles pour quelques momens, enfantent tôt ou tard la perte & la désolation de ceux qui les commettent.

La Mort de Moïse.

DEUTERONOME XXXVIII. ℣. 5.

MOïse âgé de six-vingts ans connut aisément que sa mort ne pouvoit être éloignée. La fatigue d'un voyage long & penible, les occupations d'une Charge pesante l'avoient afoibli. Avant que de mourir Dieu lui donna la consolation de voir la Canaan: le Jordain est bordé d'une longue chaîne de montagnes fort élevées. Moïse monta sur le sommet de celle qu'on appelle Nebo, & découvrit de là, la plaine feconde de Jericho, & cette vaste étenduë de Païs que le peuple d'Israël alloit conquerir. On a trouvé dans ces circonstances de la vie de Moïse, qui vit la terre de Canaan, & qui n'y entra pas, une idée de l'Economie de la Loi, qui conduit l'homme dans des deserts, & lui fait connoître la necessité de la sanctification, & les douceurs qui en decoulent, mais qui n'en procu-

procure pas la jouïssance. Jesus-Christ est
le Josué qui introduit les hommes dans le
Ciel. Moïse avant que de mourir fit trois
choses;premierement il écrivit la Loi, & la
remit entre les mains des Sacrificateurs : On
la devoit lire tous les sept ans, ce qui n'empêchoit pas les particuliers de l'étudier dans
les Exemplaires destinez à leur usage ; si
Moïse a tû cette circonstance, ce n'est pas
à cause qu'il y avoit entre les Juifs peu de
gens qui seussent lire, mais parce qu'elle ne
meritoit pas d'être raportée. Moïse fit encore aprendre à tout le Peuple un Cantique
qu'il avoit reçû de Dieu. Enfin il assembla toutes les Tribus, afin de donner à chacune sa benediction ; comme il y prend la
qualité de Roi, on ne balance point à dire
qu'il en avoit l'autorité, & qu'il en a rempli la charge : Mais si Moïse a donné des
Loix au Peuple, & l'a conduit l'espace de 40
ans, il l'a plûtôt fait comme Prophete, qu'en
qualité de Roi. L'expression du Deuteronome est figurée, & marque seulement qu'il
étoit le premier entre les saints. Il ne restoit
plus qu'à laisser un Chef à ce Peuple, qui alloit en être destitué, & qui par ce défaut
pouvoit tomber dans l'Anarchie, ou dans
de cruëlles divisions pour le Gouvernement. Moïse, toûjours zelé pour le bien
public, n'eut aucun égard aux interêts de sa
famille. Au lieu de mettre un de ses descendans à la tête du Peuple, & de lui confier
toute l'autorité qu'il avoit euë, il remit l'empire entre les mains de Josué. Enfin Moïse
mou-

mourut sur la montagne de Nebo, où il disparut. Josephe raporte que tout le Peuple, qui
étoit averti de la perte qu'il alloit faire, poussa
des cris & des gemissemens terribles, qu'on
le suivit lorsqu'il quitta le Camp, jusqu'à ce
qu'il eût fait signe de la main qu'il étoit tems
de s'arrêter, afin qu'il pût aller seul où Dieu
l'apelloit. Eleazar & Josué l'accompagne-
rent jusques sur la montagne, & dans le moment qu'ils l'embrassoient tendrement, une
nuë l'enleva au Ciel; cependant *il mourut, de
peur que le peuple ne crût que Dieu l'avoit enlevé,
ou qu'il étoit allé à Dieu à cause de sa vertu.* L'Historien Juif a crû faire honneur à Moïse, en
le faisant enlever par une nuë, mais en même
tems il lui attribuë une modestie inutile. On
auroit caché mal à propos cette circonstance:
Et puis que les Historiens sacrez l'ont dit
d'Henoc & d'Elie, il n'y avoit aucun peril
à mettre Moïse dans le même rang. Si quelques Peres, comme S. Ambroise & S. Jerôme, ont crû que Moïse n'étoit pas mort, mais
qu'il étoit monté au Ciel, parce qu'on n'a pû
découvrir le lieu de sa sepulture, & qu'il parut
avec Elie sur le Tabor, le nombre de ces
Anciens n'est pas grand, & il faut avouër
qu'ils se sont écartez du texte sacré sur un
pretexte fort leger. Pourquoi douter de la
mort de Moïse, puisque l'Ecriture le dit?
Cet évenement est commun à tous les hommes, & la pieté n'en garantit pas les saints.
On a fait dans le Paganisme des Dieux de
tous les Heros qui y avoient paru; on a éri-
gé des Autels sur leurs tombeaux; ces os &
cette

cette poudre qui étoient les marques senfi-
bles de leur foiblesse & de leur impuissance,
ont été changés en monumens precieux,
qu'on a conservez avec soin, & ensuite ado-
rez. Dieu prévit sans peine que le peuple d'I-
fraël, quoi qu'accoutumé à servir un seul
Dieu, ne laisseroit pas d'adorer Moïse dans
son tombeau, si on ne lui en déroboit la connoissance; il avoit fait la même chose pour
Aaron, parce qu'ayant eu tant de part aux
miracles qui s'étoient faits, le même peril d'I-
dolatrie le regardoit. Ainsi mourut ce Conducteur du peuple d'Israël, dont quelques uns
diminuent la gloire, en même tems que les
autres la relevent avec excez. On le trouve
mal-habile & peu sçavant en Religion, puis
qu'à l'âge de quatre-vingts ans il parut ne
connoître pas Dieu, & lui demanda son
Nom; il ignoroit même que la Divinité
étoit invisible, puis qu'il voulut voir son es-
sence, il eut besoin des conseils de Jethro
dans la chose du monde la plus facile; il ne
s'appercevoit pas qu'il alloit plier sous le
poids insupportable de sa Charge, s'il demeuroit seul le Juge du peuple. D'un autre
côté il n'y a rien de sacré dans le Paganisme,
ni de bon dans ses Loix, qui ne soit tiré de
Moïse, si on en croit ses Panegyristes; c'est
outrer la chose de tous côtez : Moïse connoissoit le Dieu d'Israël, puisque non seulement il avoit ajoûté foi à la promesse de la
délivrance, mais qu'il se regardoit comme
le Ministre de son accomplissement, il demandoit à Dieu seulement quelque symbole

le de sa presence qui l'assurât plus fortement
de la divinité de sa vocation ; & son assi-
duité à juger le peuple étoit un effet d'un
zele pour la justice, qui lui faisoit sacrifier
son repos & sa vie, plûtôt que d'une ignorance grossiere. D'un autre côté, c'est être jaloux d'un faux honneur que de transformer
Moïse dans toutes les idoles du paganisme.
Les Idolatres ont emprunté diverses choses
de la Religion Mosaïque, mais ils ont eu
assez d'esprit pour se faire des Dieux & des
Loix particulieres. Moïse fut enseveli par
le ministere des Anges. S. Jude dit que
l'un d'eux fut obligé de combatre contre le
Diable, à cause du corps de ce Legislateur.
On peut dire que Michel vouloit cacher
le corps de Moïse aux Chefs du peuple d'Israël, & que le Demon vouloit l'exposer à la
veuë du peuple, afin qu'il l'adorât ; ce qui
l'auroit jetté dans une Idolatrie grossiere,
malgré les soins de l'Ange & de Dieu. Certains Arabes, dont parle S. Epiphane, ne
laisserent pas d'adorer Moïse, parce que Dieu
lui avoit dit qu'il *seroit le Dieu de Pharao*. Et
quelques Moines des derniers siécles se font
vantez d'avoir trouvé son sepulcre & son
corps, par le secours des brebis qui paissoient
en ce lieu là, & qui en revenoient odoriferan-
tes. La fable est sensible & ces Moines
avoient pour but de s'enrichir, à l'ombre d'u-
ne Relique ancienne & précieuse, mais évidemment fausse.

Passage du Jourdain.

J o s u é III. ℣. 15.

JOsué ayant pris le commandement de
l'Armée d'Israël, résolut de passer le Jourdain, & d'attaquer Jericho, l'une des Places
frontieres de la Canaan. Les Espions qu'il envoya entrérent à Jericho, & allerent loger
chés une prostituée nommée Rahab. Les Juifs
craignant qu'il ne rejaillisse quelque honte sur
la Nation, de la conduite de ces deux Israëlites
qui choisirent la maison d'une débauchée, disent qu'elle avoit commencé à se prostituer
dès l'âge de dix ans, & qu'elle avoit exercé ce
métier infame pendant quarante ans, que les
Israelites avoient erré dans le desert, qu'a-
yant alors cinquante ans, elle commençoit à
revenir de ses égaremens ; il vaut mieux dire
que ces Espions chargés d'une commission
dangereuse, cherchoient chez cette femme
une retraite sûre, plûtôt que le moyen de satisfaire une passion criminelle. Le Roi de Jericho, que le voisinage d'une armée ennemie
obligeoit à se tenir sur ses gardes, fut averti
de l'arrivée des Espions, & donna des ordres
pour les faire arrêter. Le peril étoit grand ;
mais Rahab les tira de la par un mensonge,
elle soûtint à ses Compatriotes que les
Espions, qu'elle tenoit cachez au haut
de sa maison, étoient sortis de la Ville
sur le soir ; il étoit d'autant plus facile
de

de les suivre, qu'il faloit qu'ils repassassent
le Jordain pour rentrer dans leur Camp; les
Officiers coururent bien loin après ces Espions, qui étoient derriere eux dans la Ville.
Rahab instruite de ce que Dieu avoit fait
pour son Peuple, crût qu'il y avoit là quelque chose de divin; elle regarda la conquête
de sa Patrie comme un évenement prochain
& inévitable; & ne pensant plus qu'à ses interêts, elle fit promettre aux Israëlites qu'ils
sauveroient sa maison, lorsqu'ils entreroient
dans Jericho; on ne pouvoit lui refuser une
grace qu'elle avoit si justement meritée, ils
demanderent seulement à cette impudique,
qu'elle attachàt un cordon rouge à sa maison
pour la distinguer de toutes les autres. Josué
dégageant leur parole lorsque Jericho fut
prise, la famille de Rahab fut seule garantie
d'une désolation genenerale. Deux choses
surprennent dans cet évenement; l'une est
le caractere de Rahab, que Dieu préfere à toutes les autres personnes de la Ville, & l'autre est son mensonge qui n'empécha point
qu'elle ne fût justifiée par la foi, & que le S.
Esprit ne l'ait loüée. Il est mortifiant pour des
hommes, qui enflez de leur justice, s'élevent
au dessus de leurs prochains, d'apprendre
que les femmes débauchées les precedent
au Royaume des Cieux; cependant Jesus-
Christ l'a dit; l'évenement a répondu à sa
parole; la Pecheresse de l'Evangile trouva
grace à ses pieds, pendant que le Pharisien, entêté de sa propre justice, perissoit: la même
chose se fit dans l'Ancien Testament, & Rahab

hab fut préférée à plusieurs personnes, qui se croyoient plus vertueuses qu'elle, & qui n'avoient pas la même foi. On a tâché de justifier le mensonge de Rahab : S. Augustin l'a doucit, parce que ce mensonge officieux conservoit la vie à deux personnes, & que Rahab n'étant point encore entrée dans l'alliance de Dieu, péchoit par ignorance : Ce qui étoit criminel pour les Israëlites, qui connoissoient exactement les régles de leur devoir, devenoit tolerable dans une femme idolatre, qui ignoroit la Loi : Mais il est plus sûr de distinguer les operations de la grace & les foiblesses de la créature. Rahab fit deux choses, elle mentit & elle crut ; son mensonge est criminel, & sa foi fut agréable à Dieu, qui l'en recompensa. Ce ne fut point en parlant contre la verité qu'elle fut justifiée, mais parce qu'elle eut une haute idée de la Divinité, qu'elle admira ses ouvrages, qu'elle ne douta plus de la puissance de Dieu, qui lui étoit étranger, & qu'elle embrassa les promesses que les Espions eurent, sans doute, le soin de lui déveloper, lorsqu'ils la virent entrer si genereusement dans leurs interêts & dans leur Religion. Cette femme representoit l'Eglise des Gentils, naturellement prostituée à tous les faux Dieux que l'imagination de l'homme avoit enfantés : Les Espions étoient comme les Predicateurs de l'Evangile envoyez aux Nations, pour leur anoncer les merveilles que Jesus avoit faites, & dont une partie étoit déja répanduë chez eux. Le Roi de Jericho

est

est le Démon qui a fait tous ses efforts pour
faire périr ceux qui répandoient en tous
lieux la bonne odeur de l'Evangile : Mais
le cordon rouge, figuroit le sang de Jesus-
Christ, qui garantit un petit nombre d'Elus
de la condamnation & de la mort. Les Espions étant de retour, animerent le peuple
d'Israël à la conquête de la Canaan, en leur
apprenant que ces Géans, dont on leur avoit
fait peur, étoient des hommes foibles comme les autres , & à demi vaincus. Josué
profitant de cette disposition, fit avancer
l'armée jusques sur les bords du Jourdain;
on y vit un changement considérable : car
la Nuë, qui pendant le Ministère de Moïse
avoit marché, devant le peuple pour lui servir de guide, disparut. On fut alors obligé
de faire précéder l'Arche, que Dieu avoit
donnée comme un simbole portatif de sa
présence. Mais afin que le Peuple ne
crût pas qu'il eût abandonné Josué, il fit en
sa faveur un miracle, qui approchoit de celui
de Moïse qui avoit passé la Mer rouge à pied
sec. Tout étant disposé pour la marche,
Josué commanda aux Sacrificateurs de charger l'Arche sur leurs épaules. Il semble que ce
n'est pas aux Laïques à donner des ordres
aux Sacrificateurs dont le Ministere est spiri-
tuël, mais Moïse qui n'étoit point Sacrificateur, avoit aussi réglé le service de Dieu en
présence d'Aaron : Josué Chef du Peuple put
faire la même chose devant Eleazar. Les
Princes avoient originairement plus d'autorité dans l'Eglise qu'on ne leur en a donné
dans

dans la suite des tems. L'Arche marcha &
arriva sur les bords du Jourdain, qui debor-
doit sur son rivage. Les Sacrificateurs,
pleins de confiance aux promesses de Dieu,
suivirent leur vocation, & mirent le pied
dans l'eau, persuadez qu'elle se retireroit
aussi-tôt: En effet, il se forma sous leurs pas
un passage sec; à proportion que l'Arche entroit dans le Canal du fleuve, ses eaux se se-
paroient; celles de dessus étoient arrêtées, &
ne pouvoient plus couler, soit qu'elles se
déchargeassent sur les terres voisines jusques
à Adam, soit que l'Historien sacré, en disant
qu'elles remontoient jusqu'à la Ville d'A-
dam, ait voulu marquer que Dieu les tenoit
suspenduës dans un grand éloignement, &
que le lieu du passage étoit fort large, afin que
le Peuple n'eût aucune frayeur; ce qui cou-
loit embas alloit se jetter rapidement dans
la Mer morte. Le peuple suivit l'Arche,
& passa pendant qu'elle étoit au milieu du
fleuve. L'ingratitude étoit le foible du peuple d'Israël : Josué voulut la prévenir, & fit
élever un mouument de pierres, afin que
si les hommes se taisoient un jour, les pierres parlassent, & prêchassent ce miracle à
la posterité la plus éloignée. Un Deputé
de châque Tribu fut obligé de prendre une
pierre du sein du fleuve, dans l'endroit
où le Peuple avoit passé, & de la placer sur
le rivage, afin qu'il n'y eût aucune de ces
Tribus qui se crût dispensée de la reconnoissance, & qui rejettât sur les autres la faute
de son ingratitude. Josué voulut qu'on mit

un pareil nombre de pierres dans le lit du
Jourdain, afin qu'il y eût un double monument de ce miracle.

Jericho ruinée.

J O S U E'   I V.   ℣.   20.

LE Peuple d'Israël ayant passé le Jourdain,
la manne cessa de pleuvoir, parce qu'on
trouva dans les plaines fecondes de Jericho
une assez grande abondance de bled. La premiere place qu'on devoit attaquer en entrant
dans la terre promise, étoit Jericho; cette Ville étoit située à trois petites lieuës du Jourdain, au milieu d'une plaine delicieuse, couverte de Palmiers & d'arbres odoriferans qui
portoient un baume excellent. Josué jettant
les yeux sur cette Ville, découvrit un homme
dont la posture le surprit; car il avoit l'épée
à la main, & paroissoit l'attendre de pied
ferme; il s'avança courageusement, résolu
de le faire expliquer, & de le combatre comme un ennemi, s'il ne se faisoit pas connoître; sa surprise redoubla lorsqu'il s'apperçut que c'étoit un Ange; cet Ange étoit le
Fils de Dieu, c'est pourquoi cet Ange prend
dans le chapitre suivant le titre de *Jehova*;
il ordonna à Josué de se déchausser : la presence de Dieu avoit autrefois sanctifié les
environs du buisson, la même divinité rendoit le voisinage de Jericho saint : Josué se
prosterna, & adora celui auquel il parloit;
le-

lequel lui commanda d'attaquer Jericho, &
marqua la maniére dont elle devoit être prise. La chose paroissoit difficile ; car cette
Ville étoit fortifiée, peuplée d'hommes &
de Soldats aguerris, ayant à leur tête un Roi
vigilant, les murailles étoient solides, les
portes étoient gardées fort exactement, depuis qu'Israël avoit passé le Jourdain. On n'a-
voit ni beliers ni machines de guerre pour
s'ouvrir un passage ; on trouva un nouveau
moyen de prendre les Villes ; ce fut de promener l'Arche pendant six jours autour de la
Ville : Sept Sacrificateurs marchoient devant
elle, sonnant avec des cornets à bouquin,
pendant que tout le Peuple gardoit un silence religieux. Cette ceremonie ayant été re-
nouvellée pendant six jours, on la fit jusqu'à
sept fois au septiéme jour, & au moment
que le septiéme tour se faisoit, les Sacrificateurs ayant sonné d'un son plus haut, le
peuple reconnut à ce signal qu'il étoit tems
de jetter des cris d'éjouissance, comme s'ils
avoient combatu & gagné la bataille. Les
habitans de Jericho devoient regarder avec
mépris une conduite militaire si nouvelle &
si singuliere ; on n'attaquoit point leurs rem-
parts ; on ne dressoit point d'échelles contre leurs murailles ; l'armée au lieu de combatre se promenoit gravement au son des instrumens ; la promenade recommençoit tous
les matins sans produire aucun effet fâcheux :
Mais la surprise dut être plus grâde, lorsqu'on
s'apperçut que les acclamations sappoient le
fondement des murailles, qui laissoient

en tombant une libre entrée à l'ennemi. A la veuë d'un spectacle si nouveau, le courage des Soldats fondit, la terreur s'empara du Peuple, il se laissa égorger sans resistance. Josué, conformément aux ordres de Dieu, fit faire main basse sur tous les habitans, sur les animaux même; & défendit à ses troupes de se reserver quelque chose du pillage, de peur que les dépoüilles d'une Ville tres-riche n'engendrassent le luxe & la luxure. Jericho, cette grande & belle Ville, fut non seulement rasée, mais Josué maudit celui qui la rebâtiroit ; *si quelqu'un*, disoit-il, *entreprend de rebâtir cette Ville, il la fondera sur son premier né, & posera les portes sur son puisné*; la chose arriva, comme il l'avoit dit. Hiel, soit qu'il voulût rendre son nom immortel par le rétablissement de cette Ville, soit qu'il y trouvât un profit considerable, soit enfin qu'il s'amaginât qu'une malediction prononcée, il y avoit cinq cent ans n'avoit plus de force, entreprit long-tems après de rebâtir Jericho, son fils aîné mourut aussi-tôt, & continuant toûjours à bâtir, malgré cet avertissement du Ciel il perdit aussi son cadet, nommé Segub. Cependant Jericho toute ruïnée, ne laissa pas de conserver quelque rang, elle fut apellée la Ville des Palmes; & ce fut là qu'Ehud, liberateur d'Israël, tua Eglon, ce puissant Roi de Moab, qui en avoit fait le siége de son Empire : Herode y bâtit depuis un superbe Palais ; & ce fut dans cette même Ville que Zachée reçut J. Christ. Cette premiére conquête étoit à

peine

peine achevée, qu'on forma le deſſein d'en faire une autre: Mais l'avarice d'un particulier
retarda le cours de la Victoire. C'étoit une
choſe digne d'admiration, qu'un grand nóbre
de ſoldats pauvres, deſtitués de toutes choſes,
trouvant un ſi prodigieux nombre de meu-
bles, & de tréſors, ne ſe fût aproprié aucun
butin. Un ſeul homme deshonora l'Armée.
Achan avoit emporté & caché dans ſa tente,
une manteline, cinquante ſicles d'argent, &
un lingot d'or; c'étoit la faute d'un ſeul hóme,
elle étoit cachée; on ne pouvoit accuſer, ni le
peuple de tolerance pour le crime, ni le Magi-
ſtrat d'indulgence en ne le puniſſant pas. Cependant Dieu voulant inſpirer un reſpect plus
profond pour ſes Loix, reſolut d'humilier le
peuple par un châtiment exemplaire. Joſué
faiſant attaquer une petite Ville nómée Hay,
les aſſiegeans furent batus, & trente ſix hommes perirent dans la déroute. La perte n'étoit
pas conſiderable; mais elle ſuffit pour faire
ſentir à Joſué la colère de Dieu. Les peuples
portent ordinairement l'iniquité des Rois;
ici le Chef d'Iſraël s'affligea, gemit, & s'humi-
lia pour la faute & le malheur du peuple. Joſué
déchira ſes habits, il couvrit ſa tête de poudre,
afin de marquer ſon humiliatió ou ſa douleur:
Enfin Joſué pouſſa des plaintes très-amères.
Dieu releva Joſué, & lui aprit en le conſolant,
qu'il y avoit un interdit dans le Peuple, qui
devoit être ôté avant que de lui rendre ſa faveur. Comment découvrir le coupable? On fit
aprocher toutes les Tribus, & celle que Dieu
ſaiſit, enfermoit le coupable. Les Juifs diſent

 qu'on

qu'on faisoit passer les Tribus, les familles
& les particuliers devant l'Arche, qui arrêtoit miraculeusement celui qui devoit être
puni, ou bien que la Pierre du Pectoral du
Souverain Sacrificateur, sur laquelle étoit
écrit le Nom de la Tribu soüillée, s'obs-
curcissoit : Mais cette découverte se faisoit
plûtôt par le sort. On le jettoit sur les douze Tribus ; lorsque la Tribu étoit marquée,
on faisoit tirer au sort toutes les familles de
cette Tribu, ensuite les personnes de cette
famille. Achan vit tomber le sort sur la
Tribu de Juda, sans s'émouvoir ; le sort passa ensuite dans la famille de Zara : ce second
évenement devoit le toucher, & lui ôter
toute esperance de voiler son crime ; cependant il attendit jusqu'à ce que le sort tombât sur lui. Alors couvert de confusion &
de honte, il avoüa qu'il avoit été touché de
la beauté d'une robe magnifique, délicate-
ment tissuë par les Chaldéens, & de quelque somme d'argent qu'il s'étoit appropriée.
Josué envoya déterrer ce vol caché dans la
tente d'Achan, pour exciter l'horreur du
Peuple par la veuë des objets, & lui inspi-
rer plus de haine pour l'avarice. On dit que
le peuple bien éloigné de témoigner de l'in-
dignation contre Achan, demanda fiérement à Josué, s'il vouloit faire perir une partie du Senat pour si peu de chose : Mais cette
conjecture n'est pas apparente : le peuple s'arma aussi-tôt de pierres, dont il lapida les coupables. Les enfans d'Achan furent du
nombre des supliciez.

Les

Le Soleil s'arrête au commandement de Josué.

JOSUÉ X. ⱴ. 12.

DEz le moment que le peché fut expié par la punition du coupable, Dieu rendit sa protection au Peuple, qui l'avoit perduë, & par ce moyen il fit de nouvelles conquêtes. Il falloit avant toutes choses reparer l'affront qu'on avoit essuyé devant Hay, Ville moins considerable que Jericho, & qui avoit fait plus de resistance. Josué choisit trente mille hommes, & dressa des embûches pour la surprendre; l'artifice auroit été grossier, si trente mille hommes avoient marché pour se poster derriere la Ville. Un camp volant si nombreux ne peut être caché; les avis de sa marche en seroient bien-tôt venus de Bethel à Haï, qui étoit voisine & son alliée. Il y auroit même quelque contradiction dans l'Historien sacré, qui ne compte que cinq mille hommes placez entre Hay & Bethel : Mais Josué fit prendre les armes à trente mille hommes, & de ces trente mille, il en détacha cinq mille, qui exécutérent son dessein, sans être découverts. Josué marcha avec un petit corps de troupes dans une plaine proche de la Ville. Le Roi d'Hay méprisa un ennemi qu'il avoit déja battu, il sortit avec les mêmes cris de joie, que si la Victoire avoit été déja gagnée. Le Peuple le suivit com-

F 4   me

me à un triomphe ; l'espèrance & le courage redoublerent, lorsqu'on vit Josué qui
fuyoit. On serra de près les fuyards sans pourtant les atteindre ni leur faire grand mal.
Lorsque le peuple d'Hay se fut répandu dans
la Campagne & dans le desert de Bethaven,
qui s'étendoit jusques là. Josué éleva un bouclier qu'il avoit attaché au haut de sa Hallebarde afin qu'on pût le voir de loin. A ce signal, ordonné de Dieu, les soldats sortirent de
l'embuscade, entrerent dans une Ville abandonnée, où il n'étoit resté que des femmes &
des enfans, ils passerent au fil de l'épée tout
ce qu'ils trouverent, & mirent le feu aux
maisons ; la surprise de ceux qui ne pensoient
qu'à poursuivre l'Ennemi fut grande, en voyant leur Ville en feu, & que Josué, tournant
face contr'eux, les enfermoit entre son Armée, & ceux, qui après avoir mis le feu à la Ville, en sortoient pour consommer leur victoire, ils ne pouvoient échaper de quelque côté
qu'ils se tournassent. Le Roi de Hay fut pris
vif dans la déroute ; ce fut un nouveau malheur pour lui, au lieu que celui de Jericho
étoit mort dans le combat, peut-être l'épée
à la main, celui-ci fut pendu. Le bruit de
ces conquêtes, dans lesquelles on ne faisoit
quartier à personne, effraya Gabaon, Ville
grande & peuplée, de qui dépendoient trois
autres Villes : c'étoit apparemment une Republique, puisque Josué ne parle jamais de
son Roi. Elle crût qu'il faloit tromper celui
qu'on ne pouvoit vaincre, elle envoya des
Ambassadeurs au Camp des Israëlites, pour

faire

faire alliance avec eux ; ils mêlerent la fraude à la foi ; car ils revêtirent leurs Ambassadeurs de vieux habits & de souliers usez, &
leur donnerent du pain tout sec, afin de per-
suader plus facilement à Josué que la gloire
de son Nom, & le bruit de ses conquêtes
avoit volé jusques chez eux dans un païs fort
éloigé. Il est étonnant que Josué ne connût
pas une Republique si voisine de son Camp;
car quoi qu'il y eût trois journées de chemin
de Guilgal à Gabaon, dans une marche ordinaire ; cependant une nuit suffit à ce General, lors qu'il s'agit de secourir cette même Place, & de surprendre le Roi de Jerusalem, qui l'assiegeoit : Mais il est encore plus
étonnant que Josué, accoûtumé à consulter
Dieu dans tous les évenemens publics, ait
conclu son traité avec les Gabaonites sans le
faire. On se trompe presque toûjours quand
on se repose sur ses propres lumiéres inde-
pendamment de celles de Dieu. On s'apperçut bien-tôt de la faute qu'on avoit faite;
car on entra sur les frontiéres des Gabaonites, & on vit qu'ils habitoient une portion
de la Canaan. Le Peuple murmura contre
ses Chefs qui avoient fait l'alliance : On re-
presenta que Josué n'étoit pas obligé de tenir un serment qui s'étoit fait sur un faux
énoncé, & contre la Loi de Dieu, laquelle
commandoit d'exterminer les Cananéens.
Mais Josué souffrit patiemment le murmure
des Israëlites, qui étoient chagrins de ce qu'on
leur ôtoit le pillage & la possession de ces Villes, & regardant les Gabaonites comme ses

Alliez, non seulement il garantit leur vie
& leurs Villes de l'interdit, mais il courut
à leur secours dez le moment qu'il les vit at-
taquez par les Rois voisins. Dieu mit son
sçeau à cette action de Josué, qui sauva la
religion du serment, & punit aussi ce qu'il y
avoit d'irregulier dans la conduite de ces
Peuples, en les rendant comme autant d'esclaves de generation en generation, porteurs
d'eau, & scieurs de bois, pour le service de
Dieu. La demarche des Gabaonites irrita
leurs voisins. Cinq Rois firent une puissan-
te ligue; Adoni-tsedek, Roi de Jerusalem, se
mit à la tête des Alliez pour investir Gabaon;
sur les avis que Josué en eut il se mit en
Campagne, & fit une marche si prompte,
que les Alliez, surpris de le voir arriver, per-
dirent courage ; la Bataille se donna & finit
par la fuite : Les fuyards trouvérent un ennemi dans l'air, auquel ils ne s'attendoient pas.
Un Prophete dit, qu'ils marcherent à la
*lueur des fléches de l'Eternel, & à la splendeur
de l'éclair de sa Hallebarde*; Hab. 3. 12. c'est
à dire que l'air s'embrasa, que les éclairs y
furent frequens, & la tempête violente. Ce
qu'il y avoit de plus terrible étoient les
pierres de grêle, d'une grosseur extraordinaire, qui tombant avec violence sur ces troupes
en désordre, tuoient ceux qui avoient échapé à l'épée des Israëlites. Les Payens ont
parlé de certaines phyes où les pierres tomboient du Ciel, & divers Interpretes se sont
imaginez que la victoire de Josué avoit été
consommée par un miracle semblable; mais

il

il ne s'agit ici que d'une grêle très-grosse &
très-pesante, qu'un froid extraordinaire
avoit pû former au milieu de l'air ; ce qui
n'est pas sans exemple. On n'avoit jamais vû
le Soleil ni la Lune s'arrêter ; Josué qui voioit
que cet Astre alloit se coucher, & que les tenebres, répanduës sur la terre, empêcheroient
l'entiére défaite de ses Ennemis, osa demander à Dieu un miracle inouï, que le Soleil
& la Lune retardassent leur course, & Dieu
l'acorda à sa demande. Les Juifs jaloux de
la gloire de Moïse, qui trouvent que ce miracle éleve Josué au dessus de lui, parce
qu'il est plus glorieux de commander au
Ciel qu'à la mer, & de changer le mouvement du Soleil que celui de l'eau, disent que
l'expression poëtique de Josué, signifie seulement qu'il acheva la défaite des cinq Rois si
promptement, qu'il sembloit que le Soleil
s'étoit arrêté. Il est vrai que les Payens ont
dû s'apercevoir de la longueur excessive du
jour auquel Gabaon fut secouruë : Mais il
n'est pas surprenant qu'il n'en soit resté aucune trace dans leur Histoire, puisque Josué vivoit avant la guerre de Troye, & que
les monumens historiques des Payens ne re-
montent pas plus loin. Si St. Paul a passé
ce miracle sous silence, le Prophete Habacuc
en parle, & l'Autheur de la Sapience, dont
le témoignage peut être compté, lorsqu'il s'a-
git d'un fait historique, a raporté cet évenement. La jalousie des Juifs contre Josué
n'est pas raisonnable, il ne s'ensuit pas que
Josué soit au dessus de Moïse, à cause qu'il a

F 6   fait

fait un miracle singulier. Dieu diversifie ses
graces, & Moïse avoit assez d'autres avantages sur Josué: Les Rois liguez, qui avoient
fui avec leur Armée, crurent éviter la mort
en se cachant dans une caverne ; ils y furent
découverts, & enfermez jusqu'au retour de
l'Armée qui poursuivoit les fuyards. Alors
Josué les fit tirer de leur retraite, les exposa à la veuë de tout le Peuple, ordonna
qu'on leur mettroit le pied sur le cou. Enfin
il fit pendre ces cinq Rois.

---

*Plusieurs Rois défaits par Josué. Partage de
la terre de Canaan. Elevation d'un Autel
au delà du Jourdain. Cantique de Josué.
Défaite des Cananéens.*

L E bruit des conquêtes de Josué effraya
tous les Rois qui étoient du côté du
Nord. Jabin parut à leur tête, parce qu'il étoit
plus puissant que les autres, il regnoit à
Hatser, Ville qui donnoit son nom aux Campagnes voisines, dans lesquelles Jonathan
l'un des Maccabées, abandonné de ses troupes, ne laissa pas de tenir ferme contre l'Ennemi, & de remporter une glorieuse victoire sur les Generaux de Demetrius. Il y
avoit dès ce tems là un Roi à Samarie. Il
se joignit à Jabin un grand nombre de peuples & de Princes interessez à arrêter les Israëlites, qui se préparoient à fondre sur eux,
ils formerent un corps redoutable, &
vinrent presenter la Bataille à Josué, qui dé-
fit

fit tous ces Rois, s'empara de leurs Villes,
n'aiant reduit en cendres que la seule Hatser. Après avoir conquis une partie de la
Canaan, il fut question de la partager ; ces
partages son délicats : Les douze Tribus
d'Israël avoient le même droit sur une Terre, qui n'étoit pas également feconde par tout;
il y avoit des déferts ; il y avoit des Villes
plus nombreuses, plus grandes & mieux
situées, & mieux bâties en certains lieux
qu'en d'autres : comment faire une juste
compensation des influences de l'air, & d'un
Païs qu'on ne connoit presque pas : l'égalité
même est une source de chagrins pour ceux
qui aiment la distinction & la préference; &
qui est-ce dans un Peuple qui ne l'aime pas?
Cependant Josué fit un partage, dont on parut content. La Terre de Canaan s'étendoit
depuis le fleuve d'Egypte jusqu'au Liban,&
depuis la mer jusqu'au torrent d'Arnon : David donna plus d'étenduë à cette Terre promise, puisqu'il battit les Syriens, mit gar-
nison à Damas, & passa vers l'Euphrate;
mais il faut se renfermer dans les bornes
qu'elle avoit du tems de Josué. Ce Païs étoit
fort peuplé, & renfermoit un grand nombre
de Villes, qui avoient presque toutes leurs
Rois particuliers. Il étoit beaucoup plus long
que large, car on comptoit sept jours de chemin, depuis le fleuve d'Egypte jusqu'à la
source du Jourdain, au lieu qu'il étoit aisé
de le traverser en trois jours. Le Jourdain
passoit au milieu de ce Païs : ce qui en rendoit le commerce facile & commode;il étoit
arrosé

arrosé de plusieurs petites riviéres, qui contribuoient à sa fertilité. Il seroit inutile de représenter ici le partage de chaque Tribu ; il suffit d'en remarquer trois circonstances, l'une qu'on n'assigna point à la Tribu de Levi, une certaine portion de la terre de Canaan, où elle pût rassembler ses familles ; mais les Levites eurent des Villes dispersées dans toutes les Tribus. Hebron, par exemple, dont David fit sa Capitale, l'espace de plusieurs années, étoit une des Villes qui apartenoient aux Levites dans la Tribu de Juda. Gabaon, si fameuse par l'artifice de ses habitans, devint une Ville Levitique dans la Tribu de Benjamin. Secondement deux Tribus, celle de Ruben & de Gad, & la demi Tribu de Manassé, demandérent en partage les prairies & les Villes qui étoient au delà du Jourdain, parce qu'ils virent de gras pâturages, dont ils espéroient tirer de gros revenus. Enfin les autres Tribus s'apropriérent ce qui étoit en deçà du Jourdain. Il arriva après ce partage un grand scandale ; on n'avoit pas été déja trop content de ce que les Tribus de Gad, de Ruben & de Manassé s'étoient arrêtées au delà du Jourdain. On avoit crû remarquer dans leur conduite un attachement trop violent pour les biens périssables de la terre ; mais le scandale redoubla, lorsque Josué les ayant renvoyez chez eux, chargez des dépouilles de leurs Ennemis, on aprit qu'ils bâtissoient là un Autel. Le Peuple s'assembla & envoya ses deputez, pour demander raison de

cette

cette conduite. Les Tribus qu'on avoit
acuſées avec un peu trop de précipitation,
répondirent que leur deſſein n'étoit pas d'o-
frir des Sacrifices ſur cet Autel, & qu'ils
vouloient ſeulement avoir un monument
perpetuel de la conformité de leur culte, &
de leur Religion, avec le reſte du Peuple,
que le Jourdain ſeparoit d'eux. Il ne ſaut
pas comparer l'action de ces deux Tribus,
qui érigeoient un Autel au delà du Jourdain,
avec celle de Jeroboam, qui en fit bâtir en
Bethel & en Dan, pour les Iſraëlites Schiſ-
matiques : puiſque Jeroboam faiſoit fumer
l'encens, & offrir des Sacrifices ſur ſes Autels, au lieu qu'on ne rendoit aucun service à Dieu ſur celui des deux Tribus ; l'un
vouloit entretenir ſon Schiſme par une nouvelle forme de Religion, & les autres avoient
ſeulement deſſein d'aprendre à la poſterité
qu'ils avoient le même culte que le reſte des
Juifs. On fait encore plus d'outrage à ces
Juifs que Joſué a juſtifiez, lorſqu'on les met
en paralleſe avec Achaz, qui pour ſe lier
plus étroitement avec le Roi d'Aſſyrie, dont
il avoit beſoin, fit ériger à Jeruſalem un Autel ſemblable à celui qu'il avoit veu à Damas ; car ce Prince n'avoit en veüe que d'é-
tablir une nouvelle Idolatrie dans le Temple de Dieu ; mais les Tribus vouloient au
contraire conſerver la memoire & la pratique de l'ancienne Religion. Ce n'eſt pas
qu'il ne fût permis de bâtir des Autels en
divers lieux, & de les conſacrer à Dieu. On
voit pluſieurs exemples de ces Autels érigez
par

par Saül, par David, par Elie, & par d'autres Saints, qui ne sont point exposez par là à la colère de Dieu, ni aux censures des Prophetes. Samuël étoit fort éloigné du Tabernacle, lorsqu'il alloit oindre David, & qu'il disoit aux habitans de la Ville qu'il venoit pour sacrifier. On remarque deux circonstances principales, dans lesquelles il étoit permis de consacrer de nouveaux Autels; lorsque le lieu avoit été consacré par la presence de Dieu, ou lorsqu'on venoit de recevoir quelque bienfait signalé de lui, on se contentoit souvent d'elever quelques gazons, & quelques mottes de terre, dont on faisoit un Autel. Ces Autels de terre étoient fort connus des Payens, aussi bien que des Juifs, & Dieu ne les a point condamnez. On élevoit quelquefois douze grandes pierres brutes, dont on faisoit deux piles, qui jointes l'une à l'autre, formoient une assez grande table, pour poser le feu & la victime; mais ces sortes d'Autels ne duroient guere plus que la ceremonie du sacrifice; au lieu qu'il s'agissoit ici d'un Autel permanent & solide, bâti solemnellement par deux Tribus; ce qui avoit l'air d'un Schisme, & de plus aneantissoit le but que Dieu se proposoit dans les sacrifices; il ne vouloit qu'un seul Autel, ordinaire & public, sur lequel toutes les victimes fussent ofertes, afin de représenter Jesus-Christ, sur lequel seul nos espèrances & nos oraisons doivent être apuyées. Josué, après tant de conquêtes, sentit

tit que sa fin aprochoit, & comme il savoit que
les paroles des mourans font plus d'impression sur l'esprit des peuples, il assembla le
Peuple, & après lui avoir fait un recit court
des bienfaits de Dieu, il entassa motif sur
motif, pour l'engager à perseverer dans son
obéïssance. Après avoir rendu ce dernier devoir au Peuple, il remit son ame entre les
mains de Dieu, rassasié de jours & d'années.
Le Peuple, destitué de son Chef, ne laissa pas
de pousser plus loin ses conquêtes. Caleb fit
prendre Kiriatsepher par son gendre. Ce
nom signifie la Ville des livres, soit qu'il y
eût là une Ecole de Savans, une Bibliothe-
que, ou des Archives, dans lesquelles on
gardoit les regîtres publics. En suivant ces
conjectures, il faudroit dire que les lettres &
les livres étoient en usage long-tems avant
Moïse, puisque cette Ville subsistoit dès le
tems d'Abraham.

Sisera tué par Jahel.

J u g e s I V. ✻. 17.

JOsué ne gouverna le Peuple d'Israël que
dix sept ans; quelques-uns lui donnent
dix ans de plus, parce qu'ils suposent qu'il
n'avoit que quarante ans, lorsque Moïse
l'envoia épier la Terre de Canaan : Mais on
ne peut compter justement, comme fait
l'Auteur du Livre des Rois, 480. ans depuis
la sortie d'Egypte, jusqu'au tems où Salomon

mon commença de bâtir le Temple, qu'en
bornant à dix-sept ans le commandement
de Josué : il mourut âgé de cent dix ans,
& au lieu que Moïse avoit été enterré secre-
tement par les Anges, celui-ci eut son tombeau dans sa Tribu. On pretend même
que les Israëlites placérent sur son sepulcre,
un simulacre du Soleil, afin de conserver la
memoire du miracle qu'il avoit fait en Gabaon, & que c'est de là que le lieu de Tim-
narsera, où il fut enseveli, a tiré son nom.
Après sa mort la Tribu de Juda, suivant l'ordre de Dieu, s'arma pour conquerir les Villes qui étoient échuës dans son partage, &
afin de réüssir plus surement, elle s'associa
la Tribu de Simeon, à condition de lui prê-
ter le même secours dans l'occasion ; Elles
battirent l'un des plus puissans Rois du Païs
qui s'apelloit Adonibezek, & par une juste
retribution, ils lui coupérent les pouces des
pieds & des mains. Ce Roi fier & cruël
avoit fait auparavant le même traitement à
soixante & dix Rois ses voisins, qu'il avoit
soumis à la dure necessité de ramasser les
mietes de pain qui tomboient sous sa table.
Ce prodigieux nombre de Rois, dans une
petite étenduë de Païs, comme étoit la Judée, ne doit étonner personne ; car ce Païs
abondant & fertile, étoit fort peuplé, & chaque Ville avoit son Roi. Après ces conquêtes, Dieu éprouva la foi des Israëlites,
& pour cet éfet il laissa subsister divers Peuples de la Canaan, qui jaloux de la prosperité des Juifs, & craignant un sort semblable

ble à celui de leurs voisins, ne manquoient pas de s'armer souvent contr'eux. Heglon, homme puissant, les tint dans un honteux esclavage, jusqu'à-ce qu'Ehud devint le liberateur de la Nation, en tuant ce Prince, qui se croioit en sureté dans sa garderobe, & qui, après avoir reçu un present de la main d'Ehud, au nom du Peuple, s'imagina qu'il pouvoit lui donner une audience secrette. Le meurtrier se sauva, & aiant assemblé une armée, repoussa les Moabites, qui faisoient de violens éforts pour passer le Jourdain, afin de venger l'assassinat de leur Roi. Cette action d'Ehud a paru, non seulement hardie, mais contre les regles de la justice, puis qu'un particulier ne doit pas attenter à la vie d'un Roi, lors même qu'il ne le devient que par le droit de conquête : D'ailleurs Ehud fit intervenir le mensonge & la fraude, en s'attirant la confiance de ce Prince par un present, & il l'assura qu'il vouloit lui parler en secret, lors qu'il n'avoit point d'autre dessein que de lui ôter la vie : cette conduite seroit effectivement condamnable, si l'Ecrivain sacré ne le disculpoit, en disant, que c'étoit Dieu qui l'avoit suscité pour être le liberateur de son Peuple ; il est maître de la vie des hommes, & peut en disposer selon son bon-plaisir ; cependant on ne peut disculper, ni la fraude, ni le mensonge d'Ehud. On vit paroître un autre liberateur, nommé Samgar, lequel tua six cent hommes avec un aiguillon de bœufs. L'Ecriture ne marque, ni sa Tribu, ni le tems de son gouvernement;

mais

mais on voit affez par l'aiguillon dont il fe
fervoit, que c'étoit un bouvier, qui fut pouf-
fé par l'Efprit de Dieu, pour repouffer les Philiftins : fon commandement commença &
finit la même année, & la feule action qu'on
raporte de lui, eft la défaite de fix cent Philiftins. On a crû qu'il ne pouvoit pas les avoir
tuez fans le fecours de quelques Ifraëlites qui
l'aidérent, & cette action ne laifferoit pas
d'être miraculeufe, foit parce que le nombre
des combatans, dont il étoit le Chef, fe
trouva fort inegal, foit qu'il defit les Philiftins, plutôt par fon bâton, femblable à
la verge dont Moïfe fe fervit contre les
Amalecites, que par la force des armes.
On a crû faciliter le miracle, en changeant
l'aiguillon en foc de charruë, mais on s'éloi-
gne de l'Hiftorien facré, qui ne parle que d'u-
ne verge ou d'un aiguillon. Le Gouvernement tomba enfuite entre les mains d'une
femme. Je ne fçai pourquoi on a voulu lui
ôter fa charge & fon mari. On foutient que
Debora n'étoit point le Juge d'Ifraël, parce
que cela ne convient pas aux femmes; d'ailleurs Barac avoit le commandement de l'armée; ce fut lui qui donna la Bataille contre
Sifera; cependant l'Ecriture dit expreffe-
ment que *Debora jugeoit tout Ifraël* fous une
palme qui portoit fon nom. Lorfque les Ecrivains facrez font la Chronologie des Juges,
ils n'oublient pas d'y inferer cette femme, &
de compter les quarante années de fon gouvernement : Barac n'agit que par fes ordres,
& comme Jofué avoit combatu fous ceux

de

de Moïse. St. Ambroise a voulu qu'elle fût veuve, lorsqu'elle prit l'administration des afaires, *c'est une Veuve*, disoit-il, *qui gouverne les Peuples, qui commande les Armées, qui choisit les Officiers, qui dresse l'ordre de bataille, & qui régle le triomphe.* Cependant l'Ecriture nomme son mari, & ne parle point de son veuvage : ce mari s'apelloit Lapedok ; ce nom a déplû aparemment aux Juifs, & aux Interprétes modernes, qui lui substituent Barac : Mais pourquoi changer les noms qu'on trouve dans l'Histoire Sainte. Barac vivoit loin de la Prophetesse, dans la Tribu de Nephtali, à Kedes, où il avoit son domicile ordinaire, pendant que l'autre prophetisoit vers la montagne d'Ephraim. Cette Prophetesse vit, avec douleur, le Peuple plier sous le joug de Jabin, Roi de Canaan ; elle apella Barac pour le combattre, il ne voulut point s'engager dans une entreprise si dangereuse, s'il n'étoit soutenu par les conseils & les prieres de la Prophetesse ; c'est pourquoi elle le suivit. J'y irai, puis que vous le voulez, lui dit-elle, mais vous ne pensez pas à vôtre propre gloire ; car il n'y aura point d'honneur pour vous, lorsque Dieu vous aura fait vaincre Sisera par une femme. Barac assembla dix mille hommes des Tribus de Zabulon & de Nephtali, parce qu'il étoit de ce Païs-là, & que ces deux Tribus étant plus voisines de l'ennemi, on pouvoit en faire un corps d'armée, avant que Sisera eût le loisir de les couper. Josephe dit que Sisera marcha avec dix mille chevaux, trois cent mille

mille fantaffins & trois mille chariots ar-
mez ; mais il a groffi confiderablement ce
nombre ; car l'Ecriture ne lui donne que
neuf cents chariots, & les Rois de ce Païs
là, qui ne poffedoient qu'une petite étenduë
de Païs , ne pouvoient pas mettre tant de
troupes fur pied. Barac campa fur la montagne du Tabor, & Sifera fur les bords d'un
torrent qui lavoit les pieds de cette montagne. Le premier n'attendit pas qu'on l'at-
taquât ; quoique fon pofte fût tres-avanta-
geux ; il defcendit de la montagne, après
avoir reçû l'ordre de Debora , & combatit dans la plaine. La refiftance de l'Ennemi ne fut pas longue, les chariots furent
renverfez , les troupes éparfes prirent la
fuite. Sifera defcendit de fon chariot, afin
de n'être pas connu , & au lieu de courir
vers la Capitale de Jabin, il tourna vers
le camp de Heber, lequel étoit en paix avec
fon maître, & qui cependant avoit refufé
de lui donner fes troupes , afin de ne favo-
rifer pas les ennemis du peuple de Dieu,
dont il faifoit partie. Sifera trouva Jahel
femme d'Heber à la porte de fa tente, il lui
demanda retraite avec une pleine confiance de l'obtenir , & de s'y repofer quelque
tems en fureté. Après avoir bû du lait
pour éteindre fa foif, il fe coucha & s'endormit fi profondement, que Jahel eut le
tems & la liberté de lui ficher un clou dans
la temple, dont il mourut.

Gedeon choisit par l'ordre de Dieu les Sol-
dats qu'il doit amener avec lui
contre les Madianites.

JUGES VII. ℣. 2.

LE Peuple tomba dans l'Idolatrie, & en
même tems dans la mifere. Les Madianites leurs anciens ennemis, qui habitoient l'Arabie pierreufe, firent des courfes
jufques dans le cœur du Païs ; ces courfes fe renouvelloient tous les ans ; au tems
de la moiffon, les Arabes enlevoient tout
ce que la terre avoit produit : Les habitans
non feulement perdoient le fruit de leurs
travaux ; mais étoient obligez de fe cacher
dans des trous & des cavernes, de peur
qu'on ne les menât prifonniers ; le pillage
durat fept ans de fuite : Dieu fit alors paroi-
tre un Prophete, qui reprocha au Peuple fes
pechez. Cet Ange s'adreffa à Gedeon, fils de
Joas, d'une famille peu confiderable, de la
Tribu de Manaffé, il l'appella *fort & vail-*
lant homme, foit parce qu'il fe fût déja fi-
gnalé dans quelques combats particuliers
contre les Madianites, foit parce qu'il devoit donner un jour des marques de fa valeur ; il l'affura de la protection de Dieu,
l'Eternel eft avec toi ; à ce mot Gedeon fut
émû ; il ne pût accorder l'état miferable du
Peuple avec la protection d'un Dieu tout-
puiffant. *Helas! Monfeigneur*, *comment l'E-*
ternel

ternel seroit-il avec nous puisque toutes ces choses
nous sont arrivées? Où sont les merveilles que
nos Perès nous ont racontées ? Les Peres in-
struisoient leurs enfans des miracles que
Dieu avoit faits: Gedeon les croyoit, mais
il regretoit ces tems heureux & passez : Il
ignoroit si celui qui lui parloit , étoit un
Prophete, un Ange, ou Dieu ; il demanda
un signe qui le tirât du trouble où il étoit.
Le miracle se fit, Gedeon avoit preparé
un repas pour traiter celui qui l'entretenoit.
Ceux qui prennent ce repas pour un sacrifice
qu'il avoit dessein d'offrir à l'Ange, ne peuvent disculper Gedeon d'avoir rendu à la
creature des honneurs divins, il auroit
commis un crime en offrant un sacrifice de
viandes cuites : Enfin il n'étoit pas Sacrificateur : il est donc plus apparent qu'il imitoit Abraham, lequel regala les Anges qui
venoient chez lui. Et l'Ange fit de ces mets
la matiere du sacrifice , qui fut consumé
par un feu miraculeux. Gedeon fut ravi de
voir sa vocation confirmée , mais il s'effraia
en apprenant qu'il avoit veu un Ange. C'é-
toit un prejugé ordinaire chez les Anciens,
qu'on ne voyoit point impunément, ni la Divinité , ni ses premiers Ministres , parce
qu'on étoit indigne d'une presence si glorieuse. Ce Liberateur fut obligé de commencer
son Ministère par la reformation de sa Ville
& de sa maison. L'Idolatrie avoit gagné
jusques là , & Joas son Pere avoit donné
une partie de son fonds pour y bâtir un autel à Bahal. C'étoit la coûtume des Payens

de planter des bocages auprès des Autels des
Temples, & des lieux confacrez aux Dieux.
On y plaçoit les ftatuës des Idoles, on y
ofroit des Sacrifices, & l'on y faifoit des pro-
ftitutions infames, que l'ombre des arbres,
qu'on ne coupoit jamais, & l'obfcurité des
grotes & des antres, qu'on trouvoit dans ces
bois, rendoient plus fecretes & plus faciles.
Il y avoit un de ces bois facrez auprès de
l'autel que Joas, Pére de Gedeon, avoit élevé : Dieu ne put foufrir cette abomination,
il ordonna que l'Autel fut abatu, & le bois
coupé, & qu'on lui ofrit enfuite des facrifices au même lieu. Gedeon ne redouta point
la colère d'un Pere, auquel il devoit naturellement de l'obéïffance, ni la fureur d'un Peuple entêté de fes Dieux : Il cacha fon deffein à la faveur des tenebres & de la nuit,
il abatit l'autel, & coupa le bois confacré:
La furprife fut grande pour Joas & pour le
Peuple d'Ophra, petite Ville fituée fur les
bords du Jourdain, dans la Tribu de Manaffé, de ne trouver plus fes Dieux. On
murmura ; on demanda la tête du coupable. Joas, moins attaché aux Idoles que le
refte des habitans, ou déja inftruit par fon
fils, calma ces mouvemens impetueux du
peuple, en difant, qu'il faloit laiffer à Bahal le
foin de fe venger lui-même. Un Empereur
Payen, ennemi de la perfecution qu'on faifoit
aux Chrêtiens, difoit la même chofe à fes
Confeillers, qui lui infpiroient de la violence. Le culte du veritable Dieu rétabli, il donna auffi-tôt des marques de fa protection.

Tom. I.   G   Le s

Les Madianites, acoûtumez au pillage, &
soutenus de divers alliez, poussérent leur
course plus loin qu'ils n'avoient encore fait,
ils percérent au delà du Jourdain jusqu'en
Jisrehel. Gedeon apella les Tribus voisines
qui étoient interessées à repousser un ennemi
si redoutable ; & pendant que l'Armée s'as-
sembloit, il demanda à Dieu deux miracles
pour afermir sa foi & son espérance; il souhaita, la premiére nuit, que la rosée tombât
sur la toison qu'il avoit posée exprès, & que
la terre demeurât séche. Il demanda la nuit
suivante que le contraire arrivât, & que la
toison demeurât séche, pendant que la place voisine seroit arrosée. Deux évenemens si
singuliers & si contraires ne pouvoient arriver naturellement : Dieu marquoit par là
une condescendance pour la foiblesse de Gedeon, qui ne permettoit plus de douter de sa
volonté. Les troupes étant assemblées, Dieu
les trouva trop nombreuses: Vingt deux mille hommes se retirérent au premier cri qu'on
fit dans l'armée, qui permettoit à ceux qui
avoient peur de chercher leur sureté. De dix
mille qui restoient, Dieu n'en choisit que trois
cent, qui en s'aprochant de la riviére, lappé-
rent l'eau, pendant que les autres se cour-
boient pour boire : La raison de ce choix ne
se découvre qu'avec peine. On dit que Dieu
rejetta tous ceux qui, acoûtumez à cour-
ber le genouil devant Bahal, firent la même chose pour boire, & qu'il n'y en eut que
trois cent dans toutes ces Tribus, qui
eussent conservé la pureté de leur culte:

Mais

Mais on ne prend pas garde que Gedeon, fils d'un Pére idolatre, avoit aparemment adoré l'Idole, comme les autres, avant l'aparition de l'Ange ; d'ailleurs il n'y a aucune conséquence de la genuflexion, par laquelle on adoroit Bahal, à celle qu'on faisoit pour boire. Josephe a dit, que Dieu choisit trois cent des plus lâches, puis qu'ils ne beuvoient avec précipitation que par la crainte de l'ennemi, pendant que les autres, plus tranquiles, prenoient le tems de se mettre à genoux ; il y auroit plus d'aparence que Dieu préfera ceux qui, contens d'un peu d'eau nécessaire pour rafraichir la langue, paroissoient méprifer les commoditez de la vie, au lieu que les autres, plus avides, vouloient éteindre tout à fait leur soif, & le faire avec plus de plaisir & de commodité. Il arma ces trois cent hommes de trompettes, de cruches, & de flambeaux, & en attendant que l'heure d'employer ces armes sonnât, il entra la nuit dans le Camp de l'ennemi, & aprit par le fonge d'un Madianite ce qu'il devoit espérer : Un rouleau d'orge qui alloit fraper les tentes de Madian, & qui les renverfoit, étoit une image fenfible du Peuple d'Ifraël, qui pendant la guerre des Madianites n'avoit vêcu que d'orge, au lieu de froment, & qui après avoir été long-tems dans la misère, alloit renverfer & détruire fes oprefleurs. Gedeon, animé par ce fonge, qui l'afluroit de la Victoire, entra dans le Camp avec ces trois pelotons de cent hommes chacun, les trompettes fonnérent ; les cruches furent caflées,

& la lumiére des flambeaux éclaira tout le Camp. On crioit par tout, *l'Epée de l'Eternel, & le bras de Gedeon.* Ce nom jetta la terreur. On crût qu'il y avoit de la trahifon, & qu'un nombre infini d'Ifraëlites, conduits par un Chef, foutenus par un Dieu, dont la puiffance leur étoit connuë, entroit dans le Camp; les troupes épouvantées fe mirent en confufion; on fe tua fans fe connoître, on prit la fuite, & alors toutes les troupes d'Ifraël, qui étoient reftées dans leur Camp, fe réuniffant à pourfuivre l'ennemi, la défaite fut entiére

---

Abimelec eft tué.

JUGES IX. ℣. 52.

GEdeon, mourant dans une blanche vieilleffe, laiffa foixante & onze enfans, qui fe flatoient que les fervices de leur Pere, & leur propre valeur les éleveroit au commandement de l'armée. Ce n'étoit pas la coûtume de prendre les enfans pour fucceder aux Peres dans le Gouvernement. Moïfe, qui en avoit éloigné fon fils, avoit donné l'exemple de ce defintereffement: Gedeon l'avoit imité, en refufant l'empire pour fes enfans, auffi bien que pour lui: *l'Eternel,* difoit-il, *dominera fur vous;* & puifque le Peuple d'Ifraël devoit être conduit par des hommes animez de l'Efprit de Dieu, on ne pouvoit avoir égard aux enfans des Heros; le
Peu-

Peuple, après la victoire remportée sur Madian, avoit crié à Gedeon, vous *dominerez sur nous, vous, vôtre fils, & celui qui en descendra;* mais on oublia bien-tôt ses promesses & ses services, & on n'eut aucun respect pour sa memoire. Abimelec sentit cet outrage plus que les autres. Il étoit d'une plus basse naissance du côté de sa Mére: ses freres mêmes ne l'honoroient pas, parce qu'il étoit fils d'une servante; mais il avoit beaucoup d'ambition, il alla offrir ses services à la Ville de Sichem, située aux pieds de la montagne de Nebal, où il avoit quelques parens du côté de sa Mére, il reçut là quelques pieces d'argent, avec lesquelles il assembla quelques scelerats, dont il se servit pour égorger tous ses freres. Jotham seul, échapa à sa diligence. Sichem devoit avoir horreur d'une action si barbare: Mais soit qu'elle craignît un homme, qu'elle avoit déja rendu trop puissant, ou qu'il fût secondé par la faction de ses parens, il fut élû & couronné Roi de la Ville. Quelques-uns soutiennent que son Empire s'étendit sur tout Israël, mais on ne voit pas qu'il en ait éxercé les actes ailleurs que dans Sichem & les lieux voisins: Et son frere Jotham fut en sureté dans Beer, qui étoit d'une autre Tribu. Le Sacre d'Abimelec se fit dans une chenaye proche de Sichem: Il y avoit long-tems qu'on voioit là des arbres de cette espece, puisque Jacob avoit enterré sous un chêne les Dieux étrangers qu'il avoit trouvez dans sa famille: Mais ce seroit donner dans les fables, que de s'imaginer que

ce

ce même chêne eut subsisté cinq cent ans, depuis Jacob jusqu'à Abimelec. St. Jerôme a
pourtant dit qu'on le voioit encore du tems
de Theodose, c'est-à-dire, deux mille ans
aprés ce Patriarche. On choisit la chenaye de
Sichem pour le Sacre, soit parce qu'elle étoit
propre pour assembler le Peuple, soit qu'on regardât ces vieux arbres comme sacrez. Jotham, frere d'Abimelec, prit ocasion de cette
assemblée, pour representer aux Sichemites
la cruauté inouïe de son frére, & le péril auquel ils s'exposoient en prenant un si méchant Roi. Il monta sur la montagne de Ga-
risim, d'où il pouvoit se faire entendre, il parla au Peuple, & se servit de la parabole des arbres, qui offrant l'empire au Cedre, à l'O-
live, au Figuier & à la Vigne, furent refu-
sez, & prirent l'Epine pour leur Roi. Jotham vouloit aprendre deux choses aux Sichemites ; l'une, que les personnes qui aiment la justice & la pieté, fuyent la Royauté
au lieu de la chercher, parce que les soins inseparables du Gouvernement, & ces iniquitez, qu'on apelle coups d'Etat, empêchent
la vertu d'agir, & de porter ses fruits. Secondement, l'épine, qu'on ne touche jamais
sans voir couler le sang, étoit l'image d'A-
bimelec, qui déchireroit ses sujets, & qui
leur feroit sentir les éfets de sa cruauté. Jotham ajoûta à cette leçon des imprécations
contre les habitans de Sichem, qui furent
acomplies. En éfet, trois ans étoient à peine écoulez, qu'Abimelec fut troublé dans
son Royaume. Les Sichemites s'attroupé-

rent,

rent, & se postant à toutes les avenuës de la Ville, ils y firent mille brigandages. Gaal vint avec ses amis de delà le Jourdain, & entra dans la conjuration, espérant de devenir à son tour le Roi de Sichem, il soutint avec chaleur les interêts du Peuple contre le nouveau Roi : il décria la famille de Gedeon, releva la sienne, méprisa Abimelec, & par de semblables discours il attira le Peuple, & lui fit prendre les armes. Le Roi en fut averti par un de ses principaux Officiers qui suivoit Gaal, il s'aprocha de la Ville sur le premier avis qu'il reçut du soulévement, & se mit en embuscade derriére les montagnes. Gaal sortant de la Ville dès le matin, fut surpris de voir des troupes qu'il n'attendoit pas, & qui venoient fondre sur lui, il ne trouva de salut que dans la fuite, qu'il prit aussi-tôt; on le poursuivit, & la Ville rebelle aiant été prise, Abimelec la rasa, & y sema du sel. Cette coûtume est ancienne, on punissoit ainsi les Villes criminelles de leze Majesté, soit qu'on regardât le sel comme un signe de malediction ou de sterilité. Cette action d'Abimelec n'est point condamnée par divers Theologiens, qui donnent aux Rois le pouvoir de faire tout contre leurs sujets. Cependant on pourroit dire qu'Abimelec suivoit ici son temperament fier & cruël, qui ne pardonnoit à personne, & qui ne pouvoit pas pardonner à des sujets rebelles, après avoir fait égorger impitoyablement ses fréres, qui ne l'avoient point offensé. La seule retraite qui

G 4

resta

resta aux fugitifs, fut le Temple de leur Idole Bahal-berith. Cette Idole étoit le Dieu des alliances ; & c'étoit dans son Temple que les habitans de Sichem avoient ratifié leur alliance avec Gaal, par des festins & des réjouïssances publiques. On avoit continué d'adorer ce faux Dieu en Sichem, malgré les remontrances des Prophetes, & Abimelec, quoique fils de Gedeon, & Roi de la Ville, n'avoit point aboli ce faux culte. Ce Temple servoit de Citadelle : Mille personnes de Sichem s'y crurent en sureté à l'ombre des fortifications. Mais Abimelec aiant donné l'éxemple à tous ses soldats de couper une branche des arbres dont le mont Salmon, voisin de là, étoit couvert, on se servit de toutes ces branches pour mettre le feu à l'édifice, & tous ceux qui s'y étoient enfermez furent consumez & reduits en cendres. Abimelec avoit joui jusques là du fruit de son peché ; il étoit devenu Roi, après avoir massacré soixante neuf fréres, si ses sujets s'étoient revoltez il les avoit punis, & Gaal, rival de sa gloire & de sa couronne, avoit été obligé de fuir devant lui, & de se retirer ; mais à la fin de sa victoire il trouva une mort honteuse. Un reste de rebelles se soutenoit dans Thebes. Abimelec crut qu'une si petite place ne lui coûteroit pas beaucoup ; comme il étoit hardi, il marcha à la tête des combatans, & fut un des premiers à y mettre le feu, comme il avoit fait au Temple du faux Dieu : Une femme, qui crut que tout étoit perdu, laissa tomber une grosse pierre du haut de la tour, le fra-

frapa à la tête, & le renversa. Le depit & le
chagrin de se voir Roi conquerant, abatu par
la main d'une femme, l'obligea d'apeller son
Ecuyer, & de lui ordonner de lui enfoncer l'épée dans le sein, faux point d'honneur
qui l'engagea dans un nouveau crime ; car
quoique sa mort parût certaine, il n'étoit
pas permis de l'avancer de quelques momens par un mouvement de vanité. Il faut
atendre le tems que Dieu a fixé pour la se-
paration de l'ame, & ne le prevenir pas :
L'Ecuyer devenoit meurtrier en obeïssant
à son Maître, puis qu'il étoit l'instrument de
sa vanité, pour ôter une vie qui ne dépendoit
pas de lui.

Jephté revenant victorieux des Ammonites,
sa fille va au devant de lui.

JUGES II. ⋆ 34.

L E Commandement tomba entre les
mains de Jephté par une pure necessité. Galaad l'avoit eu d'une femme débauchée
qu'il entretenoit ; & le défaut de sa naissance,
quoi qu'assez ordinaire en ce tems là, l'avoit
rendu si odieux & si meprisable, que ses freres le chasserent de leur maison ; le peuple de
Galaad approuva la dureté qu'on avoit pour
lui ; ne trouvant point de ressource dans sa
Nation, & dans son Païs, il se retira sur les
frontieres de l'Arabie, & se mit à la tête de
quelques voleurs, vivant avec eux du pil-
G 5   lage

lage qu'ils faisoient. Ses compatriotes le ti-
rèrent de là pour commander leur armée contre les Ammonites. Les Ammonites soute-
noient la justice de la guerre, parce qu'ils venoient reprendre ce que les Israëlites leur
avoient ravi. Jephté se faisoit un droit de la
benediction que Dieu avoit répanduë sur
leurs armes, & justifieit l'entreprise de ses
Ancêtres par le succès. Enfin, il allegua une
prescription de 300. ans, qui doit être souvent reçuë, puisque sans cela, il n'y auroit
ni repos ni sûreté dans la possession de la plûpart des Etats.   Jephté ne faisoit, peut-être,
intervenir la négociation, que pour avoir le
tems d'assembler des troupes ; dès le moment qu'elles furent arrivées au rendez-
vous general, il marcha vers les Ennemis:
Mais avant que de combatre, il fit ce vœu,
qui coûta la vie à sa fille unique, & à lui-même une violente douleur.   Il promit à Dieu
de lui sacrifier la premiere chose qui sortiroit
de sa maison, s'il y revenoit victorieux. Comme les Ennemis de la Religion Chrêtienne
ont pris de ce vœu une ocasion de nous insulter, comme si nous adorions un Dieu cruël,
qui autorise le meurtre d'une fille par son
Pere, & qui en fait un acte de Religion, on
s'est crû interessé à cacher cette action, & à
en changer la nature. C'est pourquoi on remarque une alternative dans le vœu de Jephté ; il distinguoit entre les choses qu'on pouvoit consacrer, & celles qu'on devoit immoler ; & la fille de Jephté se trouvant dans
le premier ordre, fut seulement obligée de
con-

confacrer à Dieu fa Virginité. C'eft pourquoi
l'Ecriture dit qu'elle la pleura l'efpace de deux
mois, & ne la fait point immoler par fon Pere. Dieu ne foufroit point qu'on lui ofrit
des victimes humaines, quand même un Pere dénaturé auroit voulu offrir le fruit de fon
ventre. Jephté, que le Saint Efprit met au
rang des Heros, qui ont donné des marques
éclatantes de leur foi, n'étoit pas capable de
commettre ce crime. Enfin on conclud,
qu'on lui bâtit un Monaftère proche du Tabernacle, & que toute la faute de Jephté fut
de n'avoir pas racheté fon vœu, dont le Souverain Sacrificateur lui auroit donné difpen-
fe pour de l'argent. Ce fentiment eft humain. On y attribuë à Jephté ce qu'il devroit avoir fait. Mais il n'eft pas permis de
changer les actions d'un homme, pour le rendre innocent. On fait de Jephté, à la tête de
fon Armée, & prêt de donner bataille, un
Cafuifte fort éxact, qui méditant tranquile-
ment dans fon cabinet, tourneroit de tous les
côtez un vœu, afin de le faire avec la derniere précifion : Dans les mouvemens qui font
ordinairement vifs, & qu'un defir violent
fait naître, on promet tout à Dieu ; on ferme
les yeux fur les confequences qui en peuvent
naître, & même on ne les voit pas, parce
que l'efprit, tout rempli du principal objet
qui l'ocupe, ne penfe qu'à lui, & ne fait
aucune attention aux fuites. Il ne paroit
point que Jephté ait fait aucune diftinction.
Il promet, que ce qui fortira de *fa maifon fera à
Dieu*, & comment ? en le facrifiant ; *& je*

l'offri-

J'offrirai en holocauste ; c'étoit une coûtume
affez ordinaire chez les Juifs, que celle de
confacrer avec anathéme les Villes & leurs
habitans, & de les faire enfuite paffer par l'interdit. On étoit obligé d'accomplir fi exactement ce Vœu, que Dieu puniffoit avec fe-
verité ceux qui y manquoient , lors même
que leur intention étoit bonne, & qu'ils
avoient deffein de lui confacrer ce qu'ils
épargnoient. Jephté accoûtumé aux Vœux
de fa Nation contre les Ennemis, en fit un
femblable, fans prendre garde que fa temerité
l'expofoit à une violente tentation ; c'eft
pourquoi Jofephe & les autres Juifs, qui ont
connu l'Hiftoire & les Loix de leur Nation,
s'accordent tous fur la realité du facrifice.
Saül qui avoit voüé d'immoler celui qui mâ-
geroit avant que d'avoir achevé la défaite
de l'Ennemi , & qui fe trouva précifément
dans le cas de Jephté, auroit fait égorger fon
fils Jonathan, fi le Peuple ne s'y étoit oppofé.
Il n'eft donc pas fi étonnant que Jephté, qui ne
trouva pas une même faveur dans le peuple,
ait rempli fon Vœu. Ce Pere malheureux
n'auroit pas été ému, ni fi mortellement affligé à la veuë de fa fille, s'il ne s'étoit agi que
d'une confecration à Dieu qui étoit une marque de fa pieté : Cette fille n'auroit pas demandé deux mois pour pleurer fa Virginité,
fur laquelle elle auroit pû faire affez de la-
mentations le refte de fa vie dans fa chambre, lorfqu'elle auroit été reclufe. On n'auroit pas fait une Loi dans tout Ifraël de la
pleurer tous les ans l'efpace de quatre jours

si elle avoit été seulement reduite à la necessité de conserver sa Virginité ; combien d'autres filles étoient obligées de mourir Vierges en Israël, dont on n'a jamais parlé ; les larmes qu'on répandoit dans ces jours solemnels, marquent un évenement extraordinaire, qui excitoit la douleur & l'admiration des filles d'Israël. C'étoit le Sacrifice d'une Vierge, qui s'étoit immolée volontairement pour dégager la parole de son Pere, & servir sa Patrie en prevenant par sa mort un châtiment qui auroit pû la désoler. La tache de cruauté attachée à ce sacrifice ne doit pas réjaillir sur Dieu ni sur la Religion ; car outre que c'est un évenement singulier, qu'on ne peut comparer aux sacrifices ordinaires des Cananéens, qui immoloient leurs enfans au Démon, on ne doit l'imputer qu'à la temerité de Jephté. L'Historien sacré en parlant de la fille de Jephté a menagé ses termes, & envelope ce qu'il y a d'inhumain dans cette action, il dit seulement que la fille pleura sa Virginité, & que le Pere *rendit son Vœu*, afin de cacher le sacrifice dont il faloit adoucir l'idée. St. Paul a mis Jephté dans le rang de Gédeon, lequel fit un Ephod, qui devint un piege à tout Israël. Ce qu'on dit d'un Monastere bâti proche le Tabernacle, & l'autorité qu'on donne au Souverain Sacrificateur de dispenser d'un vœu quand on le paye, sont des choses imaginées sans preuve. La fille de Jephté est plus digne de loüange que le Pere. Après un terme de deux mois, qu'elle avoit obtenu pour se préparer à un sacrifice si

extra=

extraordinaire, elle se rendit aux pieds de l'Autel, sur lequel elle fut immolée. On y trouve un grand Mistère, mais je ne sai si Jephté, dont la temerité doit être condamnée, peut être regardé comme l'image de Dieu, qui donne son fils à la mort, afin de procurer à ses Elus une glorieuse liberté, & les délivrer de leurs Ennemis. Les Anciens l'ont cru & l'ont dit : Mais n'est-ce point outrer les types, que de les chercher dans des actions, qui sont évidemment criminelles, & de faire d'une fille, l'image du fils de Dieu ? Il est plus apparent que les Payens ont tiré de là le Sacrifice de leur Iphigenie. Il arriva un autre désordre de la victoire de Jephté : La Tribu d'Ephraïm se piqua de jalousie, parce qu'on ne l'avoit pas appellée au combat, & à la Victoire. Cette jalousie causa une guerre civile. Ephraïm y perdit quarante deux mille hommes dans la bataille, & au passage du Jourdain, où on les reconnoissoit sans peine, à la prononciation du mot Schbbolet.

Samson déchire un Lion.

J U G E S XIV. ℣. 5.

S Amson fut un autre Liberateur du Peuple d'Israël, sa naissance fut miraculeuse. Et Dieu voulut que l'Enfant lui fut consacré dès sa naissance. Les Nazaréens se consacroient à Dieu pour un certain

tain nombre d'années, ou pour toute leur
vie, cela étoit volontaire ; pendant la durée de leur vœu, ils ne beuvoient ni vin ni
biere, & ne rasoient jamais leurs cheveux.
Dieu n'attendit point que Samson fût né,
pour le faire Nazaréen ; il lui en imposa la
loi avant même qu'il fut conçu, & sa Mere
qui n'avoit aucune veuë de Nazareat, fut
obligée d'en subir les loix par l'ordre de
l'Ange qui le lui commanda. La Mere de
Samson s'imagina que c'étoit un Prophete
qui lui avoit parlé ; Dieu ne trompoit pas
les sens, & ne faisoit pas illusion aux yeux
de cette femme, en excitant immediatement dans l'ame des perceptions differentes
de l'objet, & faisant voir un corps humain,
lorsqu'il n'y avoit qu'un esprit invisible. Les
Anges revêtoient effectivement des corps,
ils faisoient toutes les fonctions humaines,
ils parloient, ils mangeoient, & beuvoient ;
ce qui ne peut convenir qu'à des corps, &
ce qui est pourtant arrivé dans les appari-
tions des Anges & du fils de Dieu : Josephe
soutient que la Mere de Samson fit à son
mari un raport si avantageux de la taille &
de la beauté de cet homme de Dieu, qu'il en
devint jaloux ; ce qui l'obligea à demander
à Dieu, comme une grace particuliére de
pouvoir le voir, & de se guerir par ce moyen de certains soupçons fâcheux qui l'in-
commodoient : Mais Manoé, Pere de Samson
crut que c'étoit un Prophete, & ne lui demanda une nouvelle apparition, que pour
tirer de lui une connoissance plus exacte de
son

son devoir. L'Ange instruisit Manoé, lequel voulut dresser la table : mais on changea le repas en sacrifice : Cet homme Manoé, n'étant pas Sacrificateur, pechoit contre la Loi, en égorgeant la victime ; il n'étoit pas dans un lieu propre au sacrifice, mais dispensé des Loix ordinaires par un commandement divin, il ne laissa pas d'offrir. Ce n'étoit pas un Ange, mais Dieu, ou l'Admirable, qui parloit à Manoé, il disparut, & la fumée & la flamme du sacrifice lui servant de chariot pour remonter rapidement au Ciel, la frayeur saisit Manoé à la veuë de ce miracle, & malgré la promesse qu'il venoit de recevoir, & qu'il avoit cruë, il s'imagina qu'il alloit mourir. La premiere action de Samson ne répondit pas à l'esperance qu'on avoit conçuë de lui. Il devint amoureux d'une fille idolatre & l'épousa, après avoir obligé ses parens d'y consentir. En allant faire l'amour, il trouva sur sa route un jeune lion rugissant qui venoit à lui, il attaqua cet animal furieux & le tua. Quelque tems après il eut la curiosité de voir la charogne de ce Lion, qui étoit un monument de sa victoire & de sa force : Il fut surpris d'y trouver un essain d'abeilles, & du miel dont il mangea. Les abeilles cueillent le miel sur les fleurs, & les mauvaises odeurs les chassent ; comment donc trouve-t-on cet essain dans la charogne puante d'un Lion ? On dit que cette charogne étoit seche, que les abeilles n'étoient pas nées des entrailles du Lion, & qu'elles y étoient seulement venuës

nuës des Campagnes voisines se placer là.
Pour soûtenir cette opinion il faut changer
les jours en années, & differer fort long-tems
le mariage de Samson ; ce qui n'est pas vrai-
semblable , puisque ses passions étoient si
violentes. Samson proposant aux jeunes
gens qui assistoient à ses noces, ce qu'il avoit
vû dans la charogne du lion , comme une
chose surprenante , & disant en termes ex-
prez, que *de celui qui mangeoit est procedée la
viande , & du fort est venuë la douceur* ; il faut
conclurre que les abeilles étoient nées des entrailles du lion , comme elles naissent de
celles d'un bœuf, autrement l'enigme seroit
fausse. Ce fut aux Nôces que Samson proposa cette enigme : il suivoit la coûtume des
Orientaux, qui faisoient durer les ceremonies des nôces, aussi bien que celles du deüil,
l'espace de sept jours , & qui pour égayer les
repas proposoient des enigmes qui excitas-
sent la curiosité & l'attention des conviez; il
proposa un prix sans savoir où il le prendroit,
parce qu'il crût que l'evenement étant extraordinaire, on ne pourroit jamais le deviner; il ne se seroit pas trompé, s'il n'avoit
eu la foiblesse de confier son secret à sa femme. Les plaintes & les larmes d'une jeune
Epouse le seduisirent ; il revela son secret,
& aussi-tôt il passa de bouche en bouche &
revint jusqu'à lui ; il en fut d'autant plus
surpris qu'il n'avoit pas dequoi payer ce qu'il
avoit promis. Il se tira d'embarras en se servant des forces que Dieu lui avoit données
pour tuer trente Ascalonites, dont il aporta les
dé-

dépoüilles à ſes conviez. Aſcalon avoit été
conquiſe par la Tribu de Simeon, aidée de
celle de Juda ; mais le Peuple ayant irrité
Dieu par ſes Idolatries, cette Ville étoit retombée ſous le pouvoir des Philiſtins, qui
avoient été ſes premiers Maîtres. La guerre
entre ces deux Nations n'étoit pas ouverte,
puiſque Samſon alloit en ſureté à Thimna
épouſer une fille de cette Ville idolatre ; cependant la haine & la jalouſie ſubſiſtoient
toûjours, elles durerent même long-tems
après, puiſque les Juifs craignoient ſur toutes choſes qu'on n'allât publier leurs défauts
en Gad & en Aſcalon, de peur que les filles
des Philiſtins ne s'en rejouïſſent : Les hoſti-
litez étoient peut-être frequentes ſans être
autoriſées. Samſon en fit une dont il parut reconnoître enſuite l'injuſtice, puiſque
quand il voulut ſe venger de l'outrage que ſa
femme & ſon beau-pere lui avoient fait, il
s'écria ; du moins à cette fois, *je ſerai inno-*
cent du mal que je ſerai aux Philiſtins ; quoi
qu'il en ſoit, il tua trente Aſcalonites, & prit
leurs habits dont il revêtit d'autres Philiſtins, qu'il avoit conviez à ſes nôces. Senſi-
ble à l'infidélité que ſa femme lui avoit faite
en revelant ſon ſecret, il l'abandonna pendant quelque tems ; elle fit la même choſe
& ſe remaria ſans garder beaucoup de for-
malité : Elle n'étoit pas ſeule coupable,
puiſque Samſon avoit commencé la déſer-
tion pour une indiſcretion ordinaire aux
femmes ; cependant ce ſecond affront irrita
violemment Samſon, il s'en vengea par
un

un artifice nouveau, il attacha des flambeaux à la quenë de trois cent renards, &
les ayant lâchez au milieu des bleds, dans
un tems où la moisson étoit prochaine, con-
suma l'espérance des laboureurs, & désola
toute la Campagne voisine de Thimna. Les
profanes s'inscrivent en faux contre cet évenement, qui leur paroit ridicule, & en
quelque façon impossible, parce qu'ils ne
conçoivent pas que Samson ait pû assembler
un si grand nombre de renards : Mais ils ne
font pas attention à la situation de la Judée,
qui étant pleine de côteaux & de montagnes,
renfermoit une quantité prodigieuse de ces
animaux. Du côté d'Athénes on voyoit une
si grande quantité de cerfs, que le Peuple
étoit obligé de s'assembler un mois de l'année, qui en avoit pris son nom, pour leur
donner la chasse; on peut dire la même chose des renards de la Judée, dont le nombre
étoit très-grand : Samson pût employer plusieurs jours, & même des semaines entiéres
à se mettre en état d'éxecuter son dessein, &
sans lui donner miraculeusement une vîtesse
& une rapidité inconnuë, pour courir après
tous ces animaux, il pût leur tendre des pie-
ges, ou y employer ses amis. Enfin un
nombre de trois cent renards, assemblez
par plusieurs personnes, ne doit pas entrer
en comparaison avec les mille cerfs, mille
sangliers, mille daims, mille chevres sau-
vages, & tant d'autres animaux, que l'Empereur Probus fit entrer dans l'Amphitheatre
pour les Jeux qu'il donnoit au Peuple Romain.   *Sam-*

Sanson est trahi par Dalila.

J U G E S XVI. ⊬. 18.

LA Tribu de Juda irritée contre Samson, qui alloit à la petite guerre pendant la paix, résolut pour l'en punir, de se saisir de lui, de le lier, & de le livrer pieds & poings liez à l'ennemi. La résolution fut exécutée ; mais Samson rempli de force rompit ses liens ; comme on l'avoit desarmé, il prit une mâchoire d'âne qu'il trouva dans un Champ, avec laquelle il attaqua le Camp des ennemis, & en tua mille. Le Nazarien ne devoit pas toucher à des morts, mais tout est extraordinaire dans la Vie de Samson. Samson fatigué & pressé de la soif demandant à Dieu de l'eau, il en sortit de la mâchoire de l'âne, dont Dieu avoit tiré une dent. Lorsque Julien l'Apostat voulut interdire aux Chrêtiens l'étude des belles lettres, Gregoire de Nazianze lui reprocha que les Chrêtiens avec leur ignorance & leur simplicité barbare, avoient englouti toute la sagesse des Philosophes ; qu'on avoit batu les Philistins avec des Mâchoires d'âne, & que de là étoient découlées des eaux saillantes en vie éternelle. Samson aimoit toûjours la débauche, il alla en faire une dans la Ville de Gaza, au milieu de ses Ennemis, qui fermerent les portes de la Ville, ils y mirent des gardes, ils en posterent aussi sur toutes

les

les avenuës de la maison où il étoit : S'ils ne
ne l'attaquerent pas dans cette maison , ce
n'est pas qu'il y eût dans Gaza une Sauvegar-
de pour les lieux de débauche ; mais on crût
le prendre plus seurement en sortant de là.
En effet il partit sur le minuit ; mais il renversa tout ce qui s'opposoit à son passage , &
trouvant les portes de la Ville fermées, il les
chargea sur ses épaules. Il auroit suffi de briser ses portes, mais afin de montrer sa force,
& d'insulter plus fierement à ses Ennemis ,
il les emporta sur ses épaules , & s'en alla assez loin avec son pesant fardeau. L'amour
des plaisirs acheva de le perdre ; brûlant d'u-
passion criminelle pour Dalila , il porta la
peine de sa passion & de son crime : Après
l'avoir renduë maitresse de son cœur, elle lui
ravit sa force & sa liberté; il resista quelque
tems, il se joüa des Philistins, qui crurent
l'avoir surpris plusieurs fois : mais enfin
soumis à cette impudique, il avoüa que sa
force consistoit dans ses cheveux , & que
s'ils étoient rasez , il deviendroit aussi foible
qu'un autre homme. C'étoit une des Loix
du Nazareat, que de nourrir sa chevelure, &
de ne pouvoir la raser que lorsqu'on la portoit à la Porte du Tabernacle, afin de la
brûler sur l'Autel, lorsque le vœu finissoit.
Le Nazareat de Samson étoit perpetuël , &
ne devant se consommer qu'avec sa vie , il
pechoit ouvertement contre l'ordonnance de
Moïse & de Dieu, en se laissant raser. Les Payens consacroient aux faux Dieux leurs cheveux dans trois circonstances importantes ;
                                              les

les jeunes gens le faifoient fouvent afin d'attirer fur eux la benediction du Ciel ; ceux qui dans le voyage étoient menacez d'un peril eminent confacroient auffi leurs cheveux; c'eft à cela qu'on applique le vœu de St. Paul, qui fe fit rafer à Cenchrées. Enfin le Payen qui fe trouvoit éloigné de fa Patrie, offroit fes cheveux à la Divinité de fa Nation, ou de fa Ville, en cas qu'il lui accordât un heureux retour.   Abfalon fe fervit de ce pretexte de Religion & de Vœu, pour tromper le Roi fon Pere.   On portoit fes cheveux en treffe, c'eft pourquoy l'Ecriture dit, qu'on rafa les fept floquets ou les fept treffes de Samfon. Moïfe avoit inftitué ces rites , & les Payens pouvoient les avoir empruntez des Juifs, comme plufieurs Anciens l'ont avoüé. D'ailleurs il n'y avoit point chez les Payens de Nazareat femblable à celui de Samfon, qui s'étoit confacré pour fa vie.   Ils fe contentoient en payant leurs vœux, d'attacher leurs cheveux rafez à la porte de l'Idole , ou à quelque arbre, au lieu que les Juifs les brûloient, & fanctifioient cette ceremonie par des facrifices inconnus aux Payens. La force extraordinaire de Samfon ne refidoit pas dans fa chevelure; je doute même que cette vigueur miraculeufe fût permanente chez lui. L'Efprit de *Dieu le faififfoit* : D'ailleurs la chevelure ne peut pas être regardée comme un principe de force.   Il ne fort pas des cheveux une abondance fuffifante d'efprits animaux pour fe répandre de là dans toutes les parties du corps : Mais Dieu lui avoit promis

mis que pendant qu'il obferveroit cette Loi
de fon Nazareat, il ne l'abandonneroit jamais, il crut lui même que fa force venoit
immediatement de Dieu, puis qu'après avoir
été rafé, il s'imagina qu'il pouvoit fe délivrer de la main de fes Ennemis, mais il fe
trompa. Dieu voulut enfin punir l'abus qu'il
faifoit de fes dons miraculeux, il demeura
lié, enchaîné; les Philiftins lui crevérent
les yeux, afin de rendre fa force & fa vie
inutile; ils le conduifirent en triomphe à
Gaza, & le reduifirent là à la trifte condition de tourner la meule pour avoir du pain.
C'eft le feul des Juges d'Ifraël qui foit tombé,
& qui foit mort entre les mains de fes Ennemis; il n'eft pas difficile de trouver la
raifon de ce Jugement de Dieu. Les autres
Juges avoient leurs pechez, mais ceux de
Samfon étoient grands, les rechutes étoient
frequentes, il étoit naturel que celui qui
avoit peché tant de fois par les yeux, les
perdît. Il ne fut qu'autant de tems qu'il en
faloit pour faire recroître fes cheveux: Alors
les Philiftins affemblez le firent venir. Cette affemblée ne fe faifoit pas pour rendre
hommage à la Divinité de la victoire qu'on
avoit remportée fur Samfon. Il eft vrai que
c'étoit la coûtume des Payens de conduire
dans leurs Temples, aux pieds de leurs Autels & de leurs ftatuës, les monumens de
leur Victoire; c'eft ainfi que la tête de Saül
fut portée dans tous les Temples des faux
Dieux de ces mêmes Philiftins; mais il
s'étoit écoulé un affez long intervalle entre

la

la prise de Samson, & le sacrifice dont nous parlons, puisque ses cheveux étoient revenus. Il y avoit assez de fêtes solemnelles chez les Payens : S'ils firent venir Samson dans le Temple, ce fut uniquement pour réjouïr leurs yeux de la veuë d'un homme qui leur avoit fait beaucoup de mal, & encore plus de peur ; il seroit inutile de chercher scrupuleusement quel jeu joüoit ce malheureux prisonnier pour divertir ses Maîtres ; Mais las de leurs insultes, il pria Dieu de l'aider encore une fois, afin de pouvoir mourir d'une mort honorable. Dieu exauça une priere qui tendoit à sa gloire, & à la ruïne des Ennemis de son Eglise : Et Samson s'étant fait mettre auprès des deux colomnes du Temple qui devoient être voisines l'une de l'autre, il les ébranla, le Temple tomba en ruïne : & trois mille Philistins perirent avec Samson, qui fut enseveli sous ses ruïnes. La mort de ce Heros est aussi extraordinaire que sa vie : on a bien de la peine à la justifier ; les melancoliques en abusent, s'imaginant qu'ils peuvent se donner la mort, pourveu qu'avant que de le faire ils prient Dieu : Mais il n'y a que ceux à qui Dieu donne une force surnaturelle, qui ayent la permission de le faire.

JUGES XVII. XVIII.

APrès la mort de Samson, il y eut un interregne, & comme les Juges étoient les Reformateurs du culte, & les directeurs de la Republique ; lors qu'ils manquérent chacun se prévalut de la malheureuse liberté qu'il avoit *pour faire ce qu'il voulut.* Mica s'en servit comme les autres : cet homme avoit volé à sa Mére onze cent piéces d'argent : Elle avoit employé inutilement les imprécations pour découvrir le voleur; l'argent ne s'étoit point retrouvé: Mica eut enfin un retour de conscience ; il avoüa le vol, qui causoit à sa Mere de si violentes inquiétudes : Comme elle avoit consacré au service de Dieu cet argent; on en fit le même usage. Pendant l'interregne des Juges, les Idolatres, qui occupoient encore une partie de la Canaan, ne leur laissoient pas la liberté de conscience; du moins ils ne leur permettoient pas d'aller faire leurs sacrifices devant le Tabernacle, conformément à la Loi de Moïse. Mica & sa Mere, privez de cet avantage, résolurent de bâtir une chapelle, afin qu'eux & leurs voisins pussent y servir Dieu ; c'étoit là leur première intention. Cependant comme le secret penchant des hommes, est d'avoir des Dieux qui marchent devant eux; Mica & sa Mere, suivant le torrent, consacrérent une partie de leur argent à faire deux images, l'une ciselée & l'autre de fonte. Ceux qui veulent trouver, dans ces images l'Arche avec son propitiatoire, ou les deux Cherubins, dont l'un étoit de bois couvert de lames d'or, & l'autre étoit d'or pur, suivent leurs conjectures, préferablement au texte sacré, qui n'a jamais donné le titre d'*images*, ni aux Cherubins, ni à l'Arche de l'Alliance. On suppose, sans fondement, que l'un des Cherubins étoit de bois revêtu d'or, afin de pouvoir l'accorder avec l'Idole de Mica, qui étoit ciselée, ou taillée : Enfin on ne peut trouver dans ces images les Cherubins, qui ne furent posez que long-tems après par Salomon ; ce que Mica ne pouvoit pas deviner. Outre les deux Statuës qu'on avoit achetées, Mica fit un *Ephod* ; il ne faut pas le prendre pour la chemise ou la longue robe des Sacrificateurs, quoique l'Ecriture l'appelle souvent ainsi ; il signifie le *Pectoral* que porroit le Souverain Sacrificateur, sur lequel étoient attachées douze pierres precieuses, représentant les douze Tribus d'Israël, & par le moyen duquel on consultoit Dieu. Mica crut que cela lui étoit permis, puisque Gédeon avoit fait la même chose avant lui : Mais il ne laissoit pas depecher, car il faut recevoir de Dieu l'institution d'un culte, & les regles de l'adoration ; mais il n'est pas permis d'en faire de nouvelles : Les bonnes intentions de Gédeon n'eurent point de succès. Celui de Mica étoit d'autant plus criminel, qu'il joignoit à l'Ephod consacré au veritable Dieu, des Teraphims ou des statuës, & mêlant l'adoration des Idoles avec celle de la Divinité, il pouvoit appeller sa chapelle, une *maison de Dieu*, ou de *Dieux* : cela est indifferent, c'étoit la maison de Dieu : car elle étoit consacrée principalement au Dieu Souverain. Cependant comme c'est le stile des Idolatres, de donner

à

à leurs images le nom des *Dieux*, puisque
Laban se plaignit qu'on lui avoit enlevé ses
Dieux, lorsque Rachel lui cacha ses Teraphims. On peut aussi traduire que c'étoit
une maison de Dieux ; car il y avoit des images & des statuës de fonte. On avoit besoin
d'un Sacrificateur pour faire le service ordinaire dans cette chapelle. Comme il n'y avoit
aucun descendant d'Aaron sur les lieux : Mica se crut dispensé des régles ordinaires, & re-
montant jusqu'à la Loi primitive des Patriarches, il choisit son fils aîné pour supléer à ce
défaut. Cela ne dura pas long-tems : Un Levite, qui cherchoit à vivre, & qui ne trouvoit pas aisément les moyens de subsister
chez lui, s'adressa par hazard à Mica, dont la
première intention étoit de servir le veritable
Dieu ; il crût qu'il y auroit du péché à n'observer pas l'ordre de la Sacrificature, établi
par la Loi, puis qu'il en avoit les moyens ; il
arrêta ce Levite, il lui donna des gages pour
deservir sa Chapelle, il lui *emplit la main* ;
c'est-à-dire, qu'il lui donna des victimes
pour les presenter à Dieu. Un incident désola Mica, qui commençoit à faire des sacrifices avec ses voisins. Cinq hommes de
Dan, Compatriotes du Levite, passèrent
chez lui, allant épier le Païs, afin de trouver un établissement commode pour leur
Tribu ; ils s'arrêtérent chez Mica. Comme
on aime naturellement à savoir l'avenir, &
à connoître le succès d'une entreprise hardie, & douteuse : Le Sacrificateur fut obligé de consulter Dieu, sur le voyage que les

H 2

Dani-

Danites avoient entrepris. On prétend qu'il s'adreſſa plutôt aux Teraphims, parce que ces ſtatuës étoient deſtinées à rendre des oracles, étant conſacrées avec des enchantemens magiques: Mais on ne ſait comment ces petites ſtatuës, qui n'étoient autre choſe que les Dieux Penates, & les patrons d'une maiſon, auroient pû parler & prophetiſer. Le Levite s'adreſſa plûtôt à Dieu, conformément à l'uſage qu'il avoit vû pratiquer en Iſraël, c'eſt-à-dire, en prenant l'Ephod, & en interrogeant Dieu pour les eſpions. Quoique le culte qu'on lui rendoit fut mêlé & ſoüillé par quelque tache d'idolatrie, Dieu ne laiſſa pas de répondre que le voyage ſeroit heureux. Les Eſpions traverſérent une longue étenduë de Païs, ils trouverent la Ville de Laïs, qui, croyant les ennemis très-éloignez d'elle, ne penſoit qu'à faire durer ſa proſperité. Les Eſpions, de retour chez eux, inſpirerent aiſément le courage & le deſſein de la ſurprendre: Six cent hommes ſe mirent en marche ſous leur conduite, ils paſſérent par la maiſon de Mica, & donnérent ordre d'enlever ſes ſtatuës, ſon Ephod, & ſon Sacrificateur, & la choſe fut executée. Mica, qui avoit fait une aſſez groſſe dépenſe pour ériger ſa chapelle, & qui ſelon toutes les apparences avoit envie de ſervir Dieu, quoi qu'il n'eût pas des idées aſſez pures du culte qu'il falloit lui rendre, fut au déſeſpoir, lorſqu'il apprit qu'on lui avoit *enlevé ſes Dieux*. Ce ſeul terme marque qu'il y avoit de l'idolatrie dans ſon culte, car l'E-
cri-

criture l'a emprunté de Laban, qui tenoit
le même langage dans ſes plaintes contre Jacob ; & s'il s'étoit agi ſeulement des Cherubins & de l'Arche, un Iſraëlite ne les auroit
jamais appellez *ſes Dieux*. Mica, non content
d'évaporer ſa douleur par des cris inutiles,
ſouleva ſes voiſins, qui profitoient du voiſi-
nage de la chapelle, & les obligea de s'armer,
pour venger le vol qu'on venoit de lui faire.
Tous ſes efforts furent inutiles. Les Danites,
qui étoient les plus forts, pourſuivirent leur
route, ſecondez du Levite qu'ils avoient en-
gagé dans leurs interêts, en lui repreſentant
qu'il étoit plus glorieux pour lui de ſervir une
Tribu entiere, que d'être aux gages d'un particulier. Ils arrivérent ainſi juſqu'à Laïs; ils
la ſurprirent, ils y mirent le feu, & la redui-
ſirent en cendres : Mais au lieu que Jericho,
qu'on avoit mis autrefois à l'interdit, ne put
être bâtie ni repeuplée, on jetta les fonde-
mens d'une nouvelle Ville ſur les ruïnes de
la premiere, & on changea ſeulement ſon
nom de Laïs en celui de Dan. Les Iſraëlites
devoient reconnoître alors la benediction de
Dieu, & purifier leur culte : Mais au contraire, ils ajoûterent une nouvelle image
aux premieres ; ils ſe firent des Sacrificateurs de la famille de Manaſſé : & cette idolatrie dura juſqu'à ce que Dieu, irrité de ce
péché, permit aux Philiſtins de triompher
de ſon peuple & de ſon arche.

 Ju-

LEs Ifraëlites prenoient les mœurs, auffi
bien que le culte des Cananéens ; leur
impureté monta à un excès qui caufa une
guerre civile, & la ruïne d'une Tribu prefque
entiére. Un Levite, doublement obligé par
la Loi & par fa profeffion à vivre faintement,
ne laiffoit pas d'entretenir une concubine;
quelques uns ont crû qu'elle étoit fa femme ; mais l'Hiftorien Sacré lui donne fi fouvent un autre nom, qu'on ne peut s'y tromper. Elle étoit née à Bethléem, où elle avoit
encore fa famille ; ce fut là qu'elle s'enfuit,
pour éviter la peine que méritoit fon adul-
tére. Son mari digera cet affront, & après
une abfence de quatre mois, il alla chercher
cette impudique. La reconciliation fe fit, le
Pere y contribua. Enfin après plufieurs dé-
lais, caufez par la bonne chére, il reprit le
chemin de la montagne d'Ephraïm, avec
cette femme & fon valet ; ils étoient partis
tard, & le Soleil commençoit à baiffer, lorfqu'ils pafférent auprès de Jerufalem. Quoique la Tribu de Juda eût conquis cette Ville
dès le tems de Caleb, elle étoit retombée depuis fous la puiffance des Jebufiens, fes premiers Maîtres. On pouvoit y entrer, il n'y
avoit aucune Loi qui le défendit, cependant
comme il n'y avoit là aucun Ifraëlite, les
Voyageurs craignoient de ne pouvoir y loger
avec fureté. Ce Levite auroit peut-être trouvé
plus

plus d'humanité & de vertu chez les Infidèles, que dans fa propre Nation; il continua
fa route jufqu'au coucher du Soleil, & entra dans une petite Ville de la Tribu de Benjamin, nommée Gebaa; à peine étoit-il entré
chez fon Hôte, que les jeunes Seigneurs de la
Ville, formérent l'infame deffein de violer
cet étranger. Ils le demandérent par des em-
preffemens redoublez : On en vint jufqu'à
la violence; l'Hôte en fut épouvanté, & ne
pouvant refifter à l'impétuofité d'une jeuneffe débauchée, il aima mieux facrifier fa propre fille, que de donner quelque atteinte aux
droits de l'hofpitalité : en prenant le même
parti que Loth avoit pris, il pécha comme
lui.   Il eft étonnant de voir un Pére, qui
doit être le garde de la Virginité de fa fille,
l'expofer, & la facrifier à fa propre fureté.
Le Levite, qui abandonna fa concubine à
ces jeunes débauchez, ne perdoit pas tant,
mais il ne laiffoit pas de pécher auffi.   On
abufa avec le dernier excès de cette femme
abandonnée, qui mourut le matin à la porte de fon hôte.   Le Levite, qui la trouva
dans cet état, fut penetré d'un defir afreux
de vengeance.   L'humanité veut qu'on ref-
pecte les morts jufques dans leurs tombeaux.
Ce refpect augmente, à proportion que les
perfonnes que la mort a ravies nous ont été
chéres. Cependant ce Levite coupe le corps
mort de fa concubine, le partage en douze morceaux, & l'envoie aux douze Tribus d'Ifraël.   Son deffein étoit d'émouvoir
les Peuples par la veuë d'un objet fi tou-
H 4   chant

chant & si extraordinaire : Chaque partie de
ce corps mort demandoit justice à chaque
Tribu, & représentoit le crime si vivement,
qu'il étoit impossible de n'en être pas touché. L'horreur du spectacle, qu'on exposoit
aux yeux du Peuple, & la crainte d'être ensevelis dans un même châtiment avec cette Tribu, qui renouvelloit les crimes de
l'ancienne Sodome, les obligea de s'assembler, pour punir en corps un peché si public.
Le Levite parut devant l'Assemblée, & lui
exposa une seconde fois le fait. On envoya
demander les coupables, afin d'en faire une
punition exemplaire. Benjamin, courant à sa
perte, les refusa ; on résolut d'entreprendre le
siége de Gebaa, & de punir cette Ville criminelle. La victoire paroissoit sûre, la guerre é-
toit juste, il ne s'agissoit point de faire une
conquête, mais de punir un peché commis contre la Loi, & contre une personne
sacrée. Le nombre des combatans étoit iné-
gal. Quatre cent mille hommes du côté des
Israëlites, s'avançoient contre *Benjamin le
petit*, & contre une seule Tribu. On avoit
consulté Dieu, & de peur qu'on ne se trom-
pât sur celui qui devoit commander, ou
que la jalousie de ceux qui prétendoient au
commandement, ne causât quelque division,
on avoit apris, de lui, que Juda devoit marcher à la tête des autres Tribus. Cependant
les Israëlites furent batus deux fois, & per-
dirent quarante-trois mille hommes en deux
combats. Est-ce que les oracles de Dieu
étoient trompeurs, & qu'il ne leur avoit promis

mis la Victoire que pour les perdre ? Non sans
doute : mais Dieu ne répondoit que de la
fin de la guerre, qui devoit être avantageuse
aux Ifraëlites, puifque la Tribu de Benjamin
y périt. Il vouloit apprendre à toutes ces Tribus qu'elles alloient avec trop de chaleur à
la deftruction de leurs freres ; en allant punir les fautes d'autrui, il faut le faire avec
moderation & avec douceur, on doit fe
purger de fes propres péchez, avant que d'e-
xercer la juftice vengerefle contre les coupables : En effet, les Ifraëlites batus deux fois,
par un petit nombre des Benjamites, s'humi-
liérent, jeunérent, pleurérent ; & ce fut
cette humiliation qui leur donna la Victoire. Les Ifraëlites attirérent au combat les
habitans de Gebaa, & les obligérent, par
une fuite apparente, à quitter leurs murailles. A peine furent ils épandus dans la Campagne, que les fuyars tournérent vifage fur
ceux qui les pourfuivoient, & les ferrérent
de près. La frayeur & le défordre augmen-
térent, lorfqu'ils virent en fe retournant, que
leur Ville étoit en feu. Quelques troupes qui
s'étoient mifes en embufcade de l'autre côté
de la Ville y étoient entrées, & la trouvant
prefque déferte, commençoient à la brûler. Il
n'y eut alors plus de quartier pour perfonne;
les femmes & les enfans de cette malheu-
reufe Ville furent paffés au fil de l'épée,
auffi bien que ceux qui avoient les armes à
la main : Vingt cinq mille Benjamites, qui
faifoient toute la Tribu périrent, du moins, il
n'en échapa que 600. qui fe retirérent dans le
H 5 défert,

deſert ; les autres Villes de cette Tribu eſ-
ſuyérent le même ſort. Une Loi faite avec
ſerment en auroit bien-tôt achevé l'extirpa-
tion entiére ; car on avoit juré de ne leur donner aucune fille en mariage : Mais les Iſraëlites, touchez de voir une partie de leur corps
entiérement retranchée, ſe repentirent ; on
connut la précipitation du ſerment, & on reſolut d'y remedier. Les Iſraëlites trouvérent
un expédient pour ſauver leur ſerment, mais
il en couta la vie aux habitans d'une Ville
entiére, c'étoit Jabes de Galaad, qui n'a-
voit point pris les armes contre Benjamin :
cela fut regardé comme une rebellion contre le corps entier de la Nation, qui avoit
aſſemblé toutes ſes troupes. On reſolut de
la punir par une déſolation generale : la choſe fut éxécutée, & on n'épargna que les fille Vierges, qui ſe trouvérent au nombre de
400. leſquelles furent données en mariage
aux Benjamites, retirez dans le déſert. Il
falloit trouver encore deux cent filles, afin
que tous ceux qui reſtoient de cette Tribu
deſolée, puſſent avoir des enfans; on fit enlever les filles des Iſraëlites par les Benjamites, qui en avoient beſoin. Ce Conſeil
fut donné par les Chefs de la Nation, à
l'inſçû des Peres, auxquels apartenoit le
droit de marier leurs enfans. On pécha
doublement, en conſeillant aux Benjamites d'enlever les filles de Silo, puis qu'on
éluda par là la Loi & le ſerment, qu'on ôta
aux Peres leur autorité, par une violence terrible, & qu'on fit intervenir la Religion,

gion, & les fêtes solemnelles du Dieu vivant, pour exécuter plus facilement un conseil injuste.

Ruth laisse ses parens & sa patrie, le Païs de
Moab, & suit Nahomi en Judée.

RUTH I.

JOsephe s'est trompé, lorsqu'il a crû que
l'Histoire de Ruth, qu'on a attachée à celle des Juges, devoit être raportée au tems du
Souverain Sacrificateur Eli, qui ayant usur-
pé le Sacerdoce & le Gouvernement sur la
branche aînée de la famille d'Aaron, avoit
obligé, par cette injustice, Elimelech, mari de Nahomi, à quitter sa Patrie pour se
retirer chez les Moabites. Cet Historien a
changé, non seulement le tems, mais les
principales circonstances d'un évenement
d'autant plus considerable, que J. Christ est
descendu de Ruth. Il suffit de remarquer que
Booz étoit le bisayeul de David, pour comprendre qu'il vivoit plus d'un siécle avant
Eli, sous le gouvernement de Tholat, ou de
Jaïr. La Sacrificature fut transportée dans la
famille d'Eli, par un ordre exprès de Dieu,
irrité des desordres affreux qui se commettoient par la posterité d'Eleazar, à qui elle
appartenoit. Ce ne fut point l'usurpation de
la Souveraine Sacrificature, mais la famine,
qui chassa de son Païs Elimeleck, dont Josephe change mal à propos le nom, en l'ap-

H 6

pellant

pellant Abimeleck. Cet homme ayant dé-
meuré dix ans chez les Moabites , mourut,
après avoir marié ses deux fils à deux femmes
du Païs ; ils le suivirent de près, & laissérent
leurs femmes veuves, sans enfans , sous la
conduite de Nahomi , qui se voyant seule ,
prit la résolution de s'en retourner à Bethléem, où elle avoit sa famille, & où elle pouvoit trouver plus de consolation & de secours; il falloit pour cela se separer de ses bel-
les-filles. Ces femmes idolatres, auroient été
regardées de mauvais œil en Bethléem, & il
n'y avoit pas d'apparence qu'elles voulussent
quitter leur Patrie , leur famille & leurs
Dieux. En effet, Orpha, l'une de ces belles-fil-
les, que la conformité des noms a fait prendre
pour la Mere de Goliath, résolut d'abandóner
sa belle-mere, & de demeurer dans son Païs:
L'autre s'appelloit Ruth, on la fait descendre d'Eglon. Roi de Moab, afin de rendre la
race de David & de J. Christ plus illustre:
Mais il n'est pas apparent qu'une femme, qui
fut reduite à glaner, pour gagner sa vie dans
le Païs de son beau-pere & de son mari , fût
fille de Roi ; quelques petits que fussent les
Rois en ce tems-là, un Prince n'auroit pas
donné sa fille en mariage à un Juif étranger,
& que la famine avoit poussé dans son Païs.
Ruth, avoit profité des lumiéres de la famille dans laquelle elle étoit entrée , & quoi
qu'elle ne fit pas une profession ouverte de
la Religion Judaïque , puisque sa belle-
mere l'envoyoit adorer ses Dieux ; elle ne
laissoit pas d'en avoir quelque teinture :

car

car elle *jura par l'Eternel*, qu'elle ne se separeroit point de Nahomi, & qu'elle adoreroit à l'avenir son Dieu: *ton peuple sera mon peuple, & ton Dieu sera mon Dieu*: La liaison entre ces deux femmes étoit si étroite, que la mort même ne devoit pas les separer, puisqu'elles ne vouloient avoir qu'un même tombeau. Nahomi, touchée de la fidelité de cette Veuve l'amena avec elle à Bethléem. On ne laissa pas de la reconnoître après une absence de dix ou douze années ; on se souvint du rang qu'elle avoit tenu dans sa famille, & peut-être encore plus de sa vertu. On se réjouit de son retour : Mais Nahomi, plus sensible à sa propre misère qu'à la joye de ses concitoyens, repoussa les acclamations: Elle voulut même changer de nom, & en prendre un qui marquât sensiblement sa douleur, & sa misère: *Ne m'appellez point Nahomi*, disoit-elle à ses voisins : *mais appellez-moi, Mara, car l'Eternel m'a abatuë, & le Tout-puissant m'a affligée*. En effet, Nahomi étoit si pauvre, qu'elle fut obligée d'envoyer sa belle-fille glaner dans quelque champ, pour avoir les alimens necessaires : elle entra par hazard dans celui de Booz, homme riche & puissant. On en fait un des Juges d'Israël ; mais ce n'est que dans le dessein qu'on a de relever une famille dont le Messie a tiré son origine ; il fut étonné de trouver une étrangére, qui glanoit dans sa moisson ; car quoi que Dieu eût ordonné que les épics qui restoient dans le Champ appartinssent à l'Etranger, à la Veuve, & à l'Orphephelin; cependant il y avoit une haine si terrible entre les Moabites infidèles & les Juifs, que la charité même étoit rare entr'eux. Booz fut à peine informé des avantures de Ruth, que sensible à sa misère, & encore plus à sa vertu, & à l'attachement qu'elle avoit pour un Dieu, qu'elle ne connoissoit pas auparavant, il lui souhaita mille benedictions; ordonna à ses valets d'avoir de grands égards pour elle, non seulement de la laisser cueillir des epics comme elle voudroit, mais de la faire manger avec eux. Ces commencemens eurent d'heureuses suites. Nahomi donna à Ruth un conseil fort delicat; ce fut d'aller trouver Booz, qui étoit son parent, de se coucher à son insceu auprès de lui, & de se faire connoître à son reveil. Ceux qui trouvent que les paroles de l'Ecrivain sacré, qui contiennent la conversation de Ruth avec Booz, sont un peu dures, qui les condamnent, & qui suppléent d'autres termes qui *regardent la vente d'un Champ dont le prix devoit entrer dans le contract de mariage*, & faire sa dot, donnent des conjectures hardies pour des veritez sacrées, ne prenant pas garde que l'Historien fidèle, raporte nuëment les choses comme elles se sont passées, & qu'il faut se faire plûtôt un scrupule de falsifier un recit que de l'admettre, lorsqu'on convient que l'Auteur est divinement inspiré.   Booz étant informé des desseins de Nahomi & de Ruth, en reconnut aussitôt la justice.   On prétend qu'il étoit Oncle de son Mari, mais si cela étoit vrai,

le

le droit de retrait lignager lui auroit appar-
tenu sans contestation.   Cependant Booz
s'assit à la porte de la Ville ; il prit là dix té-
moins , devant lesquels il interpella un parent plus proche que lui , afin de prendre &
la femme & l'heritage. En effet , Dieu qui
avoit partagé la terre de Canaan aux douze
Tribus d'Israël , ne vouloit point que, ni
les Tribus, ni les terres, ni les familles se
confondissent. Cette confusion étoit inévitable , si on avoit pu passer d'une Tribu dans
l'autre, & se rendre maître des terres à droit
de succession, ou que la vente des immeubles
eût été perpetuelle , comme dans les autres
Nations. Afin de prevenir cet inconvenient,
Dieu avoit fait deux Loix, l'une que tous les
heritages alienez retournassent au proprietai-
re, ou à sa famille de la même Tribu dans le
tems du Jubilé , qui revenoit de 50. en 50.
ans: Ainsi il n'y avoit point de vente ni d'alié-
nation qui fût perpetuelle ; on proportion-
noit le prix d'une terre au nombre des années, qui devoient s'écouler depuis le tems
de la vente , jusqu'à celui du Jubilé.   Outre
cette Loi generale, Dieu avoit laissé aux particuliers d'une famille le droit de retirer les
fonds, qui avoient été alienez, en restituant
le prix de la vente , c'étoit ce qu'on appelloit
le *retrait lignager*.   Et afin que ce fonds demeurât plus inviolablement dans la même
maison ; si le mort, dont on retiroit l'heritage , n'avoit point laissé d'enfans, qui pussent heriter de son nom & de ses biens, on
prenoit la femme, aussi bien que la terre du
mort:

mort : & les Enfans qui en naiſſoient portoient le nom du premier Mari, & ſucce-
doient à l'heritage qu'on avoit alienè. Il a fa-
lu expliquer cette Loi, afin de concevoir plus
nettement ce que Booz fit pour Ruth; il offrit
la terre & la femme au parent le plus proche,
lequel la refuſa, ſoit qu'il eût déja d'autres enfans, & qu'il craignit la diviſion qui nait
ordinairement du mélange d'heritiers, ſoit
plûtôt qu'il ne pût payer la ſomme qu'on lui
demandoit pour retirer la terre engagée. Il
ceda ſon droit à Booz, & pour marquer
qu'il y renonçoit pleinement, il déchauſſa
ſon ſoulier. Joſephe attribuë cette action à
Ruth qui par l'ordre de Booz tira le ſoulier
de ſon parent, & lui en donna quelques
coups ſur le viſage, afin de marquer une re-
nonciation entiere à ſon droit. Mais quoique l'Ecrivain ſacré ſe ſoit expliqué d'une
maniére ambiguë ſur cette coûtume; il eſt au
moins très-certain qu'il ne dit point que
Ruth y ſoit intervenuë ; il paroit au contraire qu'elle étoit abſente chez ſa belle-mere,
pendant, que la conteſtation ſe faiſoit à la
porte de la Ville. Il eſt même très-apparent
que ce fut le parent de Booz qui déchauſſa
ſon ſoulier, pour marquer par là, qu'il ſe dé-
poüilloir de toutes ſes prétentions, & qu'il
renonçoit au droit qui lui appartenoit préferablement à Booz. St. Cyprien a préferé cette interprétation à celle des Juriſconſultes,
qui ont crû que le droit vouloit que celui qui
faiſoit une acquiſition donnât quelque
choſe au Vendeur, ou à celui qui cedoit

ſes

ses droits. Quoiqu'il en soit, sur le refus de ce parent, Booz épousa Ruth : & c'est d'elle, quoique étrangere de l'alliance, que descendit David & ensuite Jesus-Christ. Cette femme, qui se trouve avec Rahab dans la genealogie de J. Christ, est regardée comme un prelude de la Vocation des Gentils : Mais de plus elle apprend que Dieu préfere une infidele qui se convertit, & qui s'attache sincerement à son service à toutes les femmes nées dans son alliance, qui, contentes d'une profession exterieure de la veritable Religion, negligent ce qu'il y a d'essentiel dans son culte , & dans les devoirs de la vie. Ruth qui n'abandonne point sa belle-mere, qui la suit en tous lieux , & qui adore son Dieu est préferée à un nombre infini de femmes Israëlites qui avoient au dessus d'elle les avantages de la naissance & de la connoissance de Dieu.

La mort d'Heli.

I. S A M U E L IV. ⍦. 18.

HEli, sourd à la voix du Peuple qui crioit contre lui & contre sa famille, ne put soufrir le mouvement d'une femme, il s'imagina que cette femme, qui poussoit des priéres secrettes, étoit yvre, il la reprit & censura des excés imaginaires, pendant qu'il soufroit des sacrileges réels dans sa maison. C'est ainsi que promts à juger, & severes censeurs

feurs des fautes d'autrui, on ferme les yeux
fur les pechez de ceux qui nous apartien-
nent. Anne, qui fut depuis Mere de Samuël, fe purgea du crime qu'on lui imputoit,
& demanda la benediction au Souverain Sacrificateur, qui ne put la lui refufer. Héli
étoit de la branche cadette de la Maifon d'Aaron. Dieu irrité des péchez commis dans la
famille d'Eleazar lui avoit arraché la Sacrificature, & l'avoit tranfportée dans la famille
d'Heli. Ce Souverain Sacrificateur paroit
avoir aimé Dieu ; l'Ecriture ne lui reproche
qu'une complaifance criminelle pour fes enfans, qui lui faifoit tolerer deux crimes auffi
étormes que le facrilège & l'impureté. L'a-
varice des Miniftres refroidit la devotion
des Peuples, lorfque ces ames, qui devroient être penetrées des veritez divines,
s'attachent à des biens périffables, & ne pen-
fent qu'à affouvir des paffions criminelles,
on les méprife, on néglige un culte qu'on
ne voit pratiquer que par interêt ; la Religion ne paroit plus qu'un prétexte dont on
fe fert pour voiler le crime, & pour le commettre impunement. Les enfans d'Héli,
Sacrificateurs fous leur Pere, donnoient lieu
à ce fcandale, parce qu'ils s'aproprioient
une partie des victimes, & les emportoient
avec violence, lorfqu'on refiftoit à leur avarice. Ils abufoient auffi de la devotion des
femmes, qui confacrant des nuits entiéres
au fervice de Dieu, veilloient à la porte du
Tabernacle. Le Peuple fe plaignit à Heli,
& lui demanda juftice de fes enfans, il fe

fit

fit violence, & cenfura un crime qui étoit
trop public pour être diffimulé. Ces remontrances n'eurent aucun éfet, foit que Ophni & Phinées fe repofaffent fur la mollef-
fe de leur Pere, ou qu'ils ne puffent refifter à leurs paffions. Heli pécha en n'agiffant
pas avec toute l'autorité dont il étoit revêtu. La tolerance pour le crime eft un péché que Dieu n'excufe pas. C'eft pourquoi
il lui envoya un Prophete, afin de lui dénoncer fes jugemens. Il n'eft point néce-
faire de déterrer Phinée, qui étoit mort
long-tems auparavant, ni d'anticiper la naiffance d'Elie, qui ne vint au monde que long-
tems après, pour trouver le nom de ce Prophete. On fait defcendre du Ciel un Ange,
pour aporter à Heli les ordres de Dieu, mais
ce miracle n'eft pas plus néceffaire que les
précedens. L'Ecriture dit, que ce fut un
homme de Dieu, qui reprocha au Souverain Sacrificateur, cette indulgence criminelle qui le rendoit indigne de fa Charge.
Cet homme repréfenta à Héli la préference
qu'il avoit donnée à fes Enfans fur Dieu, en
tolerant les crimes qu'ils commettoient, &
lui prédit la mort funefte de fes deux fils, &
les malheurs de fa pofterité dans la fuite du
tems. La Dignité Sacerdotale n'éleve point
les hommes au deffus de la nature, & ne les
garantit point des crimes qui y font attachez. L'amour le plus innocent, & le plus
legitime, peut devenir criminel lorfqu'on
l'écoute, & qu'on le fuit préferablement à la
Religion & au fervice de Dieu. Héli étoit
Sou-

Souverain Sacrificateur, mais il s'aveug'oit sur les devoirs les plus essentiels de la Charge, il laissoit deshonorer & perir la Religion par ceux qui devoient l'établir, il participa à leur crime, & à leur peine par sa tolerance ; tant il est vrai que ceux que Dieu appelle à son service doivent brûler d'un saint zele, & s'armer d'une vigoureuse severité, lorsqu'il s'agit de punir ceux qui violent ses Loix, lors même qu'ils sont membres d'un corps, & d'une famille dont on est le Chef. Heli & ses enfans étoient les premiers coupables; mais le Peuple ne laissoit pas de pecher avec eux. Les femmes se laissoient corrompre, & les hommes, rebutez par la violence des Sacrificateurs, cessoient de sacrifier. On doit gemir sur les defauts des Pasteurs, mais il n'est pas permis de faire réjaillir sur Dieu l'iniquité des hommes, ni de lui ravir des hommages qui lui sont deus, parce que ses Ministres sont méchans. Dieu, fortement irrité contre tout Israël qui pechoit ainsi, les punit par le fleau de la guerre qui leur fut déclarée par les Philistins. Le Combat fût malheureux, les Israëlites batus crurent engager Dieu par les interêts de sa gloire à les secourir ; ils envoyerent querir l'Arche de l'Alliance qui étoit en Silo. Sa venuë réjouit les Juifs, & effraya les Philistins. Les Juifs se ressouvenoient que Josué avoit fait porter la même Arche autour de Jerico, & que les murailles de cette grande Ville étoient tombées, & que l'ennemi, perdant courage à la veuë de ce
mo-

monument, s'étoit laiſſé paſſer au fil de l'épée.
Les Philiſtins attachoient ſouvent leurs Di-
vinitez à des ſtatuës & à des Temples, &
leur en donnoient le nom. Ils crurent que
le Dieu d'Iſraël étoit arrivé dans le Camp,
& cette idée, qui leur renouvelloit la memoire des victoires remportées ſur les Egyptiens, & ſur les Nations de la Canaan, les effraya. La joye des uns, & la frayeur des autres ne dura pas long-tems. On combatit
avec le même ſuccez qu'auparavant, & l'Arche qui avoit été un ſujet de joie pour les
Iſraëlites, en devint un de honte & de confuſion, parce qu'elle fut priſe. Dieu laiſſa
tomber ce gage de ſa preſence entre les
mains des idolatres, afin d'apprendre au peuple qu'on ne doit ſe confier aux ſymboles les
plus auguſtes & les plus ſacrez qu'à proportion de la pureté de la vie. La ſainteté ſeule obtient les graces de Dieu, ſans elle le Ciel
ſe ferme, & la juſtice exerce ſes droits malgré les Sacremens, malgré le Propitiatoire,
& l'Arche du Seigneur. Il voulut ôter aux
hommes cette confiance charnelle qu'ils ont
ordinairement aux objets ſenſibles, & montrer par là que la preſence divine n'y eſt pas
neceſſairement attachée. Enfin il avoit deſſein de confondre l'idolatrie, & de faire
triompher dans la ſuite l'Arche des Idoles
du Paganiſme, & des Payens mêmes. La
nouvelle de la défaite de l'armée, & de la
priſe de l'Arche ayant été portée à Heli par
un des fuyards, ſa douleur fut ſi vive qu'il
tomba de ſa chaiſe à la renverſe, ſe rompit
la

la nuque du cou , & perdit la vie , âgé de
quatre vingt & dix-huit ans, après avoir ju-
gé Israël quarante années. On a trouvé dans
ce châtiment de Dieu une leçon pour les
mauvais Pasteurs : Dieu aiant renversé la
chaire de ce Souverain Sacrificateur , parce
qu'il ne méritoit point d'enseigner. Le caractère le plus auguste & le plus sacré dans
l'Eglise , ne garantit point les hommes des
plus sevères jugemens de Dieu , lorsqu'ils
le deshonorent par leurs péchez , ou par l'indulgence qu'ils ont pour les péchez des autres. Heli conserva un reste de pieté jusqu'à la fin de sa vie ; car il fut plus sensible
à la gloire de Dieu , & à la perte de l'Arche
qu'à la ruine de sa famille , il aprit avec assez de fermeté que la Bataille étoit perduë,
que Phinées & Ophni y avoient été tuez ;
mais l'idée de l'Arche perduë lui causa une
mortelle douleur ; heureux si cette étincelle de zele , qui brula jusqu'à la mort , fut
agréable à Dieu, qui n'éteint point le lumi-
gnon fumant , & qui ne brise point le ro-
seau cassé. La femme de Phinées ne fut pas
moins sensible qu'Heli , au milieu de tant
de malheurs qui tomboient sur son peuple
& sur sa famille, elle regrette l'Arche , qui
avoit été enlevée, plus que son beau-pere &
son mari, & afin de laisser en mourant, à la
posterité, une marque de sa douleur & de sa
pieté, elle fit donner à son fils , qui venoit
de naître, le nom d'Iccabod , qui exprimoit
ses regrets sur la gloire de Dieu , qui étoit
transportée chez les Infidèles. La famille
d'Heli

d'Heli ne perit pas abſolument dans cette défaite. Phinées, qui avoit été tué dans le combat, proche de l'Arche, avoit un autre fils nommé Ahitob, lequel devint Sacrificateur après lui. Achimeleck, fils d'Ahitob, ſucceda à ſon Pére, mais aiant pris le parti de David contre Saül, ce Prince cruël l'immola à ſa vengeance avec quatre vingt cinq Sacrificateurs; un ſeul enfant ſe ſauva, qui s'étant retiré au Camp de David, devint Souverain Sacrificateur ſous ſon regne. Mais Salomon lui ôta la vie, & alors la Sacrificature fut entiérement ôtée à la famille d'Heli, & repaſſa à la poſterité d'Eleazar.

Dagon tombe devant l'Arche.

I. SAMUEL V. ℣. 4.

LA douleur que cauſa la perte de l'Arche dût être grande dans tout le Peuple d'Iſraël. Ils ne pouvoient douter que Dieu ne fût irrité, & qu'ils n'euſſent merité ſa colère par leurs péchez. D'ailleurs comment retirer l'Arche de la main de leurs Ennemis après une défaite ſi cruëlle ? Comment conſulter Dieu dans ſes beſoins ſans elle ? Comment faire les principaux actes de la Religion, particuliérement dans le jour des propitiations ? La joie des Philiſtins étoit grande, de ſe voir les maîtres du Dieu des Juifs; leur premier ſoin fut de le promener dans leurs Gouvernemens, afin que

que les peuples touchez par la veuë de cet
objet extraordinaire s'ejouïssent de leurs
triomphes; ils la porterent jusques dans
leurs Temples. Les Payens avoient la coûtume de consacrer à leurs Dieux les plus ri-
ches dépoüilles qu'ils avoient remportées
sur l'Ennemi, & de les pendre à la voute de
leurs Temples pour y être un monument
éternel de leur Victoire, & de leur pieté. Les
Philistins porterent l'Arche dans leurs Temples afin d'humilier le Dieu d'Israël devant
Dagon, & rendre hommage à cette Idole
en mettant aux pieds de sa statuë ce qu'il y
avoit de plus auguste & de plus venerable
dans la Religion Judaïque. Dagon étoit
l'Idole principale des habitans d'Azot, l'un
des cinq Gouvernemens des Philistins, si-
tuez sur les bords de la Mer Mediterranée.
On prétendoit que c'étoit un des fils du Ciel,
qui présidoit sur la mer & sur les eaux. C'est
pourquoi on le représentoit comme un Am-
phibie, aiant les pieds, les mains & la tête d'un homme, & le corps & la queuë
d'un poisson; de la vient aussi que les Syriens mangeoient rarement des poissons,
parce qu'ils étoient consacrez à cette fausse
Divinité, comme les Egyptiens ne vouloient pas qu'on tuât des Bœufs, à cause de
leur Apis. En éfet, les femmes Syriennes,
qui avoient péché contre la Déesse Aterga-
tis, en mangeant des poissons, en furent
punies par une maladie sale, qu'on ne peut
guérir qu'en se roulant par penitence, ve-
tuës d'un sac, dans la bouë & dans l'ordu-
re-

re , & Nehemie remarque que les habitans
de Tyr portoient leurs poiſſons à Jeruſalem
pour les y vendre, parce qu'ils n'en avoient
pas le debit chez eux, où ce mets étoit défendu. Quoiqu'il en ſoit, Dagon étoit regardé comme un demi-poiſſon , & il en
avoit la figure. Ce fut aux pieds de ſa ſtatuë
ou de ſon autel que l'Arche fut placée ; mais
cette fauſſe Divinité, ne pouvant ſe défendre
contre le Dieu du Ciel, tomba à terre, ou plutôt Dieu voulut humilier les Philiſtins qui
croyoiët triompher de lui, après avoir triom-
phé de ſon peuple , & leur faire voir que ſi
d'un côté il châtioit la Nation à cauſe de ſes
péchez, de l'autre il étoit non ſeulement ſu-
perieur aux Vainqueurs , mais aux Dieux
même que les Victorieux adoroient. Un
ſecond prodige dut convaincre les Philiſtins
de cette verite. Le ſuperſtitieux imagine tout
plûtôt, que d'accuſer ſes Dieux de foibleſſe
& d'impuiſſance , puiſqu'il faudroit ceſſer
de les adorer. Les Philiſtins d'Azot n'eurent pas de peine à ſe perſuader que leur Idole étoit tombée par une ſuite naturelle des
cauſes ſecondes , ou bien , parce qu'on appelle ordinairement le hazard. La Religion
pour ce faux Dieu redoubla au lieu de s'a-
foiblir par ſa chute. Les Prêtres releverent
la ſtatuë tombée, & la remirent avec reſpect
ſur ſon piedeſtal ou ſur ſon Autel. Mais cette ſtatuë tomba une ſeconde fois devant
l'Arche, la tête en fut briſée, ſes mains furent trouvées ſur le ſeüil de la porte du
Temple. Un triomphe ſi ſenſible de l'Arche

ne convertit point les Payens : ils demeurerent toûjours attachez à leurs faux cultes.
C'est pourquoi l'Histoire des Macabées porte que long-tems après Jonathan, l'un de ces
Heros, poursuivit les ennemis qu'il avoit
bâtus jusques dans Azot, qu'il brûla cette
Ville & le Temple de Dagon qui y subsistoit
encore. On y observa dans la suite une
coûtume, par laquelle il semble qu'on ait
voulu perpetuer la memoire d'un évenement
si honteux ; car ces idolatres n'osoient fou-
ler aux pieds, ni marcher sur le seüil du
Temple, parce que les mains brisées de Dagon y avoient reposé, lorsqu'il tomba devant l'Arche. Dieu n'arrêta pas là les effets
de sa puissance ; il punit les peuples d'A-
zot & de son territoire, en les affligeant
d'une maladie qui les força à envoyer l'Arche dans un autre lieu : Chacun s'envioit d'a-
bord la gloire de la posseder ; mais la colère de Dieu marchant en tous lieux, avec
son Arche, on fut obligé de plier sous une
Vengeance si terrible. Les habitans de Gath
sentirent un semblable fleau, parce que ce
furent les premiers chez qui l'Arche passa en
sortant d'Azot. Dieu n'y épargna personne ;
les plus petits furent frapez, comme les plus
grands, alors la frayeur s'empara des esprits.
Les cris & les plaintes des Peuples retenti-
rent de Ville en Ville où l'on voyoit une affreuse désolation. Il faut admirer là la pro-
fondeur des Jugemens de Dieu, & l'aveu-
glement des hommes. Dieu fait des miracles sensibles pour manifester sa vengeance,

ce, & relever sa gloire effacée chez les Idolatres par la prise de l'Arche; ces infideles re-
connoiſſent le doigt de Dieu, ils avoüent, que
c'eſt lui qui briſe leurs Idoles, & fait tomber leur ſtatuë. Ils perdent ce qu'ils ont de
plus precieux, c'eſt la vie. Le châtiment
court de Ville en Ville, & de Gouvernement en Gouvernement; il s'étend des
Péres aux enfans, & ceux que la mort épar-
gne ſont au moins expoſez à une cruelle
douleur. On raiſonne ſur ces malheurs, on
en developpe la cauſe, on s'effraye, on crie, on
délibere ſur les moyens d'éviter le mal; mais
on ne ſe convertit point; au contraire on
continuë à adorer des ſtatuësqui ſe briſent,
& on refuſe au vrai Dieu, les juſtes hommages qui ſont deus à ſa grandeur & à ſa puiſſance. Reconnoiſſons que la converſion des
hommes, & le paſſage des tenebres à la lumiére, & de l'idolatrie au veritable culte,
ne dépend point d'eux; il faut que Dieu
agiſſe, qu'il previenne les Peuples aveu-
glez, par de faux préjugez, il faut qu'il
les aime, & qu'il opere en eux, avec efficace,
le déſir & la perſeverance. Moyens exterieurs; venë de l'Arche, chute redoublée
des Idoles, châtimens exemplaires, ſentiment de la Vengeance Divine, qui porte la
frayeur dans les cœurs, tout eſt inutile lorſque Dieu ne les accompagne pas des operations de ſon Eſprit, & que les hommes
ont merité de perir dans leur ignorance.
Tout ce que firent les Philiſtins ſe réduiſit
à des deliberations. On tint conſeil ſur le

 renvoi

renvoi de l'Arche qui caufoit tant de maux.
Quelques-uns crurent que ce feroit donner
trop d'avantage aux Ifraëlites vaincus , que
de leur rendre volontairement, ce qu'ils appelloient leur protection & leur force. Ils s'i-
maginerent que la gloire de la Nation demandoit qu'on la portât de lieu en lieu , &
que fa vertu s'afoibliroit en changeant de
place ; mais le même miracle fe renouvel-
lant en Hekron auffi bien que dans les Villes
d'Azot & de Gath , on fut obligé de prendre un parti plus fage , & d'ôter la caufe
de tant de malheurs ; comme on le verra
dans la fuite.

Les Philiftins renvoyent l'Arche.

I. SAMUEL VI. ℣. 10.

LA Mere de Samuël, fterile pendant un
grand nombre d'années, obtint un enfant par des vœux & par des priéres redou-
blées. Samuël, comme la plufpart des grands
hommes de l'Ancien Teftament, eft forti
d'une Mere fterile , afin qu'il parût fenfiblement qu'il étoit un don de Dieu plûtôt qu'u-
ne production de la nature. Anne étoit obligée d'effuyer les reproches continuëls que
lui faifoit une feconde femme d'Elkana fon
mari. Dans fa douleur elle porta des plaintes très vives aux pieds de Dieu. Heli joignit fes priéres à celles de cette femme de-
folée, qui s'en retourna pleine d'efperance de
voir

voir un jour ses désirs accomplis. En effet
Samuël vint au monde, & comme elle l'a-
voit consacré à Dieu avant sa naissance
pour être Nazarien à perpetuité, elle commença à accomplir son vœu, en le pre-
sentant dans le Tabernacle dès le moment qu'elle l'eut sevré. On le donna ensuite à Heli, qui étoit alors le Souverain Sacrificateur, lequel lui fit porter l'Ephod. C'é-
toit une chemise blanche que les Levites
mettoient sur leurs habits, qu'on ne doit pas
confondre avec cet Ephod, chargé de douze pierres precieuses dont on se servoit pour
consulter Dieu, & pour recevoir ses oracles;
car le seul Souverain Sacrificateur portoit ce
dernier Ephod, au lieu que l'autre étoit commun à tous les Levites. Samuël accoûtumé
de bonne heure au service du Tabernacle ne
fut pas long-tems sans recevoir les inspirations de Dieu ; le miracle fut d'autant plus
grand, que les Prophetes étoient alors rares
en Israël, & que Samuël étoit jeune lorsque
Dieu en fit son Ministre, & que sa vocation
fut très sensible. L'Ecriture dit, *que Samuël
étoit couché au Tabernacle de l'Eternel là où
étoit l'Arche* , lorsque Dieu l'appella ; ce
qu'on ne doit pas entendre, comme s'il avoit
eu la liberté de percer au travers du voile,
& de se reposer dans le Lieu très-Saint aux
pieds du Propitiatoire. Le Souverain Sacrificateur étoit le seul qui eût le privilege d'entrer dans ce lieu une fois l'an : Mais Samuël
reposoit dans le Tabernacle pour le garder
pendant la nuit. Heli avoit son appar-
I 3　　　tement

tement dans un lieu contigu. Cependant on peut dire que l'Arche étoit là, puis qu'elle étoit enfermée dans le Tabernacle. Quelque jeune que fût Samuël, Dieu ne laissa pas de le charger d'un ordre aussi important que celui de reprocher au Souverain Sacrificateur les iniquitez de ses enfans, & sa propre indignité. Il n'y a point de personne si sacrée & si elevée dans l'Eglise, sans excepter le Souverain Sacrificateur, qui ne soit sujet à la censure des plus jeunes. Les Chefs & les Ministres de la Religion sont obligez d'écouter les remontrances de tous ceux qui leur parlent au Nom de Dieu, & qui leur reprochent leurs péchez. Quelque dure que paroisse la censure, lorsqu'elle sort de la bouche d'un inferieur, il faut en profiter. Dieu a parlé rarement d'une maniére sensible, & par le son de la voix ; cependant il se fit entendre à Samuël. Ce miracle le surprit ; il eut besoin des instructions d'Heli pour connoître que c'étoit Dieu. Sa surprise augmenta lorsqu'il se vit chargé de la commission d'anoncer à Heli la ruïne entiére de sa Maison dont la Sacrificature devoit être arrachée pour jamais. Cependant il s'acquitta de sa charge, & le respect qu'il avoit pour son Maître, qui étoit le Souverain Sacrificateur du Dieu vivant, ne l'empêcha point de remplir son devoir. Israël fut défait, & l'Arche prise par les Philistins, mais elle leur devint funeste ; leur crime ne fut pas de l'avoir touchée sans être ni Levites ni Sacrificateurs. Cette Loi particuliere

aux

aux Juifs ne regardoit point les Idolatres
qui vivoient à cet égard dans une parfaite
ignorance : Mais Dieu châtia l'insulte qu'ils
lui faisoient en regardant l'Arche comme
une matiére de triomphe. Ce châtiment fit
prendre la résolution de la renvoyer. On
tint un Conseil Ecclesiastique dans lequel
furent appellez les Sacrificateurs & les Devins. Ces derniers étoient toûjours consul-
tez dans les choses douteuses , parce qu'on
s'imaginoit que leur connoissance s'étendoit
beaucoup au delà de celle du commun des
hommes, & que par le commerce qu'ils
avoient avec les Demons ou les Dieux , ils
penetroient jusques dans les secrets les plus
cachez. Comme les Ministres d'une Religion sont toûjours plus entêtez que le peuple, ceux-ci douterent si le mal dont on se
plaignoit venoit du Dieu des Juifs, ou
de quelque cause naturelle qui pouvoit être
cachée. C'est pourquoi ils laisserent le peuple incertain sur ce renvoi de l'Arche : Mais
en cas qu'on prît ce parti , ils conseillerent
de joindre à l'Arche des presens , persuadez
que la Divinité qu'on avoit irritée devoit
être appaisée par des sacrifices. Enfin, pour
s'assurer plus pleinement de la verité , ils
ordonnerent qu'on la chargeât sur le dos de
deux jeunes vaches , dont on retiendroit les
veaux , & qu'on observât la route que ces
animaux tiendroient. Ils devoient naturellement revenir à l'écurie , c'est là l'instinct
de la nature, qu'on remarque dans tous les
animaux. Mais au contraire les vaches al-

I 4　　　lerent

lerent à Bethsçhemes. Quelle fut la joye des
Levites à qui cette Ville appartenoit, lorsqu'ils virent rentrer chez eux l'Arche qu'ils
regardoient comme leur force, & le gage de
leur délivrance. Quelques attachez qu'ils
fussent au travail, ils quitterent leur moisson pour aller au devant d'elle jetter des cris
d'éjouïssance, & presenter à Dieu des sacrifices d'actions de graces. Il n'est point
besoin de faire offrir ces sacrifices par des
Laïques, puisqu'il étoit impossible qu'il n'y
eût quelques Sacrificateurs dans une Ville
habitée par des Levites. Ce qu'il y eut d'extraordinaire dans leur oblation fut d'immoler de jeunes vaches au lieu de taureaux ou
de beliers, & de penser plutôt à témoigner
leur reconnoissance par un sacrifice d'actions
de graces, que d'expier par un holocauste
le peché qui leur avoit fait perdre ce monument. Leur joye fut troublée par leur im-
prudence; ils oserent regarder dans l'Arche,
& cette temerité fut aussi-tôt punie par un
châtiment exemplaire. Josephe ne compte
que soixante dix hommes, qui moururent
de la playe que Dieu envoya: ce qui a donné
lieu de croire qu'il y avoit dans l'Hebreu une
addition de cinquante mille personnes. La
difficulté nait de ce que la Ville du Soleil ou
Bethsçhemes étoit trop petite pour contenir
un si grand nombre d'habitans: mais il est
aisé de la lever, parce que le bruit du retour de l'Arche s'étant répandu dans les
lieux voisins, il vint une grande foule de
peuple contenter sa curiosité, & voir ce Mo-
nu-

nument précieux qu'ils avoient perdu depuis
sept mois ; & dans cette foule de peuple im-
patient de voir Dieu, il n'est pas étonnant
qu'il en perit un grand nombre à cause de
leur curiosité. La douleur fut grande dans la
Nation, & les Bethscemites doublement
affligez par l'exemple qu'ils avoient donné,
& par la perte qu'ils avoient faite de la
meilleure partie de leurs Concitoyens, demanderent avec empressement qu'on leur ô-
tat ce qui avoit été l'occasion de leur malheur.

Samuël oint Saül.

I. SAMUEL. X.

LE peuple d'Israël las d'être gouverné par
des Juges demanda un Roi. Les enfans de Samuël qu'il avoit choisi pour le
soulager dans sa vieillesse degeneroient de la
vertu de leur Pere, ils abusoient de l'autorité
qu'on leur avoit confiée, & ne pensoient qu'à
contenter leurs passions. Les Philistins
avoient de fortes garnisons dans le Païs, le
bruit se répandoit que Naas Roi des Ammonites alloit declarer la guerre, & les fils de
Samuël n'étoient pas propres à marcher à la
tête de l'armée pour attaquer l'ennemi. Enfin
ils pouvoient être dégoûtez du Gouvernement Republicain. Il semble qu'il n'y eût
point de mal à changer de Gouvernement,
& à ériger une Republique en Monarchie.
Ce sont là de ces choses qui paroissent

in-

indifferentes. Les Israëlites prirent même
la précaution de communiquer ce dessein
à Samuël : Josephe assure qu'ils lui offrirent de placer un de ses enfans sur le Trône ; ce qui n'est pas apparent , puis qu'ils se
plaignoient de leur tyrannie. Dieu s'offensa
parce qu'il s'étoit fait Roi de la Nation,
il marchoit à la tête de ses armées, il donnoit des Loix , & exigeoit des Tributs,
comme font ordinairement les Rois. On
ne pouvoit changer cette forme de Gouvernement , que le dégoût & le mépris du peuple ne réjaillit sur lui. Samuël fut d'autant
plus penetré de douleur, qu'il apprit que les
désordres de ses enfans avoient fourni le
pretexte ou l'occasion d'une demande inju-
rieuse à Dieu. Dieu prédit au peuple ce
qu'il faisoit en se choisissant un Roi. Si
Samuël avoit eu le dessein d'établir les droits
legitimes de la Royauté , il n'auroit pas
compté entre ses privileges d'enlever les
moissons, de s'approprier les filles des Israëlites & d'en faire des esclaves. Car les Prophetes & la Loi défendent ce ravissement
des heritages, & Achab, qui s'étoit appro-
prié la vigne de Naboth, non seulement
eut besoin d'un pretexte de Religion pour
le faire, mais il en fut severement puni. Les
Tyrans seuls font de leurs sujets des esclaves, & puisque Dieu permet à son peuple
de s'en plaindre, comme d'une violence, il
ne peut pas l'avoir autorisée. Le Prophete
predisoit donc ce qui arriveroit sous un
Gouvernement despotique. Sa prediction
fut

fut inutile, on continua de demander un
Roi, il ne s'agiſſoit plus que d'en choiſir
un. Dieu eut le droit de l'élection ; il indi-
qua à Samuël Saül fils de Kis. Ce jeune
homme, occupé à chercher les âneſſes de ſon
Pere, ne penſoit à rien moins qu'à trouver
un Sceptre & une Couronne. On conſultoit
les Prophetes pour peu de choſe, puiſque
Saül s'adreſſa à Samuël pour ſavoir ce qu'é-
toient devenuës les âneſſes de ſon Pere qui
s'étoient perduës, quelques jours auparavant.
Saül vouloit payer la réponſe du Prophete.
Eſt-ce donc que Samuël vendoit ſes oracles, & que, comme les Devins ordinaires,
il tiroit quelque profit de ces predictions ?
Cela n'eſt pas apparent, puiſque Dieu condamne ce commerce ſacrilege, & que le
ſerviteur d'Elizée, moins obligé que les Prophetes à garder la Loi, fut ſeverement puni
pour l'avoir violée en prenant l'argent de
Nahaman. Mais ſi les veritables Prophetes
étoient exemts de ce crime ; il y en avoit
d'autres qui entroient en commerce pour
leurs predictions. Dieu le reproche par la
bouche de Jeremie, & Saül, qui étoit jeune, crut ſans doute que Samuël pouvoit
être gagné par l'argent, d'autant plus que
ſes enfans s'enrichiſſoient aux dépens du
peuple. Il trouva le Prophete qui celebroit
une fête, & qui, après avoir offert ce ſa-
crifice, montoit pour manger avec le Peuple, Samuël connut aiſément celui que
Dieu lui avoit marqué, & lui apprit qu'il
alloit être le Chef de toute la Nation,

I 6   quoi-

quoiqu'il fût sorti de la plus petite Tribu qui
étoit celle de Benjamin, reduite à peu de
familles par la guerre civile, dont nous avons
parlé. Samuël ne se contenta pas de reveler
à Saül le dessein de Dieu; il versa sur sa tête une Phiole d'huile, il le baisa, & lui dit
que Dieu l'avoit oint pour être le Chef de
son Peuple. Les Juifs observoient diverses
ceremonies dans l'onction ordinaire d'un
Roi. Après l'avoir presenté au peuple, on le
faisoit seoir sur un trône, on mettoit le
Diademe sur sa tête, le Souverain Sacrificateur versoit l'Huile Sacrée, on lui mettoit
entre les mains un Exemplaire de la Loi
qu'il promettoit d'observer religieusement.
Après le serment le peuple faisoit des acclamations de joye, & des vœux pour la prosperité du nouveau Prince. Cette ceremonie
finissoit par des sacrifices qu'on offroit à
Dieu; mais l'observation de tous ces rites,
qui n'étoient pas absolument necessaires, dépendoit des circonstances où l'on se trouvoit.
Samuël ne fit rien de semblable pour Saül; il
se contenta de verser sur sa tête une Phiole
d'huile simple au lieu de cette onction sainte
composée d'aromates précieux qui se conservoit dans le Tabernacle, & qu'on ne pût aller chercher alors à cause de l'éloignement.
Il semble que la consecration des Rois devoit appartenir au Souverain Sacrificateur,
Salomon la reçut des mains de Sadoc, &
Joas fut oint par Jehojada; mais les Prophetes ne laissoient pas de s'arroger ce privilege,
puisque Samuël consacra Saül & David, les
deux

deux premiers Rois d'Israël : Les Laïques
mêmes faisoient cette onction sacrée sans
scrupule. Dieu ratifia cette consécration par
un miracle éclatant : Saül retournant à la
maison de son Pére, passa par la Ville de
Guebath ; il y avoit là une maison de Dieu
située sur la montagne, Saül trouva une Societé de Prophetes qui en descendoient, &
se sentant animé du même Esprit, il se mêla avec eux, il fit partie de leur troupe, &
sans avoir receu d'autre lumiere que celle
qui lui venoit du Ciel, il composa des Psaumes. Ce changement impreveu, arrivé dans
un homme chargé de la conduite des ânes
de sa famille, étonna ceux qui le virent, on
changea le miracle en proverbe, & le peuple
s'entredemandoit avec étonnement ; *Saül
est-il entre les Prophetes ?* Le nouveau Roi
donna ses premiers soins à la guerre ; sa Tribu étoit plus exposée aux insultes des Philistins ; ils avoient desarmé le Peuple, & ne
lui avoient laissé de fer que pour le soc de
leurs charruës, de peur que ce fer ne chan-
geât d'usage, ils avoient enlevé tous les for-
gerons de la Nation. On avoit beau choisir
un General, assembler des troupes, que pouvoit faire une Armée sans armes ? Il ne se
trouva que le seul Jonathan qui en eût d'of-
fensives, & qui s'en servit heureusemet. Il attaqua le corps degarde des Philistins qui étoit
en Guebath, & en tua vingt hommes. Les
Philistins étonnez crurent voir sortir du sein
d'un rocher des troupes qui marchoient à la
suite de Jonathan, mortellement effrayez
ils

ils se renverserent sur les autres, ils s'entre-
tuerent au lieu de combatre contre l'Ennemi: Les Juifs qui avoient été forcez de suivre l'Ennemi se joignirent à leur Nation,
& lui fournirent des armes: Il vint un ren-
fort de la montagne d'Ephraïm, où quelques milices timides s'étoient cachées, qui
reprirent courage en voyant que le Philistin
fuyoit. L'Ardeur de Saül troubla la joye
du triomphe, il fit jurer au Peuple qu'il ne
mangeroit point jusqu'à ce que la Victoire
fût accomplie; il péchoit doublement, puis
qu'il avoit une ardeur précipitée à la poursuite de son Ennemi, & qu'il exposoit le peuple à une violente tentation. Jonathan acca-
blé de fatigue trouva une ruche de miel dont
il crut qu'il lui étoit permis de manger. Après
ce repas il se trouva plus propre au combat
qu'il n'étoit auparavant. On ne peut le condamner, puis qu'il ignoroit une loi particuliere qui avoit été donnée à son insceu, lorsque l'interêt, & la gloire de la Nation l'é-
loignoient de son Pere, & l'appelloient ailleurs. Cependant Dieu revela ce qu'il avoit
fait, le sort tomba sur Jonathan, que son
Pere destinoit impitoyablement à la mort:
Mais le Peuple, touché de la perte d'un Heros qui venoit de rétablir l'honneur d'Israël,
s'y opposa.

Goliath tué par David.

I. Samuël XVII. ℣. 49.

Saül, après avoir batu les Philistins, declara la guerre aux Amalecites. Ces peuples anciens Ennemis des Israëlites avoient traversé leur passage dans le désert dés le tems de Moïse. On n'avoit pu ni se venger de leurs insultes, ni pousser les conquêtes si loin, jusqu'à ce que Dieu l'ordonna à Saül par la bouche de Samuël. Les Amalecites furent défaits, & poussez jusques dans le desert de Schur : Les hommes, les femmes, & les enfans furent passez au fil de l'épée ; il ne resta que quelques fugitifs qui se rallierent dans la suite dés tems, & qui firent un corps considerable, lequel pilla une Ville des Israëlites. Saül toûjours malheureux dans ses victoires pecha dans celle-ci d'une maniére si criminelle, que Dieu arracha le Sceptre & la Couronne à sa famille. Au lieu de tuer Agag le Roi des Amalecites, il lui sauva la vie, & le fit prisonnier de guerre, soit que la misere d'un Roi dépoüillé lui fit pitié, soit qu'il voulut le mener en triomphe dans les Villes d'Israël. Le Peuple à son imitation se jetta sur les dépoüilles des Ennemis, dont il garda une portion. Saül voulut justifier sa conduite par deux raisons ; l'une qu'il craignoit de choquer un peuple qui lui paroissoit acharné au pil-

pillage ; il faisoit de plus intervenir la Religion, & disoit qu'on avoit gardé les bêtes grasses pour en faire un sacrifice d'actions de graces à Dieu ; & sous ce pretexte chacun satisfaisoit son avarice. Samuël apprit à Saül que les intentions pieuses ne sauvent point; il fit tuër Agag en sa presence & predit à Saül la ruïne de sa maison. Le Prophete qui predit la perte de Saül s'en affligea, il est permis de gemir pour ceux qui perissent. On ne condamne sa douleur que parce qu'on suppose que Dieu lui avoit revelé la reprobation éternelle de ce Prince, au lieu qu'il ne s'agissoit que d'une succession à la Couronne. Dieu moins severe veut que la douleur de Samuël s'appaise, & qu'il choisisse un autre Roi pour Israël. La commission étoit délicate; un Prince ne souffre pas aisément qu'on lui choisisse un Successeur pendant qu'il regne. Cette raison fit trembler Samuël; il crut que sa mort étoit inévitable s'il alloit à Bethléem; il resista quelque tems au commandement de Dieu. Dieu eut pitié de la foiblesse de son Serviteur, & lui fournit les moyens de remplir sa commission, sans s'exposer à la colère du Prince ; il prit pour pretexte de son voyage à Bethléem la necessité de faire un sacrifice. Les habitans de cette Ville eurent peur en voyant le Prophete, ils ne pouvoient soupçonner le sujet de sa venuë qui étoit secrette, mais ils craignirent, que coupables de quelque peché contre la Loi, il ne vint leur dénoncer les menaces & les jugemens de Dieu. La frayeur fut courte,

Samulë

Samuël les raffura en ne parlant que du facrifice. Ifaï fut invité au repas qui devoit le
fuivre, il y amena fes enfans. Le Prophete
éblouï de la taille & de la beauté d'Eliab, l'aîné de fes fils, crut que Dieu l'avoit fait naître
pour l'Empire; il fuivoit le prejugé des peuples, qui jugeans par les apparences s'imaginent, que les Rois doivent être plus grands
& plus beaux que le refte des hommes. Ce
prejugé étoit fortifié par le choix que Dieu
avoit fait de Saül qui étoit plus haut de toute la tête qu'aucun Ifraëlite: Mais Eliab étoit
rejetté de Dieu; la caufe de cette rejection eft
attribuée à fa fierté & à fa colère, qui parurent depuis par les reproches qu'il fit à David. Cependant comme il ne s'agiffoit que
d'une élevation au trône, Dieu qui difpo-
fe des couronnes pût lui preferer David,
par un pur effet de fon bon plaifir. C'étoit
le cadet de tous les enfans d'Ifaï; on l'a-
voit envoyé garder les troupeaux de fon
Pére, lorfque Samuël le fit appeller pour lui
donner l'onction facrée, & lui conferer le
droit au Royaume d'Ifraël. David ne prit pas
fi-tôt poffeffion de la Couronne qui lui étoit
deftinée. Comme il continuoit à être le berger de fon Pere, il eut fouvent à combatre cô-
tre des bêtes, il tua un Ours & un Lion qui
raviffoient quelques brebis, foit qu'il eût une
force furnaturelle comme Samfon, foit qu'il
agît par fes propres forces comme Benaja qui
vécut fous fon regne, & qui entrant dans
l'antre d'un lion le tua. Les Philiftins fournirent à David une occafion avantageufe
pour

pour se faire connoître : Ennemis irreconci-
liables du peuple de Dieu, ils ne pouvoient
demeurer long-tems en repos. Saül les avoit
batus, mais afin d'effacer la honte de cette
défaite, ils entrerent dans la Tribu de Juda.
Saül vint à son secours, & campa sur une
montagne vis à vis des Philistins. Une val-
lée les separoit, & retardoit le combat,
parce que personne ne vouloit quitter un
poste avantageux, pour s'exposer aux traits
de l'Ennemi. Les Philistins avoient dans
leurs troupes un homme d'une taille prodigieuse, né dans une de leurs Villes nommée
Gath : il étoit haut de six coudées & d'une
paume, il avoit une force proportionnée
à sa taille. Revétu d'armes épaisses & pe-
santes, il paroissoit impenetrable aux coups.
Fier de ses avantages naturels, il se flata
qu'il étoit invincible, & que dans un combat singulier, il demeureroit Maître du
Champ de bataille; les Philistins le crurent
comme lui, & proposerent aux Israëlites
de terminer la guerre par un combat d'homme à homme, a condition que le parti vaincu deviendroit esclave de l'autre. Saül n'o-
sa accepter ce parti. Goliath faisoit toûjours
les mêmes bravades, & ses insultes durerent quarante jours, jusqu'à ce que David
arriva au Camp, il vit l'émotion du peuple, & plein d'un courage que l'idée de sa
Royauté future, & le sentiment de l'a-
mour de Dieu augmentoit, il s'offrit pour
combattre le Geant, qui faisoit trembler
tout Israël. L'offre de ce jeune Berger parut

une

une temerité. David prit les armes de
Saül, & les quitta auſſi-tôt, parce qu'il
n'étoit pas accoûtumé à les porter, il combatit avec une fronde & des pierres. Le
Philiſtin, qui le vit s'avancer vers lui, fut ou-
tré de ce mépris injurieux, il appella ſes
Dieux à temoin de l'outrage qu'on lui faiſoit, & les pria de faire périr ce Jeune te-
meraire, ou bien ſelon une coûtume des
Payens il prononça diverſes maledictions
ſur la tête de ſon Ennemi. David ſe moqua des menaces & des maledictions de
Goliath. Il frapa Goliath au front, & ren-
verſa le geant par terre : il reſpiroit encore
lorſque David, qui n'avoit point d'armes
pour lui ôter ce reſte de vie, prit ſon épée,
& lui en coupa la tête dont il ſe fit un trophée qu'il porta à Jeruſalem, il conſacra
les armes de ſon ennemi au Dieu vivant.
Les Philiſtins étonnez ne purent gagner
Aſcalon & Hekron ſans perdre beaucoup de
monde ; la Victoire fut compléte, & les filles de Jeruſalem en entonnerent des canti-
ques à la gloire de David : Saül, diſoient-el-
les, dans leurs chanſons en a tué mille, &
David en a tué dix mille. Cette Hiſtoire
paroit fabuleuſe à cauſe de la taille & des forces qu'on donne à Goliath.   Mais il eſt in-
conteſtable que dans toutes les Nations du
monde il nait de tems en tems des hommes
d'une prodigieuſe grandeur. Artabane Roi
des Parthes envoya à Tibere en preſent un
Juif, nommé Eleazar, qui avoit neuf pieds
de hauteur. Pline aſſure qu'on voyoit de

ſon

son tems à la Cour de l'Empereur Claude, un homme de même stature qui étoit venu de l'Arabie, ces hommes étoient precisément de la taille de Goliath qui avoit aussi neuf pieds. Saül avoit cessé de sentir les operations du St. Esprit dés le moment qu'il avoit cessé d'obéïr à Dieu en sauvant le Roi des Amalecites, & soit qu'il tombât de tems en tems dans une melancolie noire que le son des instrumens, & les doux accens de la Musique adoucissoient, soit qu'il fût d'un temperament bilieux & violent, soit enfin que le Demon intervînt dans ces accez de fureur, il lança sa halebarde contre David qui le croyoit reconcilié de bonne foi avec lui, & qui joüoit de la harpe en sa presence, mais il échapa ce peril en se détournant.

Jonathan tire une fléche, pour avertir David qu'il n'avoit qu'à s'enfuir au plus vite.

I. SAMUEL XX. ℣. 35.

LA haine de Saül ne s'arrêta pas à ce premier essort, il fit poser des sentinelles autour de la Maison de David afin de l'arrêter le lendemain, & de le faire perir sous ses yeux. Micol instruite de la haine de son Pere, & suffisamment avertie de son dessein par les gardes qu'elle voyoit, mit dans son lit un Teraphim auquel elle avoit fait une perruque de poil de chevre. Les Teraphims étoient des statuës qui avoient la figure humaine,

maine. On ne sait quel usage en pouvoit faire Micol, puisqu'il n'est pas apparent qu'un homme aussi religieux que David eût soufert des idoles dans sa maison. Prétendre que ces figures étoient composées par les Astronomes pour recevoir les influences des astres, & la vertu de prédire l'avenir, c'est aneantir un crime par un autre, puisque ces divinations Astronomiques, & cet usage des Teraphims n'étoirguere moins criminel que l'idolatrie; peut-être que le culte du vrai Dieu n'étoit pas encore assez épuré chez Micol;il y avoit souvent un étrange mélange de Religions dans les familles d'Israël. La femme de David pouvoit avoir ses Dieux secrets, comme Rachel emportoit ceux de Laban, quoi qu'elle eut épousé Jacob; peut-être aussi que l'image se trouva dans la maison sans y avoir alors aucun usage religieux : Quoiqu'il en soit, les gardes furent trompez, on leur dit le matin que David étoit dans son lit malade, mais Saül découvrit la fraude de sa fille, & l'évasion de son gendre. Micol se justifia auprès de son Pere, en disant que David n'avoit obtenu d'elle sa délivrance qu'en la menaçant de la tuër ; c'étoit un mensonge qu'on ne peut disculper. David ne trouva point de plus sure retraite qu'auprès de Samuël; il lui étoit important de savoir la volonté de Dieu dans une conjoncture si délicate. D'ailleurs il étoit apparent que Saül le feroit chercher à Bethléem dans sa famille, & par tout ailleurs que chez un Prophete, puis qu'il ignoroit la liaison qui étoit en-

entr'eux. Il alla donc à Ramath où étoit né
Samuël. Il n'y demeura pas long-tems, parce que Samuël voulut se retirer à Najoth.
C'étoit un lieu separé, mais voisin de la Ville de Ramath. Tous les Soldats, que Saül
averti par ses espions de la retraite de David,
y envoya pour l'arrêter prisonnier, devinrent autant de Prophetes. Le Roi devoit
faire attention au changement qui arrivoit
à la disposition naturelle de ses soldats,
mais il crut qu'il n'avoit point de plus fide-
le Ministre de sa vengeance que lui-même,
il essuya le même sort que ceux qu'il avoit
envoyez, il devint Prophete à son tour,
il se dépoüilla en presence de Samuël, &
demeura nud le jour & la nuit. On conclud de-là que les Prophetes emportez par
l'esprit de Dieu tomboient dans une espece de fureur, qui leur faisoit oublier leur
devoir, & commettre des choses qui cho-
quent la pudeur & la bienseance : Mais c'é-
toit là le caractère des Prophetes du Démon,
qui dans leurs Enthousiasmes écumoient,
& devenoient transportez & furieux. Les
Prophetes du Dieu vivant parloient toûjours
avec un sens rassis par des images, & par
des symboles, qui représentoient naturellement les événemens qu'ils prédisoient. Il y
eut donc quelque chose d'extraordinaire dans
la personne de Saül, Dieu permettant d'un
côté, qu'il sentît les mouvemens de son Esprit, afin qu'il ne pût plus douter de la verité d'un miracle qu'il avoit nié. Dieu voulut aussi punir l'orgueil & la cruauté de
Saül

Saül en le laissant tomber dans un état indigne d'un Roi, & qui sentoit plus le Phrenetique que le Prophete. Saül après avoir prophetisé retourna dans son Palais, & s'y affermit dans le dessein de faire perir David, qui avoit pris une seconde fois la fuite. Ce dernier s'en plaignit à Jonathan, qui étoit son ami jusqu'à prendre ses interêts contre son propre Pere, & en quelque façon contre lui-même. En effet, il étoit aisé de connoître que David pretendoit à la Couronne, & Saül lui-même ne l'ignoroit pas, puis qu'il representoit à son fils qu'il ne regneroit jamais tranquillement, pendant que le fils d'Isaï seroit en vie. Mais la crainte de Dieu, l'idée que les oracles & les decrets s'accomplissent malgré l'opposition des Rois, & l'amitié qu'il avoit jurée à David firent une telle impression sur lui, qu'il résolut de contracter une nouvelle alliance avec luy. Il le pria d'épargner sa personne, sa famille & sa posterité, lorsque la maison de son Pere seroit retranchée, & qu'il monteroit sur le Trône, & de son côté il promit d'adoucir l'esprit de son Pere, d'examiner ses desseins, & de lui en donner une exacte connoissance; afin de ne l'exposer pas, il le fit cacher derriere un rocher, & lui donna un signal pour lui faire connoître s'il pouvoit revenir à la Cour en sureté, ou s'il étoit necessaire de fuir. Saül ne put être appaisé. Ce Prince violent & toûjours armé, lors même qu'il étoit à table, oublia qu'il étoit Pere, & voulut percer son fils de sa lance, parce qu'il parloit en faveur

de

de l'abſent. Cette action apprit à Jonathan
que tout étoit à craindre pour ſon ami , il
alla au rendez-vous, & tirant des fléches ,
comme ils en étoient convenus , il cria à
l'Ecuier qui devoit les recueillir : Marche ,
car les fléches ſont au delà de toi ; ce qui ſuffit
pour lui faire connoître que la fuite étoit
neceſſaire. David prit auſſi-tôt la route de
Nob, où étoit le Tabernacle d'aſſignation ;
il y trouva le Souverain Sacrificateur qui
fut ſurpris de voir le gendre du Roi ſans équi-
page & ſans ſuite. David diſſimula , &
mentit pour cacher ſa retraite. Car il aſſura
Ahimelech qu'il étoit envoyé du Roi pour
quelque expedition ſecrete. Il faloit avoir
du pain, David n'en trouvant point , il demanda les pains de propoſition : Ces douze
pains étoit ordinairement conſacrez à Dieu
toutes les ſemaines, on les changeoit tous
les Samedis , & on y en mettoit de nouveaux. Les Sacrificateurs avoient ſeuls le
privilege de manger ceux qu'on ôtoit. Cependant Ahimelech en donna cinq à David.
Jeſus-Chriſt a autoriſé cette action hardie
contre les ſuperſtitieux qui preferent l'ob-
ſervation de quelques ceremonies aux devoirs de la charité. David manquoit d'armes auſſi bien que de pain ; il trouva dans
le Tabernacle celle de Goliath, il la prit &
s'enfuit chez Achis Roi de Gath Ville des
Philiſtins. Doeg raporta la choſe au Roi ,
qui ſoupçonnant le Souverain Sacrificateur
d'intelligence avec David reſolut de l'en punir. Pour cet effet il ordonna à tous les Sa-
crifi-

crificateurs de la maison d'Héli, au nombre
de quatre vingts & cinq, de le venir trouver.
Les Sacrificateurs obéïrent tous à l'ordre du
Roi ; ce qui marque que l'autorité Royale
s'étendoit fur les personnes facrées : on crut
qu'il faloit obéir au Prince, & abandonner le
Tabernacle & les facrifices pour aller recevoir ses ordres. Ces ordres furent cruëls; car
Saül commanda qu'on les fît mourir. Ses
gardes refuférent de tremper leurs mains
dans le fang de personnes confacrées à Dieu:
Mais Doeg, plus hardi, fit le maffacre, égor-
gea tous les Sacrificateurs, à l'exception du
jeune Abiathar, qui s'enfuit auprès de David. On paffa au fil de l'épée les habitans de
Nob, fans épargner, ni le fexe, ni l'âge le
plus tendre.

Abigaïl, femme de Nabal, va au devant de
David, qui étoit irrité contre fon
Mari, & l'appaife.

I. Samuel XXV. ⅴ. 18.

DAvid, en fuiant, ne demeuroit pas oifif;
il délivra la Ville de Kehila que les Philiftins affiégeoient. Ce fut là que le jeune
Abiathar, le feul des Sacrificateurs de Nob,
qui avoit échapé à la fureur du Roi, vint
trouver David avec l'Ephod. Il n'étoit
pas permis de l'emporter hors du Tabernacle; mais la néceffité parut affez preffante
pour difpenfer de la Loi. David aprit par

ce moyen, que les habitans de Kehila, qu'il
avoit garantis de la main des Philiſtins,
étoient prêts à le remettre dans celles de
Saül. On a raiſon de dire que les peuples ne
meritent pas qu'on ſe donne beaucoup de
peine pour les garantir de l'eſclavage, ni
qu'on expoſe ſa vie pour leur liberté; ils ne
payent ſouvent ces ſervices que d'une noire
ingratitude. David, obligé de chercher une
retraite ailleurs avec ſa troupe de ſix cents
hommes, paſſa dans le deſert, & dans la forêt
de Ziph. Les habitans de ces lieux allerent
avertir Saül que David étoit chez eux, &
qu'il étoit facile de l'y ſurprendre. Il ſemble
qu'ils avoient raiſon, puis qu'ils décou-
vroient au Roi un ſujet rebelle : Mais ils ne
pouvoient plus ignorer la volonté de Dieu
revelée par Samuël, ils s'offrirent pour le
prendre, mais, dans le moment qu'on marchoit, une nouvelle impreveuë de l'irrup-
tion des Philiſtins ſauva David. Saül fut
obligé de ſuſpendre ſa haine afin de pourvoir
aux neceſſitez preſſantes de l'Etat ; il fut
heureux dans le combat, & la guerre étant
finie il pourſuivit ſon ancien ennemi. David décampa , & paſſa plus haut dans le
deſert d'Enguedi : le Roi marchant ſur ſes
pas tomba dans un peril duquel l'équité de
David le dégagea ; il étoit entré ſeul dans
une caverne pour ſatisfaire aux neceſſitez
de la nature : David y étoit enfermé avec ſa
troupe, qui pouvoit finir la guerre civile par
un ſeul coup. On mit la choſe en délibera-
tion, & il ne faut pas s'étonner, ni de ce
que

que le Roi ne s'apperçut pas qu'il y eût là un
grand nombre de personnes, ni de ce qu'il
n'entendit pas le son de la voix de ceux qui
déliberoient ; car il faloit qu'elle fût profonde pour contenir, & pour servir de retraite à une si grande troupe ; on pouvoit y
être dans un assez grand éloignement de
Saül, & parler assez bas entre les principaux
Chefs pour n'être pas entendu. David s'opposa à la pluralité des voix qui tendoient à
profiter de l'occasion de se défaire pour jamais d'un ennemi si puissant & si dangereux ; il ne crut point qu'il fût permis de
tuër son Roi, quoi qu'il fût en droit de
soutenir une guerre civile contre lui pour
garantir sa vie, il se contenta de couper un
pan de sa robe, afin de lui faire connoître le
peril qu'il avoit couru, & la moderation
qu'on avoit gardée. Saül fut touché de la
moderation de David ; il reconnut son innocence, il reconnut même qu'il faisoit d'inutiles efforts pour l'empécher de monter sur
le trône, & que tôt ou tard il regneroit ;
il le fit jurer qu'il épargneroit sa famille.
David prêta le serment qu'on lui demandoit,
& on ne peut l'accuser de l'avoir violé, quoique dans la suite il livrât aux Gabaonites
deux des fils de Saül & cinq de ses petits-
fils pour être pendus. Car David s'enga-
geoit seulement à ne faire perir aucun de
ses enfans pour les iniquitez de leur Pere.
Il ne s'obligeoit pas à refuser la justice aux
opprimez, puis qu'un semblable serment ne
seroit pas legitime. Malgré la reconcilia-

 tion

tion qui s'étoit faite, David n'ofa retourner chez lui, ni fe confier à Saül, il chercha fa fureté dans les déferts. Côme les vivres y manquoient, il envoia prier Nabal, homme riche & puiffant, qui faifoit tondre fes brebis à Carmel, affez proche de fon Camp, de lui en fournir. Cet homme étoit un des defcendans de Caleb; mais la vertu n'eft pas héréditaire, & ne coule pas avec le fang. Il n'eft donc point befoin de changer le nom de Caleb, ni de faire defcendre Nabal d'une generation de chiens, pour conferver la gloire de fon ayeul, puis qu'il n'y a rien de plus ordinaire que de voir des fils & des neveux dégenerans de la pieté de leurs ancêtres. Celui-ci refufa brutalement les Officiers que David lui avoit envoyez, & traita ceux qui le fuivoient de vagabonds & d'efclaves fugitifs, qui avoient abandonné leur Maître. David, trop fenfible à cet afront, jura de s'en venger par la perte entiére de celui qui l'avoit fait, il pécha doublement, en fuivant un mouvement précipité de colère & de vengeance, en faifant une imprécation contre fon ennemi, & en refolvant d'enfevelir l'innocent avec le coupable; il prit les armes, il fe mit en marche avec quatre cent hommes, refolu de faire fentir tous les éfers de fa colère à cet infolent. Abigail changea les mouvemens de fon cœur; non feulement elle l'apaifa en le prévenant par fes préfens, mais elle lui infpira de l'amour, puis qu'aiant apris, dix jours après, la mort de Nabal, il l'envoia demander en mariage; les fentimens qu'il

avoit

avoit déja conçus pour Abigaïl excitans en lui des mouvemens d'une joie criminelle sur la mort de son ennemi. A la sollicitation des mêmes habitans du désert de Ziph, Saül partit pour surprendre David. Ce Prince, qui croïoit n'avoir rien à craindre d'un ennemi beaucoup plus foible que lui, s'endormit comme s'il avoit été en pleine paix. David se prévalut de cette profonde sécurité, pour donner à son prince un nouvel éxemple de sa modération. Il entra de nuit dans le Camp. Abisçai eut quelque tentation de tuër son Prince; mais David toûjours plein de respect pour son Roi s'y oposa, & se contenta de prendre la halebarde qui étoit à son chevet, & son pot de chambre. Le jour étant venu David appella Abner, & lui rendit compte de l'état où il avoit trouvé l'armée, & de ce qu'il y avoit fait. La modération de David fut reconnuë. Saül confessa son péché, & se reconcilia pour quelque tems avec son gendre, mais il retomba dans son premier endurcissement; tant il est difficile de changer des habitudes qu'on a laissé vieillir, & de reformer un cœur acoûtumé depuis long-tems au péché. David perseverant aussi dans sa défiance, se retira encore une fois chez Akis, qui lui donna une Ville, pour y demeurer avec tous ceux qui l'avoient suivi. Ce Roi des Philistins crut qu'il ne pouvoit mieux se venger de Saül qu'en donnant sa protection à des sujets qui avoient pris les armes, & soutenu une longue guerre contre lui. Cependant, lorsqu'il falut

com-

combatre contre Saül, les Philiftins eurent peur que l'amour de la Patrie ne l'emportât dans le cœur de David fur le défir de la vengeance, & ils ne voulurent point fouf-frir qu'il fut prefent avec fes troupes au jour de la bataille, ils le renvoyerent chez lui à Tfiklag. Sa douleur & fa furprife fu-rent grandes, lorfqu'en approchant de cette Ville il n'en trouva plus que les mafures. Les Amalecites qu'il avoit fouvent batus s'étoient prévalus de fon abfence, & trou-vant la place dégarnie de monde, ils y avoient mis le feu, & emmené tout ce qu'ils avoient pû piller. Sa défolation augmenta, lorfqu'il vit que fes foldats affli-gez d'avoir perdu femmes, enfans & biens fe mutinoient, & vouloient le lapider. Dans cette extremité, il courut après les vain-queurs, il les atteignit, & les trouvant dans la débauche, il les paffa au fil de l'é-pée, & reprit les biens & les prifonniers qu'on avoit enlevez, au nombre defquels étoient fes deux femmes.

Les Ifraëlites font défaits par les Philiftins, & Saül fe jette fur fon épée, & fe tuë.

I. SAMUEL XXXI.

SAül faifant la guerre aux Philiftins eut un fecret preffentiment de fa perte ; il fut effrayé à la veuë de l'ennemi : Il interro-gea Dieu par trois voyes differentes, les Songes,

Songes, l'Urim, & les Prophetes. Dieu ne
voulant point répondre il alla confulter le
Démon. Ce Prince avoit chaffé les Magiciens de fon Royaume, & s'ils exerçoient
encore leur art, ce n'étoit qu'en fecret, mais
au défefpoir de ne recevoir aucune répon-
fe de Dieu, il fit ce que font ordinairement
les Princes inquiets & foibles, il eut recours
à ces mêmes enchantemens, dont il con-
noiffoit affez la fauffeté pour les avoir abolis : il alla trouver une Magicienne qu'on lui
découvrit dans le païs ; on met cette femme au rang des Engaftrimutes. On prétend que leurs réponfes étoient prononcées
d'une voix grêle, & qui paroiffoit venir de
loin : Mais nous avons veu de ces femmes
qui parloient de l'eftomach fans l'aide du
Démon ; d'ailleurs ce font les Septante Interpretes qui ont reprefenté cette femme
comme parlant du ventre. Il n'y a rien de
femblable dans l'original, qui porte feulement qu'elle avoit un efprit de Pithon, ou
qu'elle devinoit par un vafe, parce qu'elle
faifoit voir les objets dans un vafe, qu'on
empliffoit d'eau. Cette femme fe méloit auffi
de Necromancie, puis qu'elle fe vanta de
faire revenir l'ame de Samuël pour prédire à
Saül fa défaite & fa mort prochaine. Il y
a quelque chofe de fingulier dans cet évenement ; car cette forciere, après avoir fait
quelques préliminaires de fon art, reconnut
que c'étoit Saül qui parloit à elle. Elle vit
quelque chofe qui l'effraya, & qu'elle prit
pour un Dieu ; elle vit même la figure d'un

K 4　　　vieil-

vieillard, envelopée d'une manteline. Ce phantôme prédit au Roi une partie de ce qui devoit lui arriver, puisque lui & ses enfans moururent dans la bataille. Enfin il semble que ce phantôme s'interesse pour la gloire de Dieu, puis qu'il reproche à Saül qu'il ne lui a pas obéï dans la défaite des Amalecites. Divers Peres ont dit que c'étoit le veritable Samuël, que la Magicienne avoit tiré de son lieu par ses enchantemens ; ils ont même tiré de là des preuves pour l'immortalité de l'ame, & pour les aparitions des morts, qui ont été si souvent contestées comme fabuleuses & chimeriques. Si on admire certaines circonstances de cet évenement, il y en a d'autres où le mensonge & l'artifice paroissent avec évidence. Les ames en se separant des corps rentrent sous la puissance immédiate de Dieu, & ne peuvent être évoquées par le Démon, ni par ses Ministres. Celle de Samuël avoit été portée dans le Ciel, où elle jouïssoit de la vision de Dieu. Le Démon ne pouvoit la faire descendre de là dans la maison d'une Magicienne, afin de satisfaire la curiosité d'un Impie. Comment le Démon auroit-il pû reprendre le corps de Samuël déja pourri, pour le réünir à l'ame, & le couvrir de sa vieille manteline ? Cette ame prétenduë se plaint de ce qu'on vient la troubler, elle assure Saül, que lui & ses enfans seront demain avec elle ; enfin elle souffre qu'on l'adore. Cependant la plus-part de ces choses sont fausses : car Saül ne mourut point le lendemain, mais quatre

jours

jours après la prédiction : Il ne descendit
point avec Samuël qui joüissoit de la gloire dans le Paradis; le Pere & les enfans n'eurent point le même sort, puis qu'il est très-
apparent que Jonathan fut sauvé. Enfin on
ne pouvoit adorer Samuël sans crime.   Il y
avoit de l'illusion dans ces enchantemens
de la Magicienne qui put feindre qu'elle voyoit Samuël, & raporter ce que ce Prophete
avoit prédit autrefois, sur tout puis que la
division que cette prédiction avoit causée entre la Maison de Saül & celle de David
étoit assez connuë, le trouble où elle voyoit
Saül lui fit aisément prévoir la perte de la
bataille. Saül avança son malheur par cette
curiosité criminelle, il tomba en defaillan-
ce, & la sorciere qui eut peur qu'on ne le
trouvât mort ou mourant dans sa maison le fit revenir, & lui donna à manger;
il se mit en marche pendant la nuit afin
d'arriver au Camp sans qu'on se pût appercevoir ni de son départ ni de son retour. En
suivant les conseils de la sagesse humaine il
devoit se retrancher, & empêcher qu'on ne
lui donnât une bataille dont on lui avoit prédit la perte.   Il devoit au moins faire retirer
ses enfans, afin d'éluder en partie une prédiction si fatale. Mais soit que Saül qui avoit
été troublé perdit une partie de sa raison, soit
que les Philistins l'attaquassent avec trop de
violence pour refuser le combat, & que ses
fils regardassent la retraite comme l'effet
d'une lacheté à laquelle ils ne pouvoient
survivre.   On en vint aux mains; Israël fut

K 5   batu,

batu, Jonathan & ses freres demeurerent
sur le Champ de bataille. Saül prit la fuite,
mais craignant plus les insultes des Philistins que la vengeance Divine, il se jetta sur
son épée & se tua. On n'a pas laissé de dire
que Saül avoit été sauvé, parce que la soumission avec laquelle il reçut la prédiction
de sa mort prochaine étoit une juste compensation de ses crimes : y pense-t-on quand
on recompense si glorieusement Saül, parce
qu'il a plié sous les ordres & les prédictions d'une sorciere ou du Démon? Les
Philistins ayant trouvé son corps, lui cou-
perent la tête dont ils firent un trophée: Les
armes de Saül furent posées dans le Temple de la Déesse Astaroth ; on porta sa tête
dans celui de Dagon. Afin qu'il ne manquât
aucun degré d'infamie au cadavre de Saül,
on le tira jusqu'à la Ville de Bethsan dans
la Tribu de Manassé proche le Jourdain, &
on l'attacha contre la muraille avec ceux de
ses fils pour servir de spectacle au peuple.
Les Ecrivains profanes appellent ordinairement cette Ville Nisa, parce qu'ils prétendent que ce fut là qu'on enterra la nourrice de Bacchus qui portoit ce nom. Comme elle n'étoit pas fort éloignée de la riviere du Jourdain, les habitans de Jabes qui
étoient de l'autre côté, crurent qu'ils pourroient aisément enlever ces corps morts;
ils s'armerent pour cela, & tenterent l'entreprise qui leur réüssit, mais de peur que
les Philistins ne vinssent à leur tour déterrer
ces corps morts pour en faire de nouveaux

trophées, ils les brûlerēt, quoique ce ne fut pas
la coûtume chez les Juifs de brûler les morts.
On enterra seulement les os de ces Princes.
La nouvelle d'une défaite si considerable
fut portée à David dans sa retraite de Tsik-
lag, où il jouïssoit du fruit de la victoire,
qu'il venoit de remporter sur les Amalecites. Comme l'éloignement de cette Ville
du lieu où la bataille que Saül avoit donnée éstoit assez grand, il ne pût en savoir
le succez que trois jours après. Le Courier
fils d'un Amalekite avoit aidé à Saül à finir sa vie en s'appuyant sur lui, afin qu'il
fût entierement percé de sa halebarde. Il
avoit pris son diademe & ses pierreries, &
croyoit recevoir une grande recompense de
David en lui apprenant la mort de son ennemi, & lui offrant une couronne : Mais
David fut afligé de la défaite de l'Armée,
de la perte de Jonathan son ami, & de la
mort du Roi qui avoit fini si tristement ses
jours, & au lieu de recompenser le Courier, il le fit mourir, parce qu'il avoit con-
tribué à la mort du Prince.

David danse devant l'Arche.

II. SAMUEL. VI.

APrès la mort de Saül Isbosceth fils de
Saül, soutenu par Abner General des
armées de son Pére, prit le titre de Roi.
La tribu de Benjamin & toutes les autres,

K 6   à

à l'exception de celle de Juda, le reconnurent pour leur Prince legitime. David de son côté se rendit à Hebron, dont il, fit la capitale de son Royaume. Cette Ville située dans la Tribu de Juda appartenoit aux Sacrificateurs, mais comme elle étoit en même tems une Ville de Refuge, il n'y avoit aucune raison qui empechât les Laïques, & particulierement David, de s'y retirer dans un cas de necessité. Il n'y eut ni guerre ni combat entre ces deux Concurrens l'espace de deux ans. Isboseth regnoit tranquillement sur les dix Tribus, & David renfermé dans la Tribu de Juda n'osoit mesurer ses forces avec celles d'un ennemi plus puissant que lui. Il étoit difficile que les choses demeurassent long-tems en cet état; il falut en venir aux mains. Abner commandoit les troupes d'Isboseth, & Joab, neveu de David fils de sa sœur, étoit à la tête de celles de David. Ce dernier eut l'avantage en plusieurs rencontres. Abner fut même batu dans un combat assez general; la guerre finit par le chagrin d'Isboseth, qui ne put souffrir qu'Abner entretint la concubine de son Pere. Les Anciens vouloient qu'on respectât les concubines des Rois jusqu'après leur mort. Abner, croyoit avoir merité par ses services une exception particuliere. Il pensa dans son chagrin à faire son traité avec David. Le traité se conclud aisément, & auroit eu son exécution si Joab, qui apprit la chose en revenant de la petite guerre, n'eût tourné face contre Abner, & ne l'eût tué en chemin. L'affaire étoit délicate

cate pour David ſur qui on avoit lieu de rejetter un meurtre , & une trahiſon ſi noire: Mais il prit ſoin d'en éloigner juſqu'aux
ſoubçons, par la douleur qu'il ſentit de la
mort d'Abner; & par la maniere dont il traita le meurtrier. Cependant le parti d'Isboſ-
ceth ayant perdu ſon veritable Chef commença à ſe débander; deux Capitaines de ſes
troupes le tuerent dans ſon Palais , & porterent ſa tête à David qui les en fit punir ſur
le champ. Un des premiers ſoins de ce Prince, après avoir réüni les Tribus à ſon obéïſſance, regarda le tranſport de l'Arche qu'il
avoit deſſein de placer dans la Ville de Sion;
on l'apelloit la Ville de David, parce qu'il en
avoit fait ſon domicile, & bâti là ſon Palais.
Il partit avec les Levites pour aller querir ce
monument de la preſence de Dieu : Mais un
incident lui fit changer de deſſein. Comme
l'Arche portée ſur un chariot marchoit , les
bœufs de l'atelage gliſſerent : Uza fils d'Abinadab qui marchoit à côté de l'Arche eut
peur que le chariot ne verſât , & que l'Arche ne fût briſée ; c'eſt pourquoi il étendit ſa
main afin de la ſoûtenir ; cette action, qu'u-
ne crainte religieuſe ſembloit inſpirer, dé-
plut à Dieu qui fit mourir Uſa ſur le
champ. Quand on cherche où étoit le crime de cet homme, qui ſemble n'avoir agi
que par un mouvement de pieté, on eſt aſſez
embarraſſé à le trouver. On dit qu'il y avoit
de la profanation. Uza tomba plûtôt dans un
autre excez. La Religion lui fit craindre
pour l'Arche ; cette frayeur étoit cri-
mi-

minelle, il devoit se reposer sur Dieu de la
conduite de son Arche, & être persuadé
que la Divinité suffisoit pour la soutenir sans
la main des hommes. David épouvanté de
ce chatiment laissa l'Arche dans la maison
d'Obed-Edom, où elle fut une source abondante de benedictions ; l'Arche ne demeura
là que trois mois. Et Dieu recompensa
tellement la pieté de cet homme que David changea encore une fois de dessein. Il
alla querir l'Arche, & la mena dans sa Ville au son des instrumens, & en dansant
lui-même de toute sa force. Cette action a
paru peu digne d'un Roi, Micol sa femme
s'en moqua ouvertement. Les Egyptiens
celebroient la fête du bœuf Apis par des dan-
ses publiques. Les Cananéens immoloient
leurs enfans au son des tambours ; on prétend même que les Chrêtiens de la Syrie
vont à l'Eglise le dimanche de Pâques avec
des instrumens de musique pour le celebrer
avec plus de reconnoissance & de joye.
David crut témoigner à Dieu son amour
& sa devotion par ses mouvemens & ses
transports. Micol devoit respecter son Mari & son Roi, & regarder plûtôt au principe qui produisoit la joye, & la cause des
mouvemens de David qu'aux mouvemens
mêmes. Naas Roi des Ammonites avoit
reçu très-humainement David dans son
exil; c'est pourquoi il envoya faire des com-
plimens de condoleance à son fils qui montoit sur le trône : Mais ce jeune Roi, emporté par le conseil de favoris imprudens,

mal-

mal-traita les Ambaffadeurs qu'on lui envoyoit, & leur fit couper la barbe, & les
cheveux. On violoit le droit des gens, & on
les chargeoit d'un crime dont ils n'étoient
pas coupables, puis qu'on les accufoit d'être
des efpions. Si les Ammonites & les autres
peuples qui habitoient les frontieres de l'A-
rabie rafoient leurs têtes, c'étoit une marque d'ignominie chez les Hebreux. David
ne put donc foufrir l'outrage fait à fes Ambaffadeurs. La guerre s'alluma : Les Ammonites trop foibles, fe liguerent avec les
Syriens, dont ils prirent des troupes. Les
Alliez fe feparerent en deux corps, & enfer-
merent l'armée de Joab qui donnant le commandement d'un corps confiderable à Abi-
fçai fon frere fe jetta avec l'autre fur les Syriens. Les uns & les autres plierent & prirent la fuite, laiffant à Joab le Champ de
Bataille, & un grand nombre de dépoüilles. Joab voulant profiter de la confterna-
tion des Ammonites affiega Rabba : On dit
qu'elle étoit bâtie fur les bords de l'Euphrate, & environnée de marais, qui faifoient
fa fureté; mais on fe trompe; car Rabba
étoit fituée fur les bords d'un petit fleuve
qui alloit fe jetter dans le Jourdain, & par
confequent fort éloignée de l'Euphrate. Cette Ville, qu'on a dépuis appellée Philadel-
phie, étoit la capitale d'Ammon ; c'eft
pourquoy Joab qui eut peur de donner de
la jaloufie à fon Roi s'il la prenoit feul, le
fit venir à la fin du fiege, afin qu'il eut la
gloire de la conquête. Cette modeftie eft

rare

ra.e dans un General d'armée. La place fut
prife, David y trouva de grandes richeffes, &
entr'autres une couronne d'or d'un poids extraordinaire. Les Juifs qui veulent que cette
couronne eût été faite pour l'Idole des Ammonites nommée Milchon, trouvent mauvais que David l'ait portée; ou tachent de le
juftifier en difant qu'il la fit refondre. C'é-
toit le Diademe du Prince vaincu, dont le
vainqueur orna fa tête. Il paffa enfuite dans
les autres Villes des Ammonites qui étoient
moins confiderables, & les foumit à fon
Empire, il en traita les habitans avec la
derniere rigueur; car il les fit fcier, couper
en morceaux, & paffer fur leurs corps des
herfes armées ou de rafoirs ou de cloux qui
les déchiroient. On reproche ce fupplice à
David. Toutes les actions des Saints ne font
pas pures.

<hr>

David devient amoureux de Bathfebah.

II. SAMUEL CHAP. II.

DAvid commit dans le même tems un crime qui
lui attira une forte cenfure de Dieu. Ce Prince,
fe promenant fur la terraffe de fon Palais, découvrit
Bathfebah qui fe lavoit pour fatisfaire à la Loi. Touché de fa beauté, il ne penfa plus qu'aux moyens
de fatisfaire fa paffion. Bathfebah étoit femme d'U-
rie à qui l'Ecriture donne le nom d'Hetien, parce
qu'il étoit originaire de ce païs-là. Les Hetiens étoient
habitans naturels de la Canaan, fort attachez à leurs
Idoles; ce qu'on ne peut pas dire d'Urie, puis qu'il

ne

ne vouloit pas coucher dans sa maison, *pendant que
l'Arche de l'Eternel étoit aux Champs :* Mais on donnoit
ce nom aux Israëlites qui habitoient l'ancien territoire
des Hetiens, ou qui étoient mêlez avec eux. Il y a
peu d'obstacles qui arrêtent les désirs des Princes:
Bathsebah fut transportée dans le Palais & dans le
lit du Roi, il falut cacher les suites de cette impureté,
David crut le faire en rapellant Urie auprès de sa
femme. Ses artifices redoublez furent inutiles, &
le vin troubla sa raison, sans lui ôter la connoissance
de ce qui s'étoit passé chez lui. David imagina une
perfidie plus noire que la précedente ; il donna ordre à Joab, qui assiégeoit alors Rabba, de faire tuër
Urie dans une sortie ; la chose réussit comme il l'a-
voit projettée, il se crut alors en pleine liberté d'é-
pouser Bathsebah. Les progrès du péché sont insensi-
bles & violens : David jette les yeux sur Bathsebah sans dessein ; ce regard allume dans son cœur
un désir criminel : afin de satisfaire ce désir, il em-
ploie l'injustice & la violence ; afin de couvrir les
fruits de cette violence, il trompe, il trahit, il fait
périr un homme de sa Cour innocent, & qui n'agissoit que par un principe d'honneur. On engage dans
le crime Joab, qui pécha en éxécutant les ordres criminels de son Maitre. Il enseveli dans le même malheur
des serviteurs fideles, des soldats courageux qui
croioient se sacrifier pour le bien de l'Etat, & pour
la gloire de leur Roi. C'est David, un homme distingué dans l'Eglise, celèbre par sa dévotion, qui
commet cet entassement de crimes, qui y persevère, qui y croupit un an entier, sans reflexion, sans
douleur, sans repentance ; triste exemple de la foiblesse du cœur humain ! Dieu eut enfin pitié de ce
Prince pécheur ; il lui envoia un Prophete pour ré-
veiller sa conscience endormie. Nathan cacha le fer
qu'il avoit dessein d'enfoncer dans le sein de David ;
il savoit qu'il faut parler respectueusement aux Rois,
lors même qu'on leur porte les ordres de Dieu:

D'ail-

D'ailleurs il vouloit obliger le coupable à confesser son crime ; c'est pourquoi il se servit de la Parabole d'un homme riche qui avoit enlevé au pauvre une seule brebis qu'il nourrissoit avec soin, & qui mangeoit dans son sein. David devoit se reconnoître à ce portrait ; mais il semble que le péché aveugle les hommes, & que la conscience trompée ne découvre pas les objets les plus sensibles. Nathan fut obligé d'expliquer l'énigme, & de dire en termes formels à David qu'il avoit enlevé Bathsebah contre les Loix de la justice & de la chasteté. Cet avis fut suivi de trois menaces, que Dieu accomplit. 1. l'Epée fut dans sa maison en retribution de la mort d'Urie ; car Amnon son fils fut tué par Absalon. Absalon perit ensuite d'une mort violente, & Adonija perdit la vie par ordre de Salomon. 2. Les femmes de David furent violées publiquement, parce qu'il avoit enlevé celle d'Urie. Enfin, suivant la prédiction de Nathan, l'Enfant qu'il avoit eu de Bathsebah mourut au bout de sept jours. L'Amour causa peu de tems après un autre malheur dans la Maison Royale. Amnon fils de David sentit une passion si violente pour Thamar qu'il tomboit en langueur. Abinadab, qu'on confond mal à propos avec Nathan, puisque l'Ecriture dit qu'il étoit neveu de David fils de son frere, lui conseilla de tromper sa sœur, de la faire venir chez lui sous pretexte de lui faire des bignets : l'artifice réüssit. Thamar apporta les bignets à son frere qui s'étoit mis au lit ; elle resista aux empressemens de ce frere amoureux, & lui conseilla de la demander en mariage, plutôt que de la couvrir d'un opprobre qui ne s'effaceroit jamais. Quelques Interpretes ont cru que ce mariage auroit pû être legitime, puisque Thamar le demandoit, soit parce qu'étant fille d'une femme infidéle, il n'y eut point d'alliance entr'elle & Amnon qui étoit Juif, soit parce qu'on suppose que sa Mere l'avoit eue d'un Pere idolatre, avant que d'avoir été mariée à David ; mais ces conjectures

jectures sont oppofées au texte facré : Et il eft plus
apparent que Thamar, qui confeilloit à fon frere de
la prendre pour femme, vouloit éluder par cet artifice les follicitations de fon frere, ou qu'elle ignoroit
les degrez de confanguinité , marquez dans la Loy;
car elle étoit veritablement fille de David , & de
Maacha , & fœur d'Amnon. Amnon triompha de
la refiftance de fa fœur : Mais après l'avoir violée,
fon amour fe changea en fureur. On fait ce que les Payens ont dit de leur Oedipe qui avoit époufé fa mere
apres avoir tué fon Pere dans le combat , quoique
ces crimes euffent été commis par ignorance il ne
put en foutenir ni la veuë ni le fouvenir. Amnon eut
horreur de fa fœur après l'avoir aimée éperduëment,
il la chaffa de fon appartement malgré fes larmes &
fes remontrances ; elle avoit tort de dire que ce *der-*
nier affront étoit plus grand que le premier ; il eft vrai
que le dernier étoit public , & l'autre fecret : Mais
il n'y a point de comparaifon entre le viol, & l'affront
d'être renvoyée. Thamar éplorée déchira fes habits,
mit fes mains fur fa tête, qu'elle avoit couverte de
cendres , afin de marquer plus fenfiblement fon état
& fa douleur , & enfin elle fe retira chez Abfalon.
Ce frere irrité diffimula l'efpace de deux ans, afin de fe
venger plus fûrement. La clemence de David, qui
tolera ce crime, redoubla la colére d'Abfalon. Les
Princes avoient leur maifon , & quelques terres pour
leur appanage , ils y avoient leurs troupeaux qui
faifoient encore en ce tems-là la richeffe des Seigneurs les plus puiffans. Abfalon avoit une terre
nommée Baalhafer dans laquelle il invita toute la
Maifon Royale à un repas qu'il donnoit lorfqu'on
tondoit fes brebris. Le Roi ne voulut point s'y trouver , afin de lui épargner la dépenfe que cauferoit
fa fuite : Mais tous les Princes invitez y affifterent.
Amnon, qui avoit oublié fon péché, s'y trouva comme les autres ; l'ordre étoit donné aux domeftiques
de le tuer dans la débauche, il fut executé. Les autres

tres Princes éfrayez de cet affaffinat, remontérent
auffi-tôt fur leurs mulets & prirent la fuite. Cette
nouvelle portée à Jerufalem, y caufa une violente
émotion. David, qui crut avoir perdu tous fes
enfans dans un feul jour, cria & pleura amèrement.
Jonadab fit ce qu'il put pour confoler ce Prince
afligé, foit qu'il fut mieux informé du fait, foit que
comme il étoit fort habile, il eût prévû qu'Abfalon
vouloit feulement fe venger de l'afront qu'Amnon
avoit fait à fa fœur. En éfet, les Princes revinrent à la Cour, à l'exception d'Abfalon qui ne fe
croyant pas en fureté, après un meurtre commis avec perfidie fur fon frére, fe retira dans le
Royaume de Gefcur. Le Prince qui regnoit étoit
fon oncle, frére de fa Mére : Ainfi il trouva une
retraite fûre dans ce lieu, où il fut obligé de refter
trois ans.

La mort d'Abfalon.

II. SAMUEL XVIII. N. 9.

JOab s'aperçut que le Roi confervoit une fecrete
tendreffe pour Abfalon, quoi qu'il eût trem-
pé les mains dans le fang de fon frére, & en Cour-
tifan qui fait plaire à fon Roi, il propofa de le
faire revenir à la Cour. David confentit à le ra-
peller ; mais ce fils ingrat abufa de la bonté de fon
Pere, & forma le deffein de lui ôter le Royaume.
Abfalon étoit beau, bien fait, il plaifoit par fa bonne
mine, il plut encore davantage par fa douceur, &
par une bonté afféctée, avec laquelle il recevoit toutes les requétes qu'on vouloit prefenter au Roi,

il promettoit à tous une expedition prompte & favo-
rable, s'il avoit autant de pouvoir que de bonne volonté, il se fit par là des partisans dans toutes les Tribus, & des creatures à la Cour : il se retira en Hebron
à huit milles de Jerusalem, sous prétexte de rendre
à Dieu un vœu qu'il avoit fait pendant son exil. Il
assembla une armée à la tête de laquelle il prit le chemin de Jerusalem : David qui en eut avis s'enfuit en
pleurant. Les larmes ne conviennent pas à des Heros;
mais David vouloit fléchir Dieu, & toucher le peuple. Achitophel, qui passoit pour le plus grand politique de tout Israël, vouloit qu'on poursuivît David qui
n'avoit avec lui qu'un très-petit nombre de combatans, lesquels auroient pris la fuite à la veuë d'une
armée. David, afin de prevenir ce conseil dont il
prevoyoit les suites, envoya à Jerusalem un de ses
favoris nommé Cusçai avec ordre de se mettre au service de son fils, & de le trahir. Cet artifice ne peut être
justifié sous prétexte que c'étoit un mensonge officieux, ou parce qu'il est permis de nuire à son ennemi ; car Cusçai en suivant les ordres de David fut
obligé de proferer plusieurs mensonges, & tout ce
qui ne s'accorde pas avec la verité est peché.
Cusçai s'acquitta de sa commission avec succez ; il feignit de trahir David, il fut appellé au Conseil d'Absalom, il détourna la proposition d'Achitophel en conseillant d'assembler un plus grand nombre de troupes, afin
de vaincre plus surement. Il donnoit par là à
David le tems de passer le Jourdain, & de
se retirer dans le païs de Galaad, & d'y
renforcer sa petite armée. Achitophel eut un
si violent chagrin de voir rejetter le seul conseil qui pouvoit terminer la guerre dans un
jour, & faire monter Absalom sur le trône, qu'il se retira chez lui, & se pendit. Ce ne
fut pas une simple jalousie d'esprit qui le mut & qui le
toucha; comme on dit qu'Homere, ce Poete fameux

se pendit par déséspoir, parce qu'il ne pouvoit resoudre une difficulté que de simples pêcheurs lui faisoient. Il est plus apparent que ce politique prévit les suites du conseil de Cusçai, & que craignant de tomber entre les mains d'un Prince qu'il avoit trahi lâchement, il aima mieux se donner la mort, que de la recevoir de la main du bourreau, ou par l'ordre d'un Ennemi victorieux. En éfet, Absalom aiant perdu l'occasion d'enveloper son Pére, fut obligé de le suivre dans le Païs de Galaad, & de l'y combatre; Le combat se donna dans la forêt d'Ephraïm, Absalom fut mis en déroute, & en voulant se dérober à la poursuite de l'Ennemi, il fut obligé d'entrer dans le bois qui étoit fort épais, sa chevelure s'embarrassa dans les branches d'un arbre, auquel il demeura suspendu pendant que son mulet couroit à bride abbatuë On s'imagine qu'il étoit aisé à ce Prince de couper ses cheveux avec son épée, ou de les débarasser avec ses mains, & que la haine de Dieu fut la seule cause de sa perte; mais il n'est pas besoin d'avoir recours à des miracles. La douleur que lui causa sa chevelure, qui le tenoit suspendu avec beaucoup de violence, l'idée de l'Ennemi qui marchoit sur ses pas, & le désordre inévitable dans une défaite, pouvoit avoir troublé sa raison. On ne pense pas à tout ce qu'on peut faire, lorsqu'on est violemment agité de differentes passions. Joab, averti de son état, le perça de plusieurs traits, & lui ôta la vie. David avoit donné des ordres afin que ce malheur n'arrivât pas. Il est étonnant qu'un Prince eût tant de précaution & d'amour pour un fils rebelle & dénaturé, qui avoit deshonoré ses concubines à la face de tout Israël, & qui fondoit sur lui avec une armée, dans le dessein de lui arracher la Couronne & la vie. Vouloir que David eût dessein de reserver son fils à la justice, cela ne s'acorde pas avec ces regrets tendres qu'il poussa. *Absalom mon fils, mon fils Absalom*, ni avec la colere qu'il eut contre Joab, qui l'avoit tué. La famine désola la Judée l'espace de

trois

trois ans. David eut recours à Dieu pour arrêter ce fleau, il apprit que c'étoit une punition de l'infidelité de Saül qui avoit fait mourir un grand nombre de Gabaonites, malgré le serment que Josué leur avoit fait de conserver la vie à eux, & à leur posterité. On pretend que Saül vouloit se rendre Maître des quatre Villes que les Gabaonites possedoient, il couvrit un motif si criminel du prétexte de la Religion, en publiant que ces Amorrhéens étoient indignes de vivre & de servir au Tabernacle, quoi qu'ils ne remplissent que le plus vil ministere. Saül n'exécuta pas entiérement son dessein, puis qu'une partie des Gabaonites lui survécut. Il eut horreur de faire couler tant de sang innocent. Mais Dieu vengea la Loi du serment qu'il avoit violée. Les Gabaonites, qui avoient souffert la cruauté de Saül sans oser se plaindre, avertis que Dieu avoit agi & parlé pour eux, demanderent hautement reparation du mal qu'on leur avoit fait, & stipulerent qu'on leur livrât sept enfans de Saül pour les pendre. Ce qui fut executé. La prosperité de David lui attira un autre fleau beaucoup plus court, mais infiniment plus terrible. La multitude des peuples fait la grandeur & la gloire des Rois. David voulut mesurer la sienne, & en connoître toute l'étenduë. Le dénombrement du Peuple flatoit d'autant plus son ambition, que la Judée étoit extremement peuplée. Le dénombrement des hommes capables de porter les armes se monta à treize cents mille hommes, sans compter trois cents mille hommes qui servoient ordinairement le Roi de mois en mois. Cette distinction est remarquable, parce que sans cela on ne peut accorder Samuël avec le Livre des Chroniques, dans lequel on compte près de 1600000. hommes ; mais en même tems on y remarque le partage que David avoit fait d'un grand nombre de troupes reglées qui se relevoient de mois en mois pour son service ordinaire. Dieu ne put souffrir le faste de ce Prince, il

procher

lui envoya un Prophete nommé Gad pour lui re-procher son crime, & lui dénoncer ses jugemens. Il lui donna le choix de trois fleaux, une famine de trois ans, une guerre de trois mois, dans laquelle il seroit vaincu & poursuivi par ses Ennemis, ou une mortalité de trois jours. David choisit le dernier de ces fleaux, *parce qu'il vaut mieux tomber entre les mains de Dieu, qu'entre celles des hommes.* L'Ange envoyé de Dieu, tua soixante & dix mille hommes. David fit un aveu fort rare en la bouche des Princes qui ensevelissent ordinairement toutes leurs fautes sous leur grandeur, il reconnut que c'étoit lui seul qui avoit peché, & que le peuple étoit innocent. David eut un dernier sujet de douleur à la fin de sa vie. Adonija, l'un des Princes de sa maison, voyant la caducité de son Pere, & que sa mort ne pouvoit être éloignée résolut de se faire Roi ; il pria les autres Princes, & les Seigneurs de la Cour à un repas, afin de s'y faire proclamer à la place de son Pere : Mais ce dessein ambitieux & précipité ne lui réussit pas, comme on le verra dans la suite.

Fin du Premier Tome.

TABLE

Des Matiéres contenuës en ce Premier Volume.

A.

B.

C.

Gedeon,

O.

P.

R.

S.

T.

V.

Fin de la Table du Premier Tome.